JN027690

大会概要

今年で28回目の開催となる「Design Review」は、全国各地の大学、大学院、専門学校、高等専門学校などで建築を学ぶ学生たちの意欲的な作品の講評を通して、現代建築や都市環境を取り巻く諸問題を議論し、デザインの可能性とリアリティについて、広く意見を交換する場を提供しています。この企画を通じて、各地の大学をはじめとした建築教育の現場、公共や民間の建築関係者、および建築・都市に関心のある多方面の方々を結びつけ、建築批評全体の質が向上することを期待し、現代の建築・都市デザインに対しての刺激となることを目指しています。

応募要項

応募資格

大学・大学院・短大・専門学校・高等専門学校で、建築・都市・ランドスケープについて学んでいる学生。学年は問いません。

応募作品の規定

作品の1人1作品（共同制作可）とします。出展者が著作権を有するオリジナルの提案であれば、卒業設計、設計課題、コンペ出品作などいずれも可とします。また、作品のテーマ、内容は問いません。ただし、過去にDesign Reviewに応募した作品は再応募不可とします。

予選登録期間

2023年1月13日（金）〜2月3日（金）

予選提出物

出展作品を表現するのに必要な文章、図面、模型写真などをまとめたポートフォリオ1枚（A3横使い・パネル化不可）
提出期間：2023年2月6日（月）〜2月9日（木）

賞に関して

最優秀賞1名、優秀賞2名を選定し、表彰いたします。
また、全作品の中から各クリティーク賞1名、九州地方の大学に所属する出展者の卒業設計作品の中から、JIA九州卒業設計選奨を数点選出し、同時に表彰いたします。

本選会場

九州産業大学

Design Review 2023

デザインレビュー実行委員会

タイムテーブル

3月11日(土)

12:00 - 12:50	事前審査 (出展者入室禁止)
13:00 - 13:20	開会式
― 第1部 ―	
13:30 - 14:05	セッション1
14:05 - 14:10	休憩
14:10 - 14:45	セッション2
14:45 - 14:50	休憩
14:50 - 15:25	セッション3
15:25 - 15:30	休憩
― 第2部 ―	
15:30 - 16:05	セッション4
16:05 - 16:10	休憩
16:10 - 16:45	セッション5
16:45 - 16:50	休憩
16:50 - 17:25	セッション6
17:25 - 17:35	休憩
17:35 - 18:00	閉会式、講評

3月12日(日)

10:00 - 11:00	開会式・決勝選抜 (8作品を選出)
11:00 - 11:50	お昼休憩
11:50 - 13:50	決勝トーナメント (8作品)
13:50 - 14:10	休憩
14:10 - 15:10	最終検討 (4作品)
15:10 - 15:30	クリティーク賞・JIA賞決定
15:40 - 16:00	授賞式
16:00 - 16:20	閉会式、全体講評
16:20 - 17:00	クリティーク・出展者の写真撮影

実行委員長あいさつ

Design Review 2023は多くの方々のご協力により第28回目を迎えることができました。多くの企業様、個人様をはじめ、予選と本選のクリティークの皆様、JIA九州支部の方々、Design Review開催に向けてご尽力いただいたすべての皆様にこの場を借りて深く感謝申し上げます。

Design Reviewの趣旨は最優秀賞を決めることではありません。クリティークや出展者、実行委員など大会に関わった方々全員に対して、建築についての議論をする場を提供することに重きを置いています。そのため、今大会は4年ぶりの完全対面、クリティークの皆様と出展者様、実行委員が参加できる懇親会の開催という目標を掲げ、九州産業大学、福岡大学、近畿大学、北九州市立大学から参加した実行委員34名の活動によって無事達成することが出来ました。完全対面での大会、懇親会を通して生まれたクリティーク、出展者、実行委員など参加者全員の議論や対話を楽しんでいただけたのでしたら、実行委員一同うれしく思います。

また、完全対面、懇親会開催によって対面で開催する意味が問われた大きな意義のある大会となりました。懇親会では、出展者様同士が作品の内容や製作する上での苦労した点を話し合い盛り上がる様子、クリティークの方に自分の作品をプレゼンする様子などが会場中で見られました。コロナ禍では見られないような生き生きとした対話をしている様子を見て、コロナ禍で委縮した学生が対話を通して再起できる場所になったことを実感しました。

本書で紹介されている作品は全国から学年、学校の枠を超えて福岡の地に集まった66名の本選出場者の作品です。クリティークと出展者が1対1で議論できるポスターセッションでのやり取りや模型などから建築学生の想いや熱意、社会に対する問いかけを感じていただければ幸いです。

最後になりましたが、ご支援いただいた皆様に再度、心より御礼申し上げます。今後ともDesign Reviewをよろしくお願い致します。

Design Review 2023 実行委員長
九州産業大学　原仁之丞

目次

クリティーク紹介

さまざまな学生の作品が拝見できるDesign Reviewは、僕にとっても学びの場で、審査員同士、出展者、観客との議論により自らの知見が拓かれることを期待しています。よく練られた完成度の高い作品のみならず、道を探してもがいている作品、安易な理解の及ばない作品との出会いを楽しみにしています。

タトアーキテクツ
京都市立芸術大学准教授

島田 陽
Shimada Yo

1972　兵庫県生まれ
1995　京都市立芸術大学美術学部
　　　環境デザイン科卒業
1997　同大学大学院修士課程修了
　　　タトアーキテクツ設立
　　　京都市立芸術大学准教授、神戸大学・
　　　神戸芸術工科大学で非常勤講師

Design Reviewは学年や学校・地域を超え、福岡に集うことができる人なら誰もが参加できる開かれた場だと思います。その議論の場に参加できることを楽しみにしています。

一級建築士事務所
大西麻貴＋百田有希/o+h

百田 有希
Hyakuda Yuki

1982	兵庫県生まれ
2006	京都大学工学部建築学科卒業
2008	同大学大学院工学研究科 建築学専攻
	修士課程修了
	大西麻貴＋百田有希/o+hを共同主宰
2009 - 14	伊東豊雄建築設計事務所勤務
2017 -	横浜国立大学非常勤講師

私自身の活動のはじまりは、大学生時代に発表した10センチメートル角のキューブ型電源タップのデザインでした。今回最終審査の会場は母校で行われるということで、あれから20年以上を経て、審査員という立場でこのような機会に参加出来ることを大変感慨深く思います。

CASE-REAL
神戸芸術工科大学客員教授

二俣 公一
Futatsumata Koichi

1975	鹿児島生まれ
1998	九州産業大学工学部建築学科卒業
	大学在学中よりデザインユニット
	CASE-REALとして活動を開始
2000	設計事務所CASE-REALを開設
2021	神戸芸術工科大学客員教授

設計とは、答えのない禅問答のような思考を持続させながら、新しい空間とは何かを模索することだと思っています。各々が独自の視点で問いを立て、いかに建築として昇華できているかという点に興味があります。

UID／近畿大学工学部教授

前田 圭介
Maeda Keisuke

1974	広島県生まれ
1998	国士舘大学工学部建築学科卒業
	工務店で現場に携り設計活動開始
2003	UID設立
2022	近畿大学工学部教授

建築は総合的な活動ですが、総合力だけが高くても建築にはならないものです。多少の矛盾を孕んでいても、建築、それを含む世界はこうあるべき、という強い意志をお聞きしたい。楽しみにしています。

山田紗子建築設計事務所

山田 紗子
Yamada Suzuko

1984	東京都生まれ
2007	慶應義塾大学環境情報学部環境情報学科卒業
2013	東京藝術大学大学院美術研究科建築専攻
	修士課程修了
2007 - 11	藤本壮介建築設計事務所勤務
2013	山田紗子建築設計事務所代表
	京都大学・東京理科大学・昭和女子大学で
	非常勤講師

本選司会

矢作昌生建築設計事務所
九州産業大学教授

矢作 昌生
Yahagi Masao

1989	日本大学理工学部海洋建築工学科卒業
1989 - 92	設計組織ADH（渡辺真理＋木下庸子）勤務
1996	Southern California Institute of
	Architecture（SCI-Arc）大学院修士課程修了
1994 - 96	Neil M. Denari Architects勤務
1997	矢作昌生建築設計事務所設立
2011 - 16	九州産業大学准教授
2017 -	同大学教授
2020 -	北九州市立大学非常勤講師

受賞作品紹介

出展者アンケート

Q.1 製作にどのようなソフトやツールを使用しましたか?

Q.2 作品の製作費用は?

Q.3 作品の製作期間は?

Q.4 好きな建築家は?

Q.5 影響を受けた本は?

Q.6 学内での賞は?

Q.7 今後の進路は?

おばけの合奏

私は、まるで敷地の環境そのものが設計しはじめるような仕組みを設計できないかを考えた。そこで、「おばけ」という概念を提案する。この仕組みを使う人はまず、ルールブックに従いレールという線を敷地にひいていく。これで下拵え完了。そのあと、敷地に関する質問に答える。その答えとレールの情報を「おばけ」に食べさせると、発現する形が決定する。おばけは10匹用意されており、これらが重なると形が生まれるようになっている。

ID34
平松 那奈子
京都大学工学部
建築学科B4

A1. Rhinoceros　2. 1〜2万円程度　3. 1〜2ヶ月　4. 吉阪隆正、象設計集団　5. 小さな建築　6. 学科内講評会選出　7. 話しやすく誠実な人がたくさんいる職場

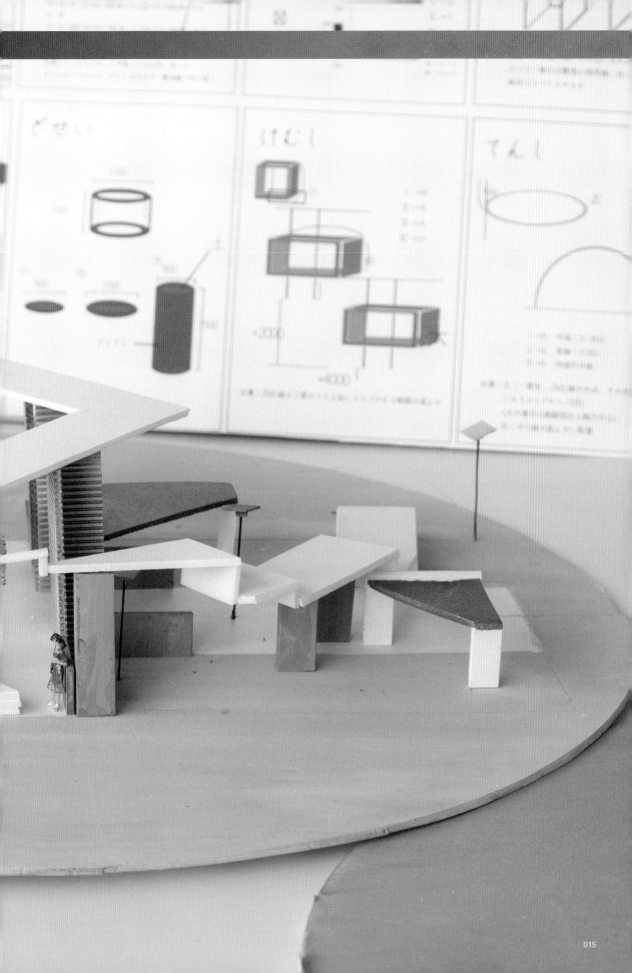

おばけの合奏

はじめに

私たちは場所を地名や「田舎」などの言葉で切り取って捉えようとする。特に、注意してその場所を観察するときには自分の中にその場所のイメージを作り出すことで、理解しようとする。

しかし、同じ○○という地域の中でも大きく環境が変わることもあるし、逆にたとえば都市と田舎でも同じような環境の場所はありうる。場所を理解しようとすることで、見なくなったり、見落とすものもあるのではないか。

とはいえ、私たちは自分以外の目を通してものを見ることはできない。

敷地や環境を設計者の「理解」を通じて建築に関係させるのではなく、まるで敷地の環境そのものが設計しはじめるような、周囲の環境や敷地条件が主体となって設計する仕組みを探したい。

目標

環境の特徴を反映して、建築、あるいは場所が自動的に設計されていくツールそのものを設計する。
設計者が完全にはコントロールできないことで、意図を尽くした設計では生じないおもしろさが生まれることを期待する。

敷地 → 入力 [　　] 出力 → 建築

おばけについて

あらゆる敷地に対応し、またおばけ単体が余計な意味を持たないようにするために、まだ何者でもない影態と、仮きりのコードネームを用いる。おばけたちは敷地を「ものさし」ではかったときの結果に応じて、各々の決まった「レール」に沿って変形する。それらが重なり合って敷地内にある建築物、場所を構成する。

質問に答える ▶ おばけの形が決まる × 10 ⟶ とある空間ができる

「おばけ」=ルールに従って変形する部材、あるいは、部材と一体化したルール
「ものさし」=チャート形式で敷地の答えを測る一連の質問
「レール」=一定のルールで敷地につける目印

システムの全体像

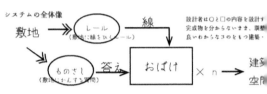

敷地 → レール（敷地に線をひくルール）→ 線

ものさし（敷地にかんする質問）→ 答え → おばけ × n ⟶ 建築 / 空間

設計者は○と□の内容を設計し完成物を分からないまま、具合良いわからなさをもつ建築・

次ページに示すおばけなどの構成・役割の内訳

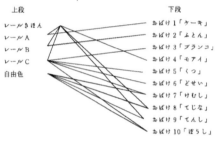

上段		下段	
レールきほん		おばけ1「ケーキ」	骨格をつく 質問1
レールA		おばけ2「ふとん」	
レールB		おばけ3「ブランコ」	
レールC		おばけ4「モアイ」	奥と手前 質問2
自由色		おばけ5「くつ」	
		おばけ6「どせい」	差異をつく 質問3
		おばけ7「けむし」	
		おばけ8「てじな」	
		おばけ9「てんし」	シンボル性 質問4
		おばけ10「ぼうし」	

出力されたもの

次ページのようにおばけ等を設定して、異なる敷地で出力した。

デモテープの成果物図（敷地1）

ケーキ＿小
ふとん＿大
ブランコ＿小
モアイ＿I
くつ＿I
けむし＿なし
どせい＿小
てじな＿なし
てんし＿
ぼうし＿

成果物図（敷地2）

質問の答えがほとんど同じ場合でも、敷地の形や面積が違えば構成が変わり、おばけの大きさを変わる

段差やずれを使うひとが発見して使う「こうやってつかまるかも？」という発見を楽しむ

1

4

からはデモテープとして実際に作ったものさし・レール・おばけを示す。

のさし

質問1：敷地内から見える周囲の植物

質問3：敷地内から見える文字

質問2：敷地のまわりにあるもの

質問4：接している道路について

レール

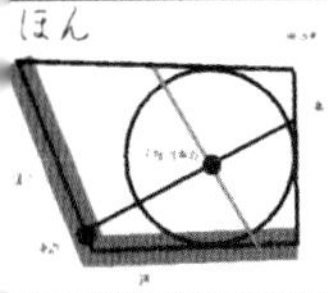

ほん

A

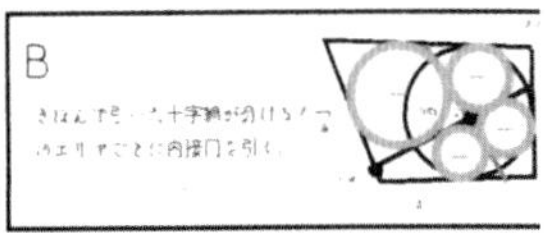

B

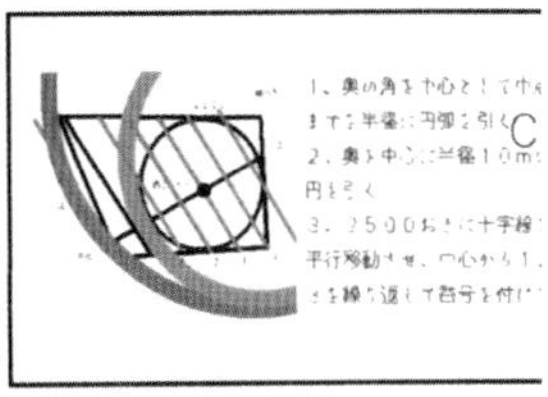

C

ばけ

ケーキ　ふとん　大-Ⅲ　ブランコ　くつ　モアイ

てじな　ぼうし　どせい　けむし　てんし

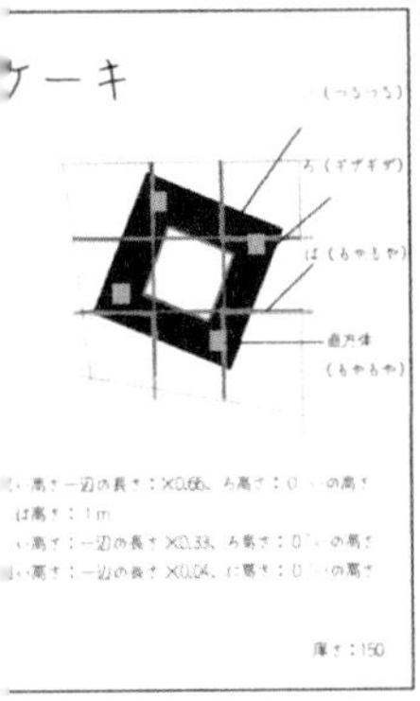

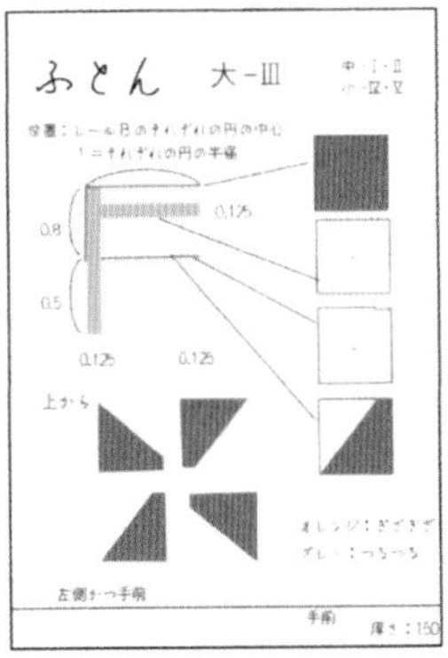

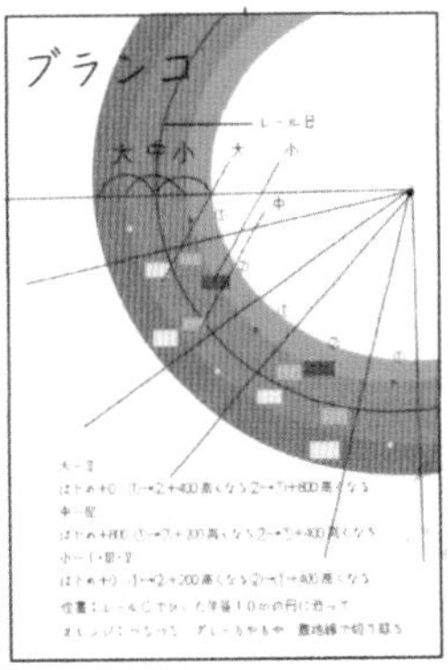

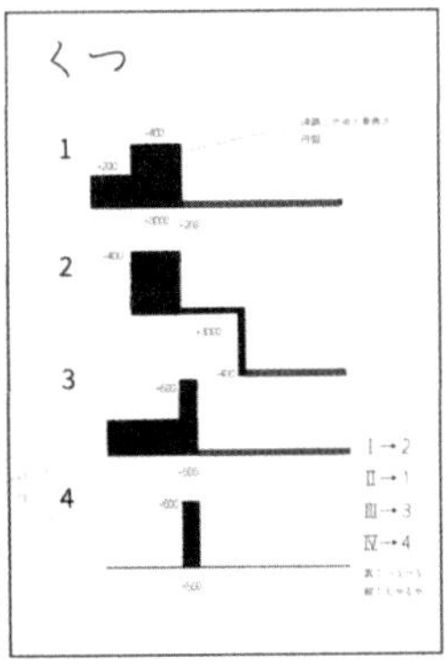

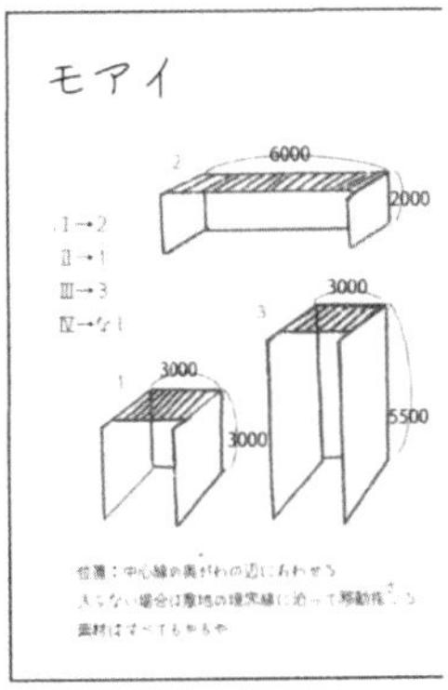

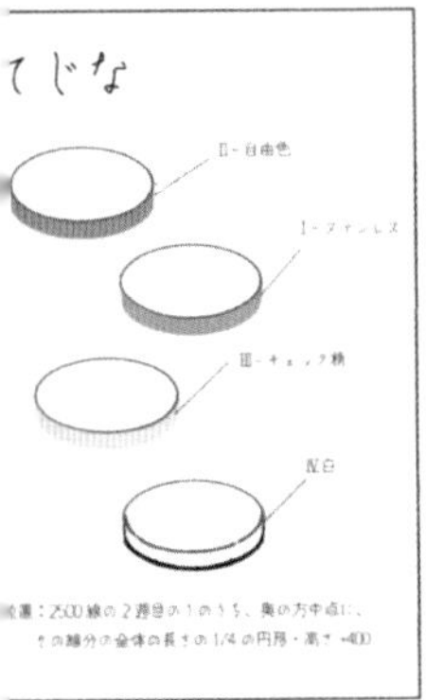

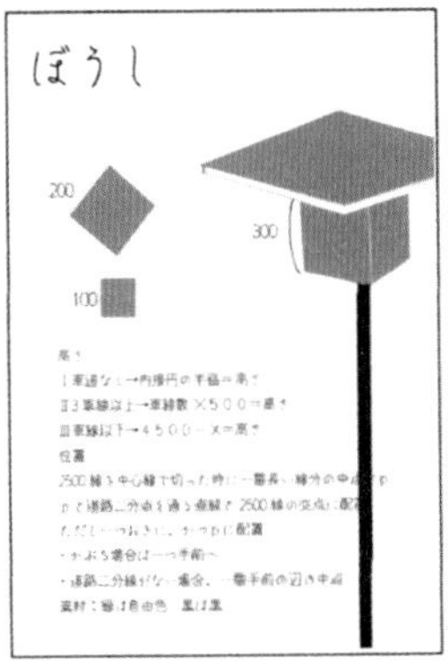

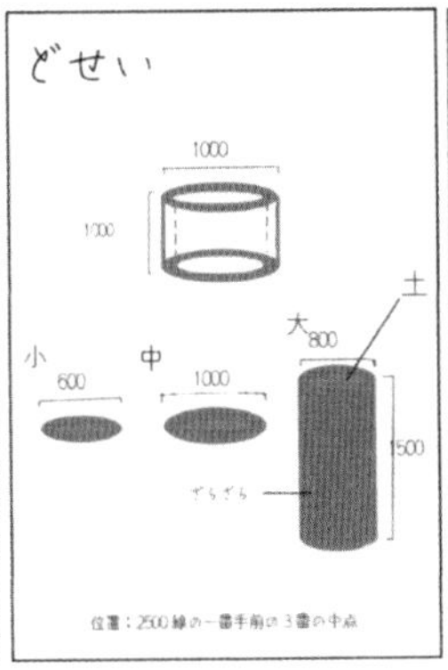

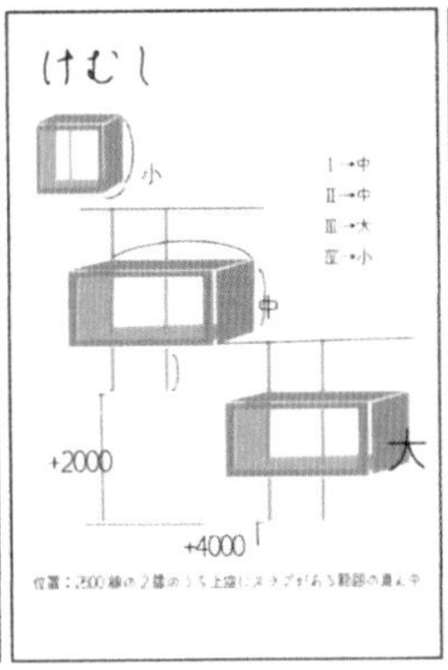

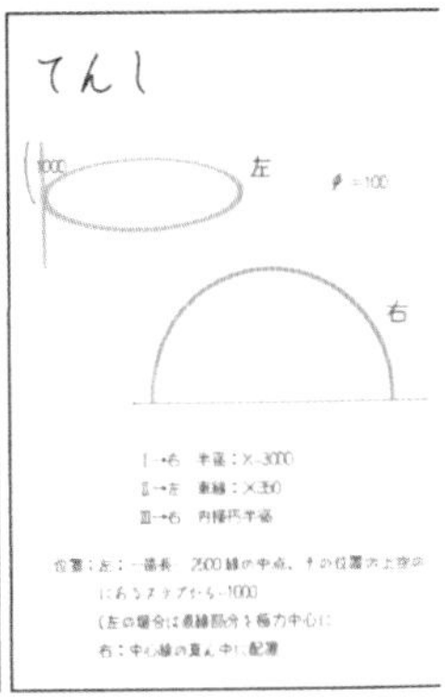

出力された図面

敷地とその周辺

レール　1/1500
＋平面図　配置図

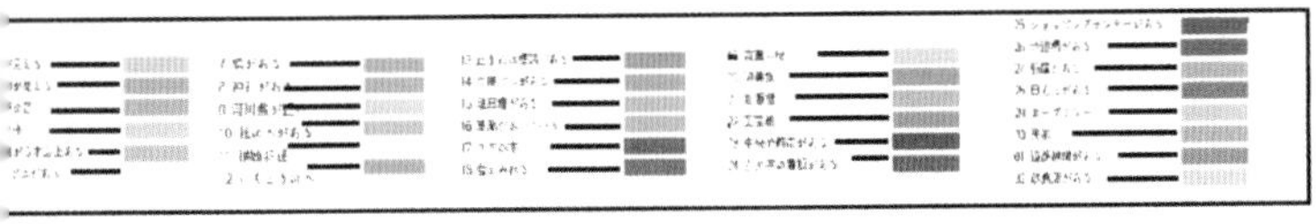

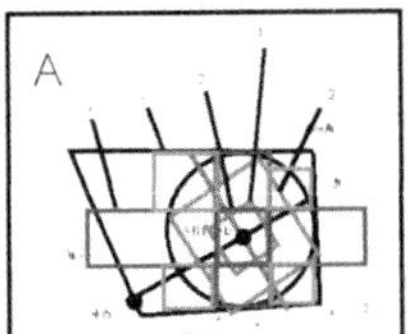

配色

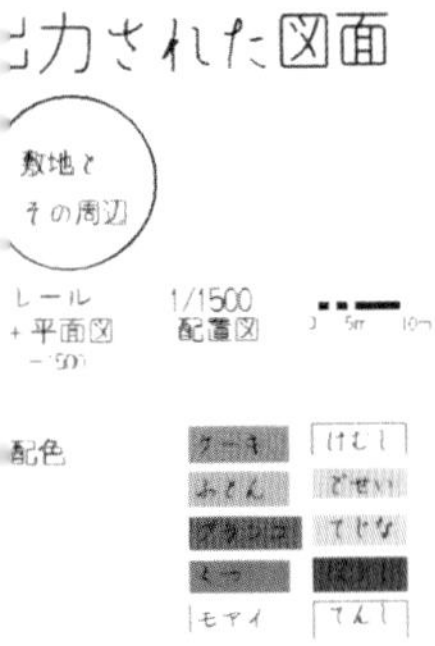

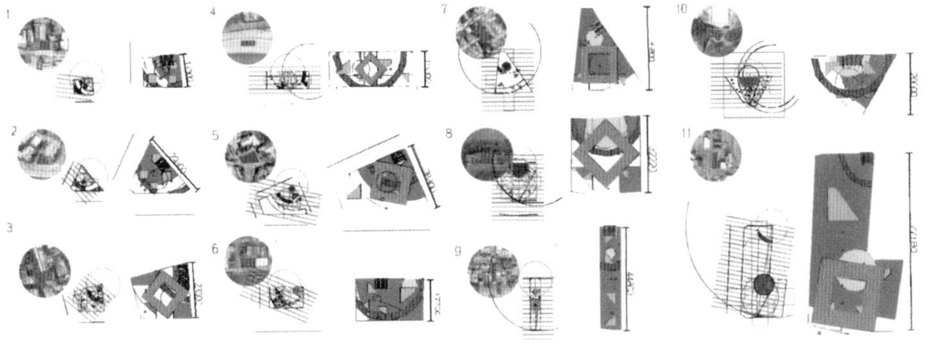

平松　自動設計ツールをつくるという作品です。何故そういうものをつくろうと考えたかというと、社会で今まで想像できないようなことが起きており、私は何をわかっていたのだろうと思うことが多かったことから、他者を何か決めつけずにわからないまま設計することができ

ないかと考えました。そこから、できあがったものはよくわからないけれど、わからないなりに受け止めていくことがしたいと思ったことから、自動設計ツールをつくりました。スタディの途中に思い付いたのが、お化けというシステムです。システムの概要としては、ものさしのパートで敷地に関する質問に答え、レールというルールブックのようなもので線を引き、それをお化けというシステムに入れると、設計したものが吐き出されます。できたものを見ると脳がムズムズするというか、何のために空いているかわからない隙間があるなど、もう少しわかるようになりたい気持ちになるようなものができているのではないかと思います。

百田　できているものは、造形的にも不思議で面白いですね。用途やプログラムなどはあるのですか？

平松　この作品はスタディのほうが面白くて、たとえば自動設計ツールなので、同じ条件の敷地だけど違う形の敷地があり、同じものをつくるとなった時に同じ形のものを置いても違うものになってしまうので、どう処理するかを考えており、そちらは何かしらの用途がある気

がしますが、これ自体には用途は考えていません。公園のような感じというか、用途を考えていないところまで含めておおらかな感じにしたかった設計です。

百田　卒業設計ですか？

平松　卒業設計でも課題でもなく、スタジオ課題のようなものです。敷地と何かを考えましょうという課題でした。

百田　卒業設計もしたのですか？

平松　卒業設計もしました。これとは別のものです。

百田　この作品をDesign Reviewに出した意図は何ですか？

平松　はっきり答えを出すことを目的とした場より、自然体で見たり考えたりすることが重要だったので、いろいろな人と話せる場に作品を出したいと思ったからです。

前田　設計ツールを自分でデザインするということですが、AIなどがやることとの違いは何でしょうか？

平松　まず、私をもう1人つくりたくてこのシステムをつくったのではなく、できる限り建築になるように、しかも、どの敷地にも適応できるよう主眼を置いてつくっています。どうしたいという自分の思考を挟まずに、今まで自分が決めたことを全部書き下してシステムにしたようなイメージです。だから、AIのような話かと言われると半ばそうだし、一方で、ある程度自分がどうしたいかも半ば含まれています。

前田　AIになると、数え切れないデータベースからできますよね。

平松　結局、何がいいかをAIが決めていると思うのです。でも、何がいいかを決めるのはAIよりも上位にいる人間になるので、今話していて思ったけれど、やはりAIの話なのかもしれない気がします。

前田　統計的な話で、AIではあるパターンに応じたものが抽出されるだけになります。

平松　でも、どういう建築がいいという判断をするのは、やはり人間ですよね。結局、パターンを集めてそれをAIに見せるけれど、その後ろには何がいいかを決める人間がいる状態だと思います。「何がいいか」をできるだけ書き下していこうとしてつくったのだと思います。

前田　つまるところ、そこは同じですよね。

平松　同じだと思います。

前田　結局、住む人に対してとか、自分自身の感覚としてどれが好きかになりますね。また似た形態が多いのが気になりますが……。

平松　別にこういう絵を描きたかったという気持ちはありませんでした。

前田　ここにある4つのオブジェクトはそれぞれ別物なんですよね？

平松　別物ですけれど、素材を4つに絞ったというのはあります。いろいろあり過ぎると、このシリーズの建物になるというのがわからなくなってしまうから、絞りました。もちろん、これとも違うパターンの「おばけの合奏」はたくさんあり得ると思うけれど、この幾何学のようなものをたくさん重ねて、それが重なることでいろいろな敷地にバグをなくしていくというやり方は、割と一般性があるかもしれないと思っています。

前田　どこが内部なのですか？　内部と外部の境界はどこですか？

平松　敷地の線がこれです。

前田　それが内部ですか？　ここに屋根があるのですか？

平松　屋根はないです。

前田　であるならば、どこから内部になるのですか？

平松　内部と外部をわかろうとしなくてもいいのではないかと思っています。内部になることもあるし、内部も外部もないこともある……。

前田　では、用途は何ですか？

平松　最初にこれがあることで、自分たちで用途を見つけられる豊かさのようなものを求めているようなイメージです。

山を建てる
消失した山の再編

ID58
佐藤 直喜
名古屋工業大学工学部
社会工学科B4

A1. Illustrator, Rhinoceros　2. 3万円　3. 2〜
3ヶ月　4. 石上純也　5. 建築のあたらしい大き
さ　6. 一　7. 進学

山を建てる。かつてこのまちの中心には山が存在した。陶土の採掘によって山が削られ、でき
た穴を囲むようにしてまちが形成された。長い間閉鎖されてきたこの穴は、土の組成により生
物が介入できず、時間が止まっていた。ここに都市から発生した残土が運び込まれようとして
いる。人工山再考。土の盛り方から、山、谷、稜線、頂上、開かれた山の部分を計画する。残土再
編。土の組成から土、ヒト、動物、植物、それぞれの空間を計画する。建築とランドスケープ。建築
としての山、ランドスケープとしての空間を設計する。周囲のまちを緩やかにつなぐようにして
新しい山を設計する。

山を建てる
－ 消失した山の再編 －

02 提案 削られた大地に新しい人工山を建てる

削られた山によって栄えたまちに新たな山を設計する。
山の土を用いて栄えたまちの文化と開発によって大量に運び込まれる残土を
資源として、過去の山と現在の遺構を対峙させる。山とすることで、まちの
中心に開かれた自然公園が生まれ、200年前の生態系を呼び戻す。
山の周辺にまちができるのでは無く、まちのあるところに山が計画され、ま
ちと山の関係性を再考する。まちのために山を建てる。

人間によって削られた緩やかな山

①谷と石垣

②池と遺構の対峙

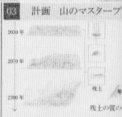
③

00 背景 現代都市における「土」

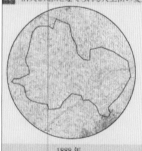

自然と隔絶された都市、残土によって消滅する生態系
都市が開発されるとき、大量の建設発生土（残土）が排出される。
排出された残土は、山間地に長い間放置され、異常気象によって土砂災
害が発生する。また、残土のみを積み上げた残土山は度々崩落事故を
起こし、周辺環境に悪影響を及ぼしている。人工資源としての残土を再
び自然に還し、人間と他生物が行き交う開かれた人工山を計画することは
できないだろうか？

01 敷地 削られた山、栄えたまち

愛知県瀬戸市採土場
約200年山を削り、土を原料とする陶器によってまちが栄えた。
一方まちの中心には、採土跡の大きな穴が形成され、岩肌が見えた荒れ果て
た状態で周辺から閉ざされ取り残されている。採土場は、掘ったら埋め戻す
義務があり、リニア中央新幹線開発時の残土置き場としての候補地とされてい
る。残土によって埋まってしまう遺構を開き、人間と他生物の空間として昇華
できないだろうか？

03 計画 山のマスタープ

2030年
2070年
2300年
残土
残土の質の

屑状に大量の土が積まれ、その周辺
く。都市の残土の排出量に合わせ、
いく。積み上げていくプロセスによっ
工的に設計する。また、平場面積か
れることで、人工的な舞台から、自然

07 消失した山と建てられる人工山の変遷

1888年　　　　1973年　　　　1989年　　　　2023年

08 新しい人工山のディテール

過去の植生を導く

元の山の植生を復元するように植物の育つ
残土を周辺に添えることで植物を敷地内に
導く。

残土との関係性

都市から発生する残土は全体の56%

建設発生土全体の56%は住宅街や都市によって
排出される。その残土を吸収し、この山の糧となる。
少しずつ残土を受け入れ、山の様相に近づく。

人の動線

侵入禁止であった穴は緩やかな山によって地上
と繋がれ、人間の動線としての道が生まれる。

第一の大

様子が

始めの大地
物を導くこと
質土・砂質

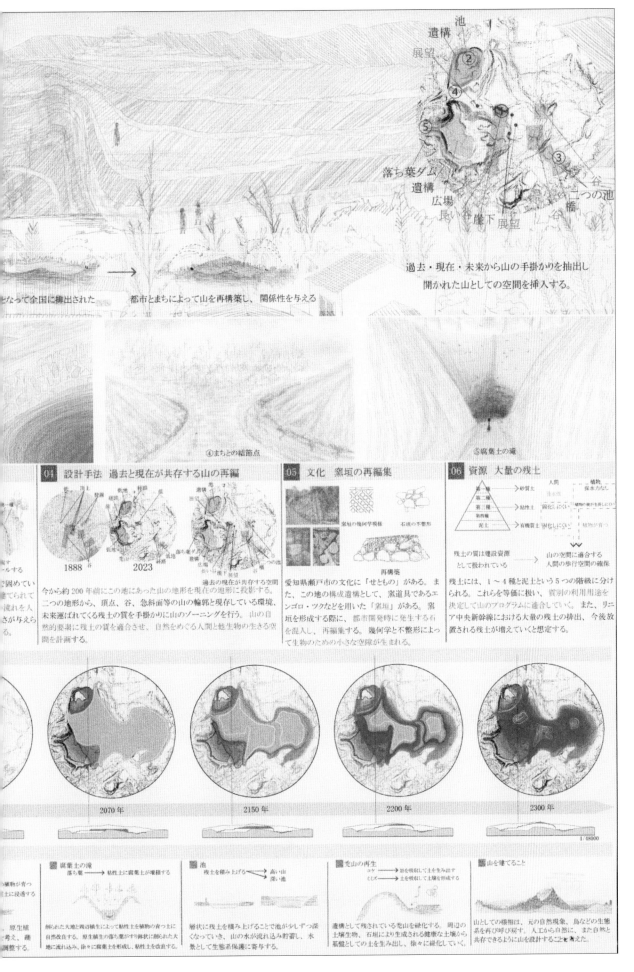

池
遺構
展望
②
④
⑤
③
落ち葉ダム
遺構
広場
長い谷　崖下　展望
谷
二つの池
橋
谷

過去・現在・未来から山の手掛かりを抽出し
開かれた山としての空間を挿入する。

となって全国に排出された　　都市とまちによって山を再構築し、関係性を与える

④まちとの結節点

⑤腐葉土の滝

04　設計手法　過去と現在が共存する山の再編

1888　　2023　　過去の現在が共存する空間

今から約200年前にこの地にあった山の地形を現在の地形に投影する。二つの地形から、頂点、谷、急斜面等の山の輪郭と現存している環境、未来運ばれてくる残土の質を手掛かりに山のゾーニングを行う。山の自然的要素に残土の質を適合させ、自然をめぐる人間と他生物の生きる空間を計画する。

05　文化　窯垣の再編集

窯垣の幾何学模様　　石道の不整形

再構築

愛知県瀬戸市の文化に「せともの」がある。また、この地の構成遺構として、窯道具であるエンゴロ・ツクなどを用いた「窯垣」がある。窯垣を形成する際に、都市開発時に発生する石を混入し、再編集する。幾何学と不整形によって生物のための小さな空隙が生まれる。

06　資源　大量の残土

		人間	植物
第一種	→砂質土		保水力なし
第二種			
第三種	→粘性土	固化しにくい	植物の幼芽が出にくい
第四種			
泥土	→有機質土	固化しにくい	植物が育つ

残土の質は建設資源　　→　　山の空間に適合する
として扱われている　　　　人間の歩行空間の確保

残土には、1～4種と泥土という5つの階級に分けられる。これらを等価に扱い、質別の利用用途を決定して山のプログラムに適合していく。また、リニア中央新幹線における大量の残土の排出、今後放置される残土が増えていくと想定する。

2070年　　2150年　　2200年　　2300年

1 / 48000

腐葉土の滝
落ち葉　→　粘性土に腐葉土が堆積する

刳られた大地と周辺植生によって粘性土を植物の青つ土に自然改良する。原生植生の落ち葉が粘性土に刳られた大地に流れ込み、徐々に腐葉土を形成し、粘性土を改良する。

池
残土を積み上げる　→　高い山　深い池

層状に残土を積み上げることで池が少しずつ深くなっていき、山の水が流れ込み貯蓄し、水景として生態系保護に寄与する。

売山の再生
コケ　→　岩を吸収して土を生み出す
シダ　→　土を吸収して土壌を形成する

遺構として残されている売山を緑化する。周辺の土壌生物、石垣により生成される健康な土壌から基盤としての土を生み出し、徐々に緑化していく。

山を建てること

山としての様相は、元の自然現象、鳥などの生態系を再び呼び戻す。人工から自然に、また自然と共存できるように山を設計することを考えた。

前田　何のための場所なのですか？

佐藤　元々、山が削られていった過程で、周りの異なる属性を持ったまちができたのですが、それを中心として何が必要かを考えた時に、1つの機能を押し付けるのではなく、いろいろな植物や生物、人、都市から運ばれてくる残土を受け入れるような多様な機能を持った山を設計しました。

前田　場所はどこですか？

佐藤　愛知県の瀬戸市です。

前田　瀬戸焼の土を取っていき、山がなくなった場所ですか？ 逆にそこへ残土を持ってくるということ？

佐藤　そうですね。

前田　でも、瀬戸焼をつくるような品質の良い土ですよね？

佐藤　いえ、削り終わった後の取り残されている場所です。ただ、埋め立てなければいけない義務があるらしく、そこを残土で埋めていく過程で山を設計することを考えました。

前田　これは何ですか？

佐藤　たとえば谷や崖などという、山の中に存在するような言葉を空間化して、人が入り込める、集まれるような場所を山の中に一

一。

前田　埋めずに、ですか？

佐藤　そうです。ここは埋めません。

前田　とても広い敷地ですね。模型で、全体像はありますか？

佐藤　ありますが、今回は大き過ぎて持って来ることができませんでした。

前田　ほかにはどのような場所があるのですか？ 残土などは、負の遺産的な場所としても考えられるようなイメージですが、そうではなく、今あるまちが、ある種、ここで集まる結節点のような場所にもなっているということですよね？

佐藤　そうですね。

前田　そこには、建築が何かあるのですか？

佐藤　建築をつくってしまうと、建築がメインで、ランドスケープがサブのようになってしまうと思ったので、それよりは残土だけでどういう山の空間をつくっていけるかを考えました。

前田　ランドスケープと言っているけれど、ランドスケープはただ、まちを3点つなぐだけなのか、それともほかに何かありますか？

佐藤　というより、人が集まれたり、人が展望台のような場所に登ってまちを眺められたりするような。

前田　それは、どこかに表現していますか？

佐藤　あります。展望台のパースで、高さをつけたり抜いたりして空間をつくっています。

前田　あえて建築をつくらないということですが、何故必要ないのですか？ つくってはいけない場所なので、つくらないということですか？

佐藤　僕の意志にはなりますが、残土が使われている、土を使われている建築を論文で見た時に、土というかランドスケープが建築の後に来るような状態が多いことがわかったからです。

前田　「空間をつくらないのは、設計者としてどうだろうか」と言われた時に、何か反論できますか？ 要するに、何をもって建築と言っているかという話です。その土を使いながら、例えば洞窟のようなものでも空間にはなりますよね。人が溜まれる場所が谷のような地形をつくることは当然あるけれど、その上の覆いのようなもの、要するに、人が感じる空間として何か設計されているのでしょうか？

佐藤　設計はしているつもりです。

前田　同じテーマで論文をしながら設計をしているのですか？

佐藤　むしろ、論文から問題を見つけました。

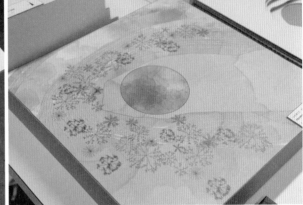

Poster Session _ with Shimada

佐藤　まちの中心には山が必要である。残土によって破壊された自然の山、残土によって建てられた支配的な人工山を背景に、人間によって削られた自然の山が残土によって埋め立てられるという現状のもと、排出される残土を利用してまちの中心に山を建てることを考えます。また、過去、現在、未来から山の手がかりを抽出し、開かれた山として、ランドスケープ的に建築を挿入します。残土の質は、建設資源としてのヒエラルキーが決められています。現状から山を開くために、人間の歩行空間と植生の空間を人工的に振り分け、山の空間に適応していきます。山は、石垣によって層状に立てられることで断面方向への地質計画を可能にします。それに触れながら

山が建てられることで、空間から場所が生まれ、開かれた山となってまちに還元していきます。削られた遺構を残すことで、人工の山にこの地の原生生物などのDNAを適合させていきます。

島田　元々の地形に復元するわけではないのですか？

佐藤　現在の掘られてしまって池やすり鉢状になっている場所をなくしながら、元々の頂点やその線などをだんだん復元しつつ、山になっていくというものです。

島田　大がかりな計画だから、まちの風の状況などが変わりそうな気がします。それが良いほうに寄与すると良いけれど、どうなのかなと思います。

佐藤　植林などはしません。山をつくると気圧の変化で風が流れていき、周りに元々少し

生えていた木が、落ち葉によって腐葉土となってそこから木が生えるとか、すり鉢状になっている部分に落ち葉が落ちることで新しい健康的な土をどんどん生み出していくという、気候をつくっていくイメージです。

島田　土は、どうやって設計したのですか？

佐藤　この地にある崖を再編集し、周りに石垣を設けました。

島田　この部分は人が通れるのですか？

佐藤　そうですね。ここは第一種（礫質土）を使い、雨が降っても水浸しにならず歩けるようにしています。

島田　陶器は産業廃棄物として失敗作が出ますが、それを再生しているのですか？

佐藤　それを石垣の中に埋めることで隙間ができるので、そこに植物を植えることも考えています。

都市の再生速度
現代的鑑賞から考える東京駅の劇場

大勢で共有することで一律な体験をもたらしてきた劇場を、現代にアップデートする。電車、エスカレーター、ホーム、多様な速度の視点で流れる劇場を、東京駅の覆い隠された歴史的なファサードと線路の隙間に設計した。移動空間のみる/みられるの関係をグラデーショナルにつくり出すアーチによって、距離と速度をパラメータとする多視点的な場が出来上がる。異なる速度で再生する鑑賞者同士が劇場的な関係を結び直していくことで、日々の何気ない風景にさえも鑑賞の目を持つことができる。

ID69

大岩 樹生
法政大学デザイン工学部
建築学科B4

A1. Illustrator、Photoshop、Rhinoceros　**2.** 10万円弱　**3.** 11〜12ヶ月　**4.** 青木淳　**5.** 原っぱと遊園地　**6.** 卒業制作賞、北山恒賞　**7.** 東京藝術大学大学院に進学

都市の再生速度
現代的鑑賞から考える東京駅の劇場

電車からの視点

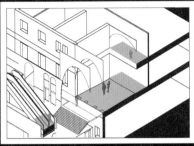

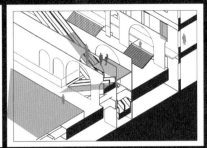

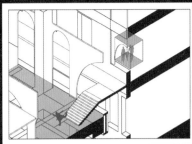

ホテルに泊まっている人が朝食に行くために廊下を歩いていると、出会う劇場、吹き抜け空間をリノベーションした。その奥ではエスカレーターで乗り換えに急ぐ人の姿が見える。

エスカレーターを降っていると、ふとダンサーと目線があう。一心不乱なその姿に、急いでいた足も、止まってしまう。

チェックアウトのためにエレベーターを降っていると突然赤いアーチが出現し、その奥には踊り狂う1人の男、向こうもこちらを眺めている。

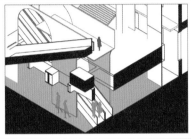

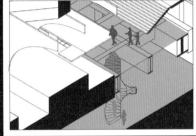

躯体をすり抜け、地下コンコースへ落ちる壁柱は、劇場部分のアーチのもの。緩旋階段も劇場への入り口だ。エスカレーターの入り口を印象的に色付け、分離された二つの空間に連続性を与える。

中央線ホームで電車を待っていると、紅アーチに目がむく、その下ではどうやらとんでもないパフォーマンスが行われているようだ。

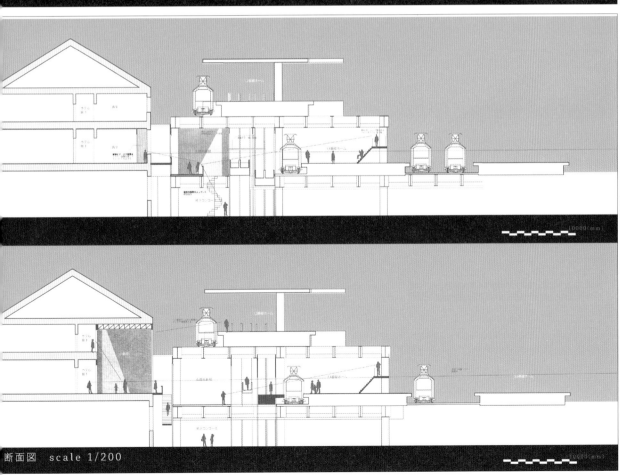

断面図　scale 1/200

Poster Session _ with Yamada

山田 プレゼンボードなどを見ても、何のためにやっているのかよくわかりません。踊っているように見える人も、実際は踊っていないということですか?

大岩 踊っている人もいるし、踊っていない人もいます。

山田 喧嘩している人がいるようにも書かれていましたが、喧嘩している人は、本当に喧嘩しているということですよね?

大岩 喧嘩かもしれないし、演劇をやっているのかもしれない。このアーチのところで、舞台と客席の全景、近景のようなものが入り乱れ、演劇をやってはいるけれど、すべてのものが演劇として行われ、すべてが演劇に見えてくるような劇場をつくりました。

山田 実際のプログラムとして、劇をやることも提案しているということですか?

大岩 提案しています。皆で空間と時間を共有して見るものではなく、「1分間だけ見ていたよ」とか「あのシーンは、実はこうだったよ」というようなやり取りが生まれ、演劇には予告編などがないけれど、そういうこともできるかもしれないと考えています。

山田 それらも入れて建築の提案をしているということですよね? 実際につくったのは、赤いところですか?

大岩 そうです。赤いところだけで、後は既存のままです。

山田 リナ・ボ・バルディの通路型の劇場「テアトロ・オフィシナ劇場」を知っていますか?

大岩 存じ上げません。

Poster Session _ with Futatsumata

大岩　東京駅に、都市の速度で鑑賞する劇場の提案をしています。現在の鑑賞は、サブスクなどが発展したうえ、倍速再生や10秒スキップなど、自分たちが作品に対して速度を持ったアプローチができるようになっていますが、都市体験も同じように同様の速度で流れています。それら2つを掛け合わせる劇場を提案しています。電車に乗ると、サムネイルのような空間になったり、エスカレーターやホームからだと予告編のような体系になったりします。敷地は東京駅の中央線のホーム下の空地です。ゆっくりとした速度により、エスカレーター、電車、ホームと速度が平行線上に奥行きを持って並んでいる場所で、ここにアーチを設計し、各々の場所が視点場となるように設計しています。アーチでつくることで、映像的な空間の編集として、ピントを合わせたり、フィルム的な見えない空間をつくったりと、2時間の演技を細分化して生活に溶け込ませていきます。

二俣　実際に演劇するのですか？

大岩　はい、そうです。ただ、演劇が行われる時に、移動する人なども演劇のように見えるよう、入り交じるように、このレイヤー上の空間でやりたいと思っています。実際にやらないと、大衆はここを見てくれないように思えました。

二俣　赤い部分は、そういう装置として考えているのですか？

大岩　舞台もつくっていますが、どちらかというと、舞台をつくったというより、客席や視点場をつくったイメージです。舞台としては割と簡素につくっています。

二俣　舞台としての機能以外も果たすけれど、舞台としてつくられているのですか？

大岩　舞台あるいは客席になる瞬間もありますし、乗り換えの空間にもなります。

二俣　映像で見ると詩的に伝わってくるけれど、実際はどうでしょうか……。

大岩　詩的というのは、ポエムの意味ですか？

二俣　そうです。

大岩　日々のいろいろな風景に対して、鑑賞の目を向けられる場所になるとか……。

二俣　駅でそういう機能があるのは面白いですね。

大岩　そうですね。

二俣　夢があります。

Circus ひしめく視線が空間を連鎖し、魅せ場となる小学校

"小学校はまちのサーカスである"

本設計では、自分が他人に影響を受けたり他人を刺激したりとさまざまな関係性を行き来できる小学校を提案する。ダイアグラムとして、平らな空地にコンタができることで山と谷に視線が集まる。そこに壁や柱、レールなど構造体を置くことでさまざまなアクティビティを促す空間ができる。それらをDialogue/Show/Circusの3つに分類した。視線の交わりとアクティビティが交じり合うことでできた私の小学校は学びや経験、思い出など成長過程を連続させつつ、心躍る○○をクリエイトできるまちのサーカスとなる。

ID33

奥田 真由
法政大学デザイン工学部
建築学科B3

A1. Photoshop, InDesign、手描き 2. 4万円程度 3. 5〜6ヶ月 4. 小堀哲夫 5. 原っぱと遊園地、アースダイバー、東京百景 6. 学内記録誌掲載 7. 大学院進学

Critique Design Review _ Shimada Yo

クリティーク賞には激励の意味を込め、壇上に選ばれた学生は既にある程度報われていると考えて、なるべく壇上に残らなかったが個人的に推したかったものを選ぶようにしている。選出した奥田真由「Circus」は学部生の作品でありながら、自らの学校空間への違和感、サーカスという空間への期待感が昇華されていた。結果生み出された形態はやや荒削りな面もあったかと思う。ただ、卒業設計は自分で課題を設定する分、メタな視点が必要なのだが、学部課題ならではの没入感、ドライブ感があり、それを賞した。

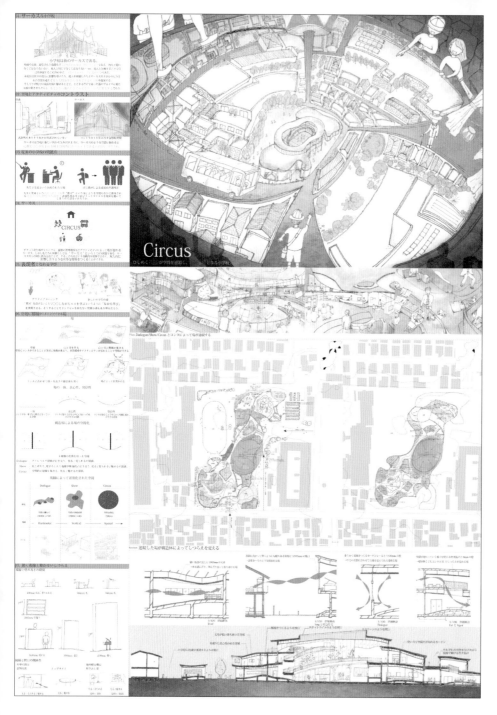

Circus

ひしめく□□が空間を追加し、□□となる小学校

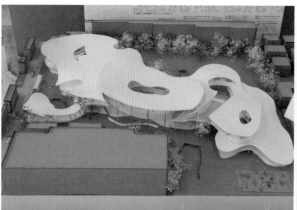

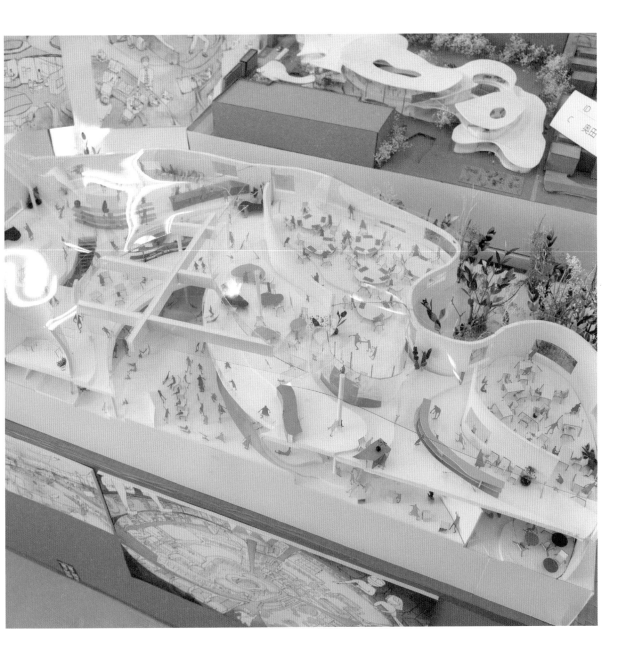

奥田 小学校は、まちのサーカスであると考えています。チケットをもらってから会場に行き、見たこともない動物を見て、その興奮を友達や先輩たちに話す一連の流れがサーカスだと考えました。本設計は、自分が他人に影響を受けたり、逆に刺激したりという、さまざまな関係性を行き来できる小学校を提案します。ダイアグラムとして、真っさらな空き地に対して盛り上げます。そうすると、この盛り上がった山や谷に対して視線が集まります。それらに柱やレール、壁などの構造体を置くことで、アクティビティを彷彿させるような空間ができると考えています。それらを「Dialogue」「Show」「Circus」の3つに分けました。「Dialogue」

としてアイレベルで視線が行き交う平面的な空間の場、「Show」が断面的に視線の行き交う空間同士の間、「Circus」が多方面から視線を集める空間内の話だと考えています。たとえば、体を動かすサーカス、学習するインプット、本を読むリードなどアクティビティが空間に対応し、このような自由曲線で全体を構成しました。視線の交わりとしては、吹き抜けや構造体の位置・寸法などに表れています。このように設計した小学校は、まちに対してわくわくさせるような、心踊るものをクリエイトできるまちのサーカスだと考えています。

島田 3年生ですか、説明が上手くて驚きました。自由曲線でできている地形的なものはわかったけれど、とても内臓的な形態になっているのは何故ですか? どういうルールでできてい

るのか不思議です。

奥田 まず、小学校としてアクティブラーニング、つまり、日陰に人が集まらないのは何故か、それは日陰が寒いからだ、というように実際に体験して調べるという連続的な流れをやって欲しいと考えました。そのため、ブースのような小学校の教室があって特別室があり廊下があるのに対し、最初は近くに並べて連続的にやりたいと考えました。ここに中庭があるなら、それが可能になるか考えていくと、外のものがグイッと入って来て自然と廊下のようになってしまうのではないかと考えました。最初になんとなく置いたところに、こういう関係性ができるとプラスにできるのではないかという、内と外の関係がせめぎあって曲線が生まれるように設計しています。

島じまいの物語

豊かな離島の終わり方

近年、離島問題が顕著になると同時に、離島の価値が見直されるようになり、瀬戸内アートプロジェクトをはじめとした観光地化による離島の再開発が盛んになっている。一方で、観光地化を望まない離島は、人口減少に歯止めを掛けられず、静かにおわりへと向かっている。衰退するコミュニティのなかで、豊かな終わりを迎えるにはどうしたらよいのだろうか。愛媛県魚島を対象に、港空間にそびえたつ公共建築群の終わりと重ねながら、離島の豊かな終わり方について考えた。

ID05

岡田 梨々花
島根大学総合理工学部
建築デザイン学科B4

A1. Illustrator、Photoshop、Archicad、SketchUp、Lumion 2. 4万円 3. 2〜3ヶ月 4. 三分一博志 5. なし 6. 学年1位、2位 7. 進学

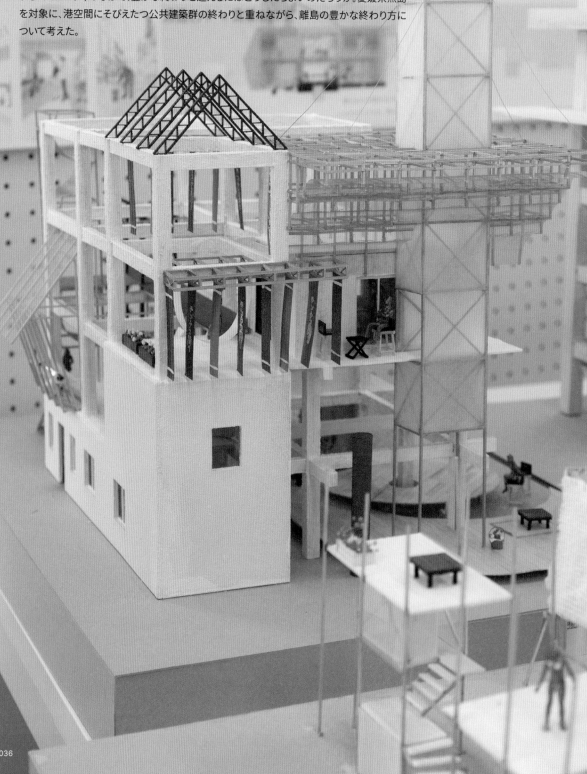

Critique Design Review _ Hyakuda Yuki

「島じまいの物語」は人口が少なくなっていく島の未来を描いたものだ。彼女の提案では、海岸沿いの使われなくなった建物が壊されていくことでできるスペースを、祭りの場として利用していくというアイデアだった。建築が制度や機能から出来ているとすると、人口減少によって制度が維持出来なくなると建築も不必要となるだろう。しかし、その地域にとって必要とされる場としての建築は同じ運命を辿るのだろうか。たとえばその地域でご飯を食べるに最高の場所があったとする。そうであれば、子どももおじいちゃんもおばあちゃんも、障害のある人も、一緒に集まって食事を楽しんだら良いとならないだろうか。縮小していくことが貧しく衰退していくことではなく、より寛容で豊かになっていくことに繋がるかもしれない。それが出来るのは、制度でもなく、場・建築の力なのだと、想起させてくれる提案だった。

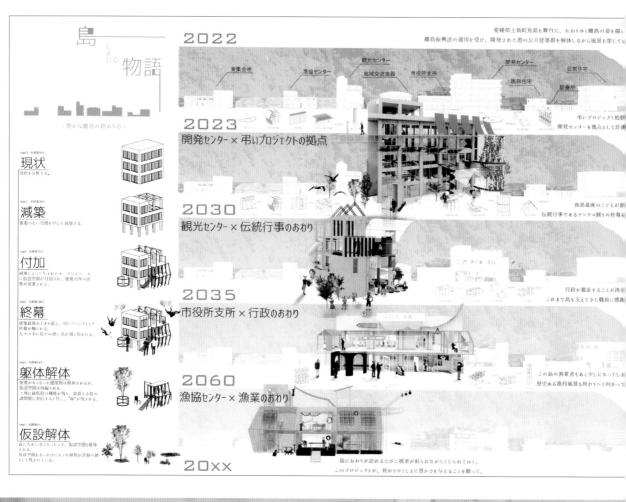

島の物語

- 豊かな離島の終わり方 -

現状
現状を分析する。

減築
需要のない空間を中心に減築する。

付加
減築によって生まれたオープンスペースに仮設空間が付加され、建築内外の活動が促進される。

終幕
建築最後のさまを看取り、弔いイベントとして終幕が執り行われる。
人々の中に島での思い出が強く刻まれる。

躯体解体
需要がなくなった建築物は解体されるが、仮設物は再編される。
土地に最低限の機能が残り、衰退する島の諸問題に対応すると共に、"場"が残される。

仮設解体
島に人がいなくなったなら、仮設空間も解体される。
仮設空間をきっかけにモノや植物が活動の跡として残されている。

2022

愛媛県上島町魚島を舞台に、おわりゆく離島の姿を描く
離島振興法の適用を受け、開発された港の公共建築群を解体しながら風景を閉じてい

2023
開発センター × 弔いプロジェクトの拠点

弔いプロジェクト始動
開発センターを拠点として計画

2030
観光センター × 伝統行事のおわり

魚島最後のこどもが誕生
伝統行事であるテンテコ踊りの終幕が決定

2035
市役所支所 × 行政のおわり

行政が撤退することが決定
これまで島を支えてきた職員に感謝

2060
漁協センター × 漁業のおわり

この島の漁業者もあと少しになってしまった
歴史ある漁村風景も終わりへと向かっていく

20xx

島におわりが訪れるたびに風景が彩られながらとじられてゆく。
このプロジェクトが、終わりゆくしまに豊かさを与えることを願って。

岡田　敷地は愛媛県の上島町という瀬戸内の中央にある離島です。唯一の集落の前面にRC建築群が広がっており、それらはすべて公共施設で、背後の集落を覆い隠すように立ち並んでいる光景が特徴的です。島の人口は120人程度で、この島は終わりに向かっているという想定で、RCの建築群を解体しながら、プロジェクトとして風景を閉じていく設計になっています。建築における一つの建築の終わらせ方として、減築した後に仮設的な空間を付加し、躯体がなくなった後にもそれらが残り、人々の活動の跡として残っていくという流れになっ

ています。

百田　オレンジで囲ったものがすべて対象ですか？

岡田　このコンクリートの建物で、線で囲われているものです。下の地図の着色されたところが模型の場所です。

百田　減築していく時に、たとえば何個かのプログラムがあり、それらが維持できなくなったからどんどん不要になるけれど、単なる規模縮小や用途の廃止だけでなく、違う豊かさが生まれることだってあり得ると思っています。たとえば、今までは別々の建物でやっていたことが、単独では存続できないから一緒にやるようになるとか。最後に1個残る場所は、もしかした

ら皆が集まるような場所になり得るかもしれない。かつての拡大時には切り分けて精度を高めていたけれど、畳む時には最終的にすべて1つになることを表現していると考えていいでしょうか？

岡田　自分がやりたかったのは、終わっていく島の中で、島の人がどんどん空洞化して廃墟になっていく建物を見るのではなく、段階的に彩られていく光景が見られたらいいと思って設計しました。

百田　皆が最後は1つになって小さいけれどもすごい祭りができた、というようになればいいのでしょうね。

SABO — 駅　　土砂災害警戒区域の避難所

「土砂災害警戒区域」すなわち「危険」というレッテルが貼られ、消滅したとある集落の無人駅を提案する。険しい急崖の下に陸から海にかけて浮かぶ正円の建築は、災害時だけでなく日常でも人々の物理的、精神的な避難場所となる。過去に起こった崖崩れの跡を中心とし、自然の中に存在する脅威と恩恵の切っても切れない縁を後世に伝える。自然に囲まれたこの場所にこの建築はなぜ"正円"なのか。その意味を是非想像してほしい。

ID15

仮屋 翔平
鹿児島大学工学部
建築学科B4

A1. Illustrator、Photoshop、Fresco、Archicad
2. 3万円程度　3. 2〜3ヶ月　4. 安藤忠雄　5.
建土築木　6. 学内総合評価1位　7. 大学院進学

Critique Design Review _ Futatsumata Koichi

クリティーク賞に選定した「SABO ― 駅」は、1993年に実際に土砂崩れ災害が起きた鹿児島の湾岸の駅を舞台にした駅の提案。土砂災害への対策や、その境遇を風化させないための場所として、当時の状況をよく読み解いており、ここに必要とされる機能、土砂からの防御や車両・人の避難エリアと救出方法、そして災害の記憶（爪痕）を合理的に統合するサークル状の建築が実に丁寧に考えられていると感じた。欲を言えば、この環境に対しては、外観が一見堅く権威的な印象を与えうるという点はさらに検討の余地があるかもしれないが、実際に実現したら良いなと思える強さがあった。

SABO - 駅

土砂災害警戒区域の避難所

SABO =「砂防」
斜面の土砂の崩壊から人の命を守ること。
長年の土砂災害の研鑽から培った「砂防」
は外国語でも "サボウ" と呼ばれている。

かつて何度も土砂崩れに見舞われた「竜ヶ水」は
人が近寄らない場所になっていった。土砂災害警
戒区域に指定されて危険という理由で敬遠され、

慌足早に通り過ぎていく。

本計画では、都会の生活に疲けた竜ヶ水に眠
とされる土砂災害警戒区域に避難所と
時と�sの動きを生みだす。上層の
く交通の核となる通過点となった竜ヶ水の可能性を
探る。危険だからこそ見えてくる
たな居場所を計画する。

竜ヶ水
遠くから離れ

国道 10 号

竜ヶ水の 地形
竜が水を吹くように水害が多い。

災害の 記憶 - 1993 年 8.6 水害 -

もし、海の方へ逃げて崖から離れることができたら、
命は救われたに違いない。

竜ヶ水の 過去

時代が変われば「便利さ」のものさしも変わる。

無人となった 竜ヶ水
「花瀬」が理由で人が離れていった。

【配置図】 S=1/2000

計画地
竜ヶ水
Ryugamizu

桜島
Mt.Sakurajima

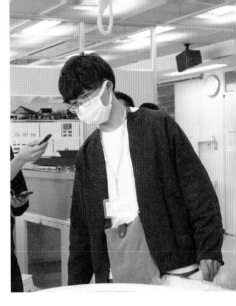

仮屋 土砂災害警戒区域という言葉で「危険」が強調され過ぎて、消えてしまった集落の無人駅の計画です。高さが300mくらいの急な崖が約10km続く中央あたりに、この建築を計画します。崖側は土砂崩れが非常に多いため、砂防ダムとしての役割を持ち、それらと、駅と海側のレストハウスが1つの円となっています。中心にあるのが30年前に起こった土砂災害の跡で、現状の線路と道路からは完全に隠れた場所にあります。それらが、海に建築ができることで存在を知られ、さらに建築が正円であることで求心性から中央に意識が向けられ、ここが危険な場所であることを後世に伝えるような建築となっています。災害時に、一本道の避難所としても使えるし、日常ではレストハウスだけれど避難所にもなるという、2つの避難所としての計画です。

二俣 円形にした理由はそれらの要素から

ですか？

仮屋 そうです。

二俣 認知できることについても教えてください。

仮屋 中心に据えることは、中央に認識を持たせるためと、直線状のダムがここで決壊したという過去があるので、そこを円形にして直接受け止める必要があるのではないかと思い、受け流す形にしています。受け流して、中央で人の命を守る構成になっています。あと、錦江湾と桜島が目の前に広がる場所なので、円形に沿って歩きながら、360度景色を眺められるようなゲストハウスになっています。

二俣 鹿児島出身なので、小さい時ではあるけれど崩れたこともすべて覚えています。

仮屋 陸から救助ができず立ち往生だったため、海側からこのように逃げます。

二俣 こちらから救助ができるのですね。ただ、反対側が崩れた時はどうするのですか？

仮屋 電車が入り込んでいますが、海から逃

げることを考えています。

二俣 電車も守っているということですね？

仮屋 はい。車も避難時は止められるようにしています。

料理的建築

料理をつくるように建築をつくれたらどんな世界が広がるだろうか。建築家が一つの作品をつくるのでなく、レシピをつくるという次の建築家像を提示する。料理のレシピの特徴である、適量や少々などの曖昧な表現をもとに建築レシピを記述し、実際につくると、同じレシピでも人によって違うものができ、つくり手の個性が出るとわかった。建築レシピが流通した世界ではレシピは我々の価値観にまで影響を与えるものになる。

ID49

市花 恵麻

明治大学理工学部
建築学科B4

A1. Illustrator、Photoshop、Fresco　2. 7万円
3. 2〜3ヶ月　4. 中川エリカ　5. メタアーキテクト―次世代のための建築　6. 西澤徹夫賞　7. 大学院進学

Critique Design Review _ Maeda Keisuke

8選での発表からぐいぐいと私自身の理解とあわせて評価が上がった作品。何よりも市花さんが質疑に対してブレることなく自身が標榜した新しい建築家像について応答していた点を高く評価したい。昨今の建設業を取り巻く人手不足問題と情報化社会がもたらすアクセシビリティの結節点として、市花さんが描く新たな建築家像としての可能性を感じたからである。身近な暮らしをささやかに豊かにするDIY的設計手法を多彩なレシピとして、広告的に表現した図面からもその執拗さが伝わってきた。一方提案している建築にそのささやかさが生かされていなかったのが少し残念ではあるが、レシピの曖昧さが地域性をも生み出す匿名的手法として興味が募る作品。

レシピの可能性

①新しい価値観を創り出す

②曖昧さと多様さにより、想像しえないものができ、カタチの可能性が広がる

③設計図と違い大きさを規定しないため、複製可能性が広がる

Free CURVED wall

例えば、時短レシピがあることで時間が増えて、共働きを選択できるようになるなど、
レシピは時間を短縮すること以上に、新しい価値観を創り出すものなのだ。

料理的建築

料理をつくるように建築をつくれたらどんな世界が広がるだろうか。
これはレシピが流通し、建築行為が生活の一部になった未来の話である。
料理的建築とは、料理の多様さと自由さによってつくられたレシピで建築を記述することで、ユーザーの
主体的な創造性を喚起し、新しい価値観を創り出すものである。

料理的レシピは、一度つくって終わりではなく、
更新され書き換えられるものである。

料理的レシピは、同じレシピでも人に
よって違うものができる。

Free CURVED wall

これからは、一つの作品をつくる建築家は影響力を持たず、レシピをつくり、
レシピを通して人と関わることこそが、次の建築家像なのだ。

Poster Session _ with Maeda

市花 私は、料理のレシピから建築を構築することを試みました。まず料理のレシピの特徴である適量や少々などの曖昧な表現をもとに建築のレシピを記述し、そのレシピよりモックアップを作成しました。その結果、同じレシピでも、人によって違うものができ、つくり手の個性が出ました。レシピをつくった私が想像し得ないものができて、形の可能性が広がります。建築のレシピが流通した世界では、たとえば、時短レシピがあることで、時間が増えて共働きを選択できるようになるなど、レシピは時間を短縮すること以上に、新しい価値観をつくり出します。これからは新しく建物をつくる時代ではないとすると、建築家が1つの作品をつくるのではなく、レシピをつくることこそが、次の建築家像となります。そして建築家は、これからの建築家像について考える必要があります。

前田 今の建築の話で、時間が短縮されるというのは、どういう意味ですか? 自分でレシピを考えなくていいから短縮されるということですか?

市花 違います。レシピができたことで、時間が短縮されて共働きができるようになるという話です。

前田 それは何故ですか?

市花 これは実は未来像の提案になります。人口減少や少子高齢化が進んでいくと職人不足などが起こるため、一般の人が建物の修理などを職人に頼むのは割高だから、これからは自分たちでつくっていくことが起こり得るのではないかと考えました。今から続く未来の話になります。

前田 DIYのように自分らがやるというイメージですか?

市花 自分らがやります。それで、建築家はその時にレシピを設計し、建築を通して人と関わるのではなく、レシピを通して関わっていく。

前田 施主の要望があり、それによって建築家が考えていくものですよね? でも、それが……。

市花 これからの建築家像はそうではなく、次の建築家像はレシピをつくることだという提案です。

前田 いろいろな今までの作品と、これを混ぜるとこうなるとか、そういうことですか?

市花 そういうことです。

前田 でも、それをつくるのは施主という話ですよね?

市花 つくるのは施主で、一般の人たち、ユーザーがつくっていきます。

前田 結果として個性が出てくるということですか?

市花 住んでいる人の個性が出てきます。

落語建築
妄想から生まれる都市の滑稽噺

「人間は滑稽な生き物なんてことォ申しますがァ……」
我々庶民が織りなす日常は、元来ユーモアに溢れている。はずである。しかし人々はそのことに気づかず日々を過ごす。本当の人間のユーモアとは、ふとした瞬間の些細な振る舞いにこそ宿っているのではないだろうか。舞台は浅草。ピープルハントと題して採集した人間の身なり仕草から人物像を妄想し、小噺を設計した。建築が個人のユーモアを描き出す化身となって日常に立ち現れた時、我々は人間の生きる喜びを目撃する。

ID35
中山 亘
九州大学芸術工学部
環境設計学科B4

A1. Illustrator、Photoshop、InDesign、Rhinoceros、Grasshopper　2. 30万円　1.～2ヶ月　4. 丹下健三　5. 四畳半神話大系　6.最優秀賞　7. 東京大学大学院に進学

Poster Session _ with Yamada

中山　まず僕は設計のテーマとして、我々一般庶民が織りなす日常のユーモアを描き出すことを目的として設計を進めました。具体的にやったこととして、まちの中の特定の個人を写真に撮り、そこから、その人の身なりや仕草を誇張的に表現しながら、かつ、そのなかにはその人のためだけの限定的な機能があるという超限定的な建築と、そこで生まれる小話を設計します。小話は4つあり、1つだけ説明します。プレゼンボードの一番左上にある「前座 煙草と閑古鳥」に描いてあるように、主人公として焼き肉屋の入り口でタバコを吸っている女性を設定し、この人を、売れない焼肉屋を営むお菊と設定します。ここから、あらすじです。「どうしようもないなこりゃ」。彼女がタバコで一服していると、煙突のようなものが突然現れてタバコの煙がもくもくと上に上がっていきます。「あれ、なんか煙上がっているな」。まちを歩く若旦那は、その煙のほうへ向かっていきます。「すみません、この行列は一体何ですか?」「へぇ、どうやら喫煙所だそうで」。すでにここには喫煙所待ちの行列ができていて、私も一

服、若旦那も一服することにします。その後も連日連夜、人が押しかけて行列は絶えることなく、入り口に蓋をされた焼肉屋はぽっくりと閉業してしまったという話です。こういう話が4つあります。

山田　これは、元々ある話なのですか?

中山　すべて自分で創作しています。

山田　落語をつくったのですか?

中山　はい、そうです。

山田　落語をつくり、そこに含まれる建築もつくったということですか?

中山　そうです。1枚の写真からすべて導き出しました。街中で人の写真を撮り、その人物の身なりや仕草を誇張して表現し、かつ、その人がどのようなことをするかというストーリーを妄想し、建築を生み出しています。

山田　その人たちは知り合いではないのですか?

中山　赤の他人です。浅草を3日間歩いて200人近くの写真を撮りました。

山田　落語になる人を選別したのですね。

中山　そうです。今回は選別しましたが、時間さえあれば、理論上はどの人でも可能です。選ぶプロセスはそれほどシステム化しておらず、

自分が感じたものを選びました。

山田　大喜利建築ということですか?

中山　そうですね、大喜利です。

山田　もう少し時間があったら、すべて聞きたかったです。今のように全員できるのですか?

中山　時間があれば全員できます。あと4つ目として、主人公を自分のメタファー的な存在とし、まちを歩く人を眺めては勝手にキャラクターをつけて話をつくり上げてしまう男と設定し、その人が考えた小話を自身の寄席で演じる、というのが全体のオチとなります。

山田　建築の形は、その人間のシェイプから持って来ているのですか?

中山　その人の形や仕草、身なりから誇張的に表現して持って来ています。

山田　話と造形は別のところから考えたのかと思いましたが、すべて重なっているんですね。

中山　そうです。あの話からこの造形が生まれたのもあるし、形と話を行き来しているので、一概にどちらからどちらが生まれたというのはありません。

Critique Design Review _ Yamada Suzuko

魅力的な建築というのは、建物単体の美しさに留まらず、それを取り巻く活動や思想の豊かさや鮮やかさに支えられているものだと思う。中山亘さんの「落語建築」のプレゼンテーションが始まると、落語という発声による物語によって目の前に場が立ち上がるような感覚があり、即座に惹きこまれた。設計物のフォルムは偶々写真を撮った人の姿勢を参照しているが、そのエッセンスの抜き取り方は物語に基づき、物語はその人の姿勢から始まっていて……と不思議な連関の中で建築があぶり出されていく。建築の発生を複層的な事象としながらもそれぞれが有機的に共鳴している、そのあり方に可能性を感じた。

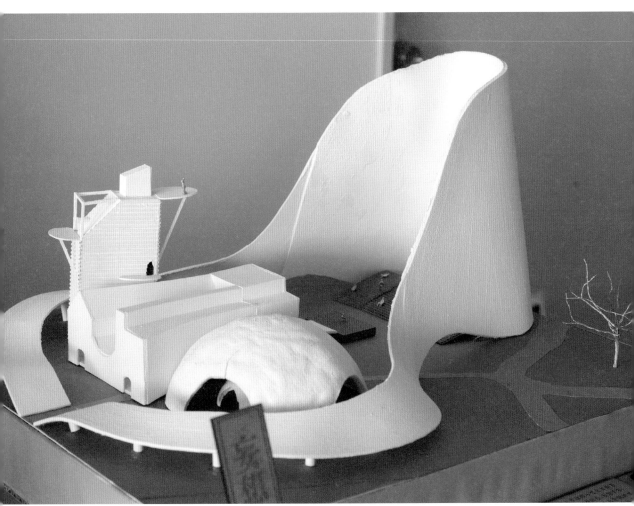

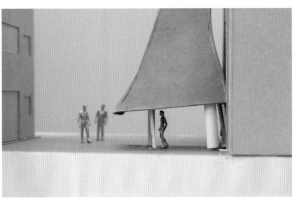

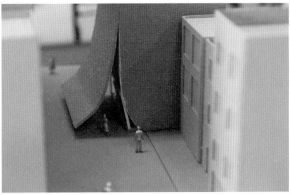

野外教育施設再考

アカマツとの共生建築

アカマツの保全と教育が一体となった野外教育施設の計画。全国的に青少年自然の家が建て替えの時期を迎えており、自然に対する考え方が変化した現代において再考する必要がある。福岡市の南に位置する油山には、里山時代に人間と良好な関係を築いていたアカマツの群落が存在する。敷地にあるアカマツの成木60本の位置から導き出したボロノイ分割を基に計画し、建物を浮かせ接地面を減らすことでアカマツ群落との共生を目指した。

ID18

小田 拓生

熊本大学工学部
土木建築学科B4

A1. Illustrator、Photoshop、Vectorworks、SketchUp、Procreate　2. 約6万円　3. 2～3ヶ月　4. 内藤廣　5. 内藤廣と若者たち　6. 優秀賞　7. 大学院進学

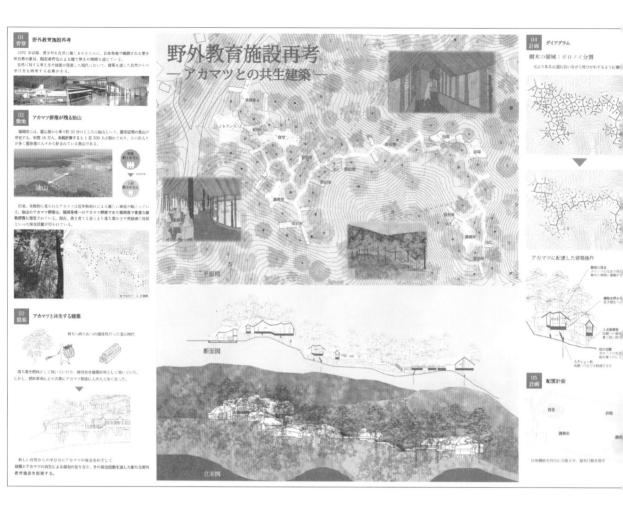

野外教育施設再考
―アカマツとの共生建築―

01 背景　野外教育施設再考

1970 年以降、減少する子供を自然に親しませるために、日本各地で建設された青少年自然の家は、最近老朽化による建て替えの時期を迎えている。
自然に対する考え方や技術が発達した現代において、建築を通した自然からの学び方を再考する必要がある。

02 敷地　アカマツ群落が残る油山

福岡市には、都心部から車で約 30 分のところに油山といい、都市近郊の里山が存在する。年間 18 万人、単純計算すると 1 日 500 人が訪れており、人の出入りが多く都市部の人々から好かれている里山である。

約18万人/年
約560人/1日

従来、全国的に見られたアカマツは近年松枯れによる衰退が進行している。油山のアカマツ群落は、福岡県唯一のアカマツ群落であり福岡県で貴重な植物群落に指定されている。現在、育を育てる会により落ち葉かきや常緑樹の伐採といった保全活動が行われている。

03 提案　アカマツと共生する建築

持ちつ持たれつの関係性だった里山時代

落ち葉を燃料として用いたり、間伐材を建築材料として用いていた。しかし、燃料革命により次第にアカマツ群落に人が入らなくなった。

新しい自然からの学び方とアカマツの保全をめざして
建築とアカマツの共生による保全の在り方と、その保全活動を通した新たな野外教育施設を提案する。

04 計画　ダイアグラム

樹木の領域：ボロノイ分割

元よりある山道に沿いながら枝分かれするように建

アカマツに配慮した建築操作

05 計画　配置計画

共用機能を四方に分散させ、屋外行動を促す

平面図
断面図
立面図
エントランス　厨房　食堂　宿泊室　野営場　調理室　宿泊室　WC　浴場　調理室

小田 福岡市の南に位置する油山には福岡県産のアカマツが存在します。人間とアカマツは里山の時代、持ちつ持たれつといった同等の関係を築いていました。しかし、人が里山に入らなくなり次第にアカマツは衰退していきます。油山ではアカマツの保全活動が行われていますが、その認知度は低く、アカマツの存在は忘れ去られひっそりと行われていました。そこで、地域とともに生きてきた存在に目を向け、それを後世に伝えていくことが大事ではないかと考え、保全と教育が一体となり、アカマツと共生する教育施設を提案します。設計手法としては、おもにボロノイ分割をもとに計画します。建物を浮かせて、ボロノイ分割の中心線として床を張り、ボロノイ分割の交点に屋根の頂点と基礎の杭の位置を設定し、アカマツとの共生を目指します。時間が経つにつれて幼木が成長し、ボロノイ分割に合わせて更新していきます。アカマツと建築が新陳代謝しながら循環していくような建築を考えました。

百田 マツは陽樹と言われる木で、日当たりがいいところで育つ植生でしたよね?

小田 アカマツの幼木と成木があり、成木は緑の葉に光が当たれば大丈夫で、幼木に関しては、屋根を架けず日が当たるよう配慮しながら共生を目指しています。

百田 この幼木は光が当たらないと成長しないのですか?

小田 そうです。幼木は低いので光が当たらないと成長しないです。

百田 マツは、過酷な環境の中で一番初めに芽を出し日陰をつくり、ほかの植物も発達していくけれど、自分はその中で成長できない。だから日当たりがいいところでないといけない。

小田 そこに人間の居場所をつくることで、人間が入ってその中で教育と合わせながら保全活動をすることで共生する。

百田 日が当たるようになっている木と木の間隔は重要で、そこに建築が入り、人の手も加わって共生できるということですね。

Prize Winner

切り折り重なり貼り庵

一枚の長い紙から、曲線的で魅力的な空間を折りあげる。端材を出さずに特殊な断面形状のハニカム構造体を設計できる折り紙式製法を建築に応用する。紙だからこそ実現できる、軽量・コンパクトな折り畳める仮設建築を提案する。はがきよりも薄いクラフト紙を用いていながら、自立し、人が座るのに十分な強度を持つ紙建築を実現した。内側から見上げれば、木漏れ日のような光が降り注ぐ。

ID27

成枝 大地
九州大学工学部
建築学科B4

1. Rhinoceros, Grasshopper　2. 6万円弱　3. 1〜2ヶ月　4. 坂茂、伊東豊雄、谷尻誠　5. 新建築、新建築住宅特集　6. 空間遊形賞、福岡県建築士会賞　7. 九州大学大学院に進学

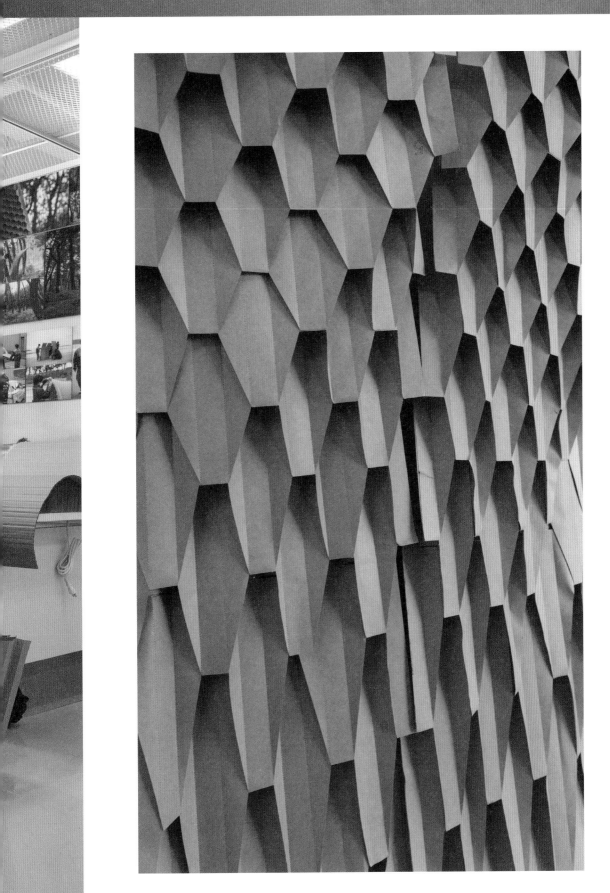

切り折り重なり貼り庵

一枚の長い紙から、曲線的な空間を折りあげる

端材を出さずに球殻な断面形状のアーチ状構造体を設計できる折り紙式製法を建築に応用する
製作を容易で実現できる、軽量・コンパクトな折り畳める仮設建築を提案する

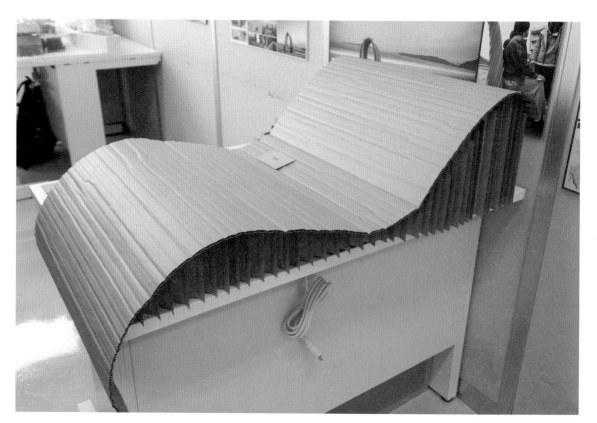

成枝 全体として、1枚の紙でできているところと、紙ならではの畳める建築を提案しています。畳むと2、3cmまで薄くすることができ、この箱に収納できるくらいのコンパクトサイズになります。クラフト紙を使用しているのは、破れづらいのと、紙を薬品で白く染める工程がないので安く、世界中で使われていて一般流通しているためです。ただ、水に濡れたくないという機能が必要となったら、耐水性のある有効紙を使用することになると思います。サポーターなどを使い、ある程度は形を整えるようにしています。

前田 サポーターというのは、クリップのようなものですか?

成枝 これがサポーターで、こちらがクリップです。クリップは中央を留めるために使っており、サポーターは、両側のアーチのたわみ量が変わるのでそれをぴったり合わせるために入れて形を矯正しています。あと、下から見上げた時の影の落ち方などが魅力的なので、内部の寝椅子もデザインして置けるようにしています。

前田 どう加工するのですか?

成枝 この曲面の出し方としては、この折れ線が、折れ線ではなく曲線だと平らな板になります。角度が急になればなるほど、斜面の角度

がきつくなるというルールのため、それをもとにここは急になっており、平らなところはまっすぐになっています。

前田 その図面を描いてレーザーでカットするのですか?

成枝 そうです。レーザー加工機に入れてカットし、両面テープを必要な場所に貼り、波板に沿って折り返し、さらに折り返し、折り返しをするとハニカムになります。

前田 その補強材などは、ハニカム案の中に元々アイデアがあったのですか?

成枝 僕がつくっていて必要性を感じたからです。サポーターの素材などもいろいろ検討したのですが、紙でつくりたいことと、バラして簡単にまとめられる点から、このようなデザインになりました。

前田 風などは大丈夫でしたか?

成枝 風が吹くと倒れます。

前田 タープ的に何かで引っ張ってもいいかもしれませんね。森などでは木かな。

成枝 もしくは、細い袋や水などを重石にできれば、ある程度は強くなるかと思います。

前田 これを増殖するデザインなどは考えていないのですか?

成枝 今回はここまでしかやっていませんが、連続アーチなども考えています。

前田 あと、並べ方も完全に横並びにするとか、丸く並べるとか、ずらすなども。

成枝 はい、できそうです。

前田 可能性が広がりそうで、素晴らしいですね。

貯水槽と保育園とカームダウン空間

本計画は、福岡市内のとある都市公園の地下に存在している貯水槽を、洪水時だけでなく日常的に活用出来ないかと考えたのがきっかけである。この施設は、雨の日は貯水槽、晴れの日は公園・保育園の園庭として機能する凹状の地下部分と、凸状の開放的な保育空間（カームダウン空間も含む）から構成されている。その地下空間と地上空間との間にできた新たな空間を、さまざまな世代の人々が有効に利用することを期待している。

ID37

猪股 萌華
崇城大学工学部
建築学科B4

A1. Illustrator、Photoshop、AutoCAD、SketchUp、Procreate　2. 約3万円　3. 11〜12ヶ月　4. 藤森照信　5. アンサンブル・スタジオの作品集　6. 学内最優秀賞　7. 大学院進学

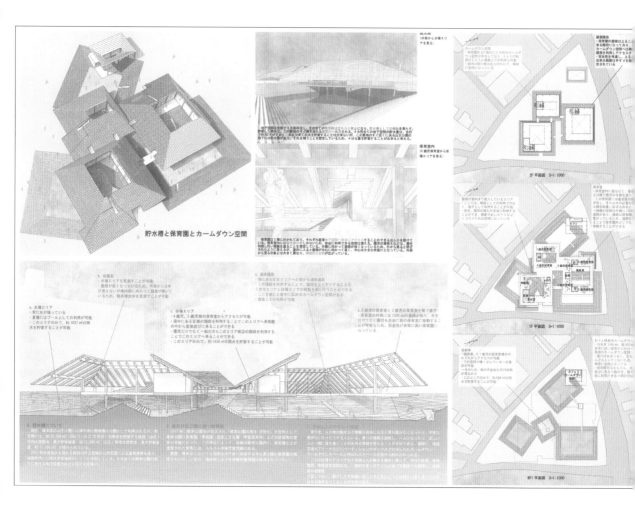

貯水槽と保育園とカームダウン空間

猪股　今回は福岡市の都市公園に入っている3つの機能を持つ、新しい施設を設計しました。山王公園の地下には貯水槽があり、雨の日には貯水槽としての利用があるけれど、晴れの日には利用されず、地下空間をつくるのにはお金がすごくかかるのにもったいないと思ったことから、晴れの日にも利用できる貯水槽があってもいいのではないかと考えました。地下がすべて貯水槽になっており、都市公園法が改正されたことによって保育園が公園に建設可能となったため、1階が保育園で、その上のへこんでいる空間がカームダウン空間となっています。今回は2階にカームダウン空間を持っているため、登れる屋根として、このような形状になっています。

百田　カームダウン空間とは、具体的にどういうスペースを指しているのですか？

猪股　模型では壁が貼っていませんが、保育園2階のある一定のアクセス可能な場所と地下1階の奥を、カームダウン空間としての利用を考えています。

百田　全体の考え方には共感しています。都市の中に水辺の公園のような気持ちの良い空間をつくり、そこが人の集まる場所になってリラックスできるようになるといいなという考え方だと思います。そこには非常に共感します。ただ、プログラムを保育園にしているけれど、まちの中にある、障害のある人も、小さな子どもも、おじいさんも、おばあさんも、皆が集まって一緒にご飯を食べるような誰にでも開かれた場所にするのがいいと思います。それを可能にするのが建築の力、場所の力だと思います。少し機能から設計しているという感じがするので、場所や空間を中心にして、いろいろな人が集う状況がつくれるとさらに良かったと思います。

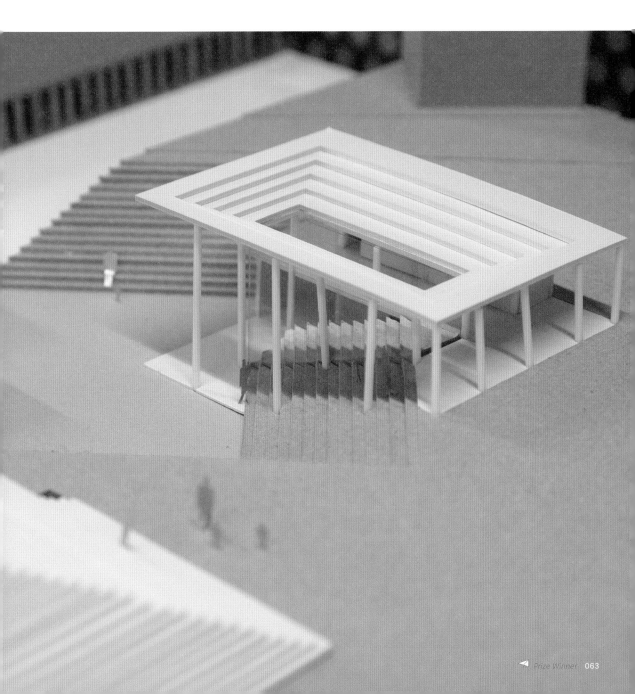

食景を織る
旦過市場再整備計画

ID46
松尾 佳祐
九州工業大学工学部
建設社会工学科B4

現在旦過市場では、再整備計画が進められているが、経済性や合理性を優先するあまり箱型の複合商業施設が予定されており、このままでは旦過市場が培ってきた個性や文化が失われてしまうのではないかと思われる。そこで本提案では、旦過市場の界隈性を読み解き、個性や文化を継承しつつ、食をきっかけに地域コミュニティの広がる市場を提案する。市場に新たなコミュニティ施設を織り込むことで食に関わる活動が新たな風景として旦過市場に浮かび上がるようになる。

A1. Illustrator, Photoshop, Archicad, Lumion
2. 7万円程度 3. 4〜5ヶ月 4. 前田圭介 5.
鹿の王 6. なし 7. 大学院進学

食景を織る
～旦過市場再整備計画～

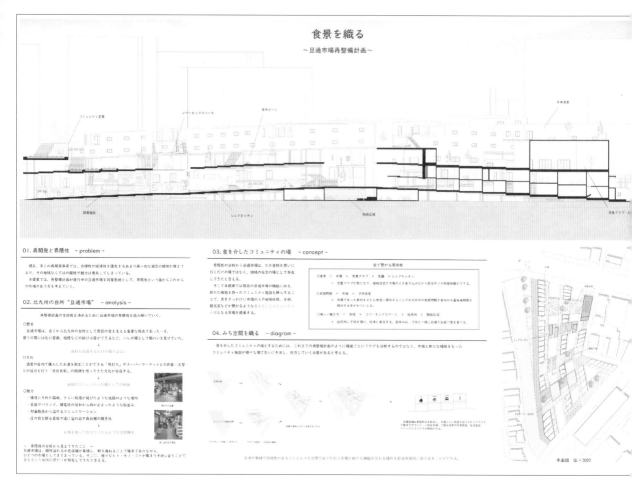

コミュニティ菜園 コワーキングスペース 多目的ホール 子供教室

回書地販 シェアキッチン 勉強広場 児童クラブ・・

01. 再開発と界隈性 - problem -

現在、多くの再開発事業では、合理性や経済性を提供するあまり画一的な姿態の建物が増えており、その地域らしさの個性や魅力は喪失してしまっている。
本提案では、再整備計画が進行中の旦過市場を対象敷地として、界隈性という面がこれからの市場のあり方を考えていく。

02. 北九州の台所 "旦過市場" - analysis -

再整備計画の方向性を決めるために旦過市場の界隈性を読み解いていく。

○歴史
旦過市場は、古くから北九州の台所として庶民の食を支える重要な拠点であった一方、祭りの際には化け屋敷、相撲などの掛け小屋ができるなど、ハレの場としても賑わいを見せていた。

↓
資料を化買するだけの場ではない

○文化
酒屋の店内で購入したお酒を飲むことができる「角打ち」やスーパーマーケットとの共存・大学との協力を行う「共存共栄」の精神を培ってきた文化が存在する。

↓
地域のコミュニティの場としての拠点

○魅力
・壁地にそれた路地、さらに枝道が延びるような迷路のような場内
・長屋のバラック、継ぎ足しの増築から傾がよったような街並み
・対面販売から溢れるコミュニケーション
・店の前を飾る看板から溢れる高揚種の雑多性

↓
お客が道で立ち止まりたくなるような空間構成

～ 界隈性の分析から見えてきたこと ～
旦過市場は、個性溢れる小売店舗が集積し、軒を連ねることで賑わいであり。ひとつの市場として十まっている。そこに、様々なヒト・モノ・コトが集まり手渡し合うことで食を介した地域の賑わいが特徴してきたと言える。

03. 食を介したコミュニティの場 - concept -

界隈性の分析から旦過市場は、ただ食料を買いに行くだけの場ではなく、地域の社交の場として存在してきたと言える。
そこで本提案では現存の旦過市場の機能に加え、新たな機能を持ったコミュニティ施設を挿入することで、食をきっかけに市場の人や地域住民、子供、観光客などが繋がるような賑わいのあるコミュニティの拠点となる市場を提案する。

食で繋がる関係性

○食育 × 市場 × 児童クラブ × 菜園 × シェアキッチン	地域住民や市場の人を巻き込みながら作える料理体験ができる。
○食販継続 × 市場 × 児童教室	市場であった食材を子ども教室に提供することで北九州市の食問題や食材の大量廃棄問題を解消する手がかりになる。
○新しい働き方 × 市場 × コワーキングスペース × 託児所 × 勉強広場	託児所に子供を預け、仕事に専念する。昼休み、子供と一緒に広場でお昼ご飯を食べる。

04. みち空間を織る - diagram -

食を介したコミュニティの場とするには、これまでの再整備計画のように機能ごとにフロアを分断するのではなく、市場と新たな機能をもったコミュニティ施設が様々な場で互いに手渡し、共有していく必要があると考える。

全体が一枚の布で市民性のあるシームレスな空間でありながら市場と新たな機能が交わる場所が能動的に作り出まですことができる。

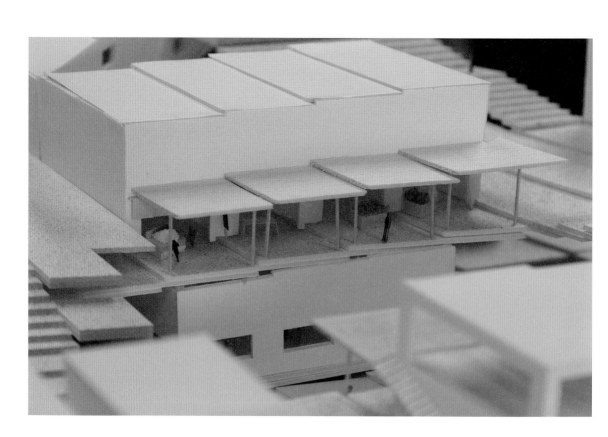

平面図　GL +3000

松尾 現在、旦過市場では再整備計画が進められていますが、箱型のありきたりな商業施設が予定されており、このままでは、旦過市場の今まで培ってきた地域コミュニティの場としての側面が失われてしまうのではないかと考えました。そこで今回は、旦過市場に新たなコミュニティ施設を加えることで、食を介してコミュニティの広がる市場を提案します。設計手法としては、縦軸の市場の軸と横軸のコミュニティの軸を折るように立体交差させて、空間を分断しないように構成しています。また、商業やコミュニティ施設の機能と一体化した道空間で構成しているので、この動線付近にさまざまな活動が現れるようになっています。このように市場に新たなコミュニティ施設を加えることで……。

前田 以前、火災が起きましたよね。元の市場はどこですか?

松尾 こちら側に市場がありました。

前田 これくらい残っていて、向こう側がすべて火災で焼けましたよね。それで、既存はどうしたのですか?

松尾 既存は一旦すべて壊します。

前田 何故ですか?

松尾 老朽化でかなり使えなくなっているのと、今の再整備計画でも一度新たに立て直すことになっているからです。

前田 せっかく火災から生き残ったのに、そこは考えてはいないのですか? 旦過市場は古くから営みが続いてきた場所であり、火災で焼けたけれど残ったところもある。そこに愛着がある人たちもたくさんいると思うのです。元々あるものを壊すのは簡単ですが、残ったものを生かしながら新しい魅力的なものを計画していくと、おそらくもっと良くなると思います。

松尾 確かに。

前田 旦過市場を生まれて初めて見る人たちにとってはいいけれど、建築はずっと流れて続いているわけだから、元々の旦過市場を好きな人たちもいると思う。場所がつながっていき、気持ち良さそうなところがありますので、それら両方を満たせる建築の可能性もあったと思います。もう1つ、川沿いに開いていないように見えるけれど、そうでもないですか?

松尾 一応、開いたつもりではあります。

前田 少し内向的というか、内部から川との関係性も考えたほうがいいと思います。

決勝選抜議論

クリティークによる投票と議論で、
決勝プレゼンテーションに進出する8作品を選出。

決勝進出者の選抜を行います。決勝プレゼンテーションに進むことのできる8名を決定するため、クリティークの皆様による投票を行います。クリティークの皆様の持ち票は1人8票とし、集計結果をもとに議論し、決勝進出者8名を決定いたします。それでは司会の矢作先生、進行をよろしくお願いいたします。

矢作 決勝の8選を選出するステージとなりますが、もし選考に残らなかったとしても8票のうちの1票でも入った人は、その先生のベスト8に入ったことになります。これから各先生方の投票結果を教えていただきますが、単に票を入れて順位を決めるのは、そもそもDesign Reviewの趣旨とは異なるので、投票とともにコメントももらいます。8選についても、票の多い順に自動的に決定というよりは少し議論しながら選考していきます。

本当に作品が多種多様で選ぶのが非常に難しい

百田 最後の1つが決め切れていないので、まず全体と選ばなかった作品に対してもコメントをします。本当に作品が多種多様で選ぶのが非常に難しい。1番「融合する建築 SF・IC」は、提案としては粗削りで選びませんでしたが、これに取り組んでいる彼女の姿が楽しそうで、卒業設計に取り組んで自分の思いが形になってうれしいのがプレゼンテーションから伝わってきました。そういうのを見ると、こちらも元気をもらえるし、その姿勢がとても良い。あと、3番「花遊百貨小路」と5番「島じまいの物語」が良かったので票を入れます。14番「潟業の建築」もいいと思いますが、少し迷っています。完成度が高くて問題意識も非常に良いけれど、干潟と建築の関係がもっと鮮やかに出ると良い。15番「SABO — 駅」もとてもきれいな提案ですが、建築がもう少し自然と応答するような、やわらかいものだと非常に良くなると思います。18番「野外教育施設再考」の提案は、47番「生木の風化と循環を体感する」の提案と組み合わせると、どうなるのだろうかと思ったので、2人セットで決勝に進めないかなと思ったり（笑）。19番「外濠で満ちて」もとても面白い。ただ、ランドスケープを超える非常に大きな地形を扱っているので、水が1つの建築の装置のようになっているのが気になっています。23番「ゆくりない出来事」はおそらく卒業設計ではないと思いますが、自然体でとても良いので投票します。28番「誰

が為の熱櫓」も良いので投票します。29番「銭湯共生都市」もとても気になっていますが、最後の1票をどうしようか迷っています。34番「おばけの合奏」はおそらく議論になると思いますし、良いと思ったので投票します。35番「落語建築」はプレゼンテーションに感心しましたが、提案を評価するかは別なので迷っています。37番「貯水槽と保育園とカームダウン空間」は、まちの中に制度に依らず共有できる場所をつくろうとしている姿勢に強く共感しました。ただ、まだ機能などから建築をつくろうとしていました。次は、いろいろ文句もありますが、49番「料理的建築」は入れたいと思います。68番「都市の再生速度」は議論になると思うので入れたいと思います。残り1票は、先ほどの「野外教育施設再考」と「生木の風化と循環を体感する」を組み合わせてというのはダメなので（笑）、「野外教育施設再考」に入れたいと思います。

投票 ▶ 3・5・18・23・28・34・49・68

最終的なフィックスの仕方や落とし込み方が実直であることも重要

二俣 私も迷っている作品が結構あります。学生であったとしても、現実的に成り立つことを真剣に考えるべきというか、最終的なフィックスの仕方や落とし込み方が実直であることも重要だと思っているため、そうした作品に票が入っていると思います。ただ、そうではない作品や、この後に話を聞きたい作品も入っています。2番「地跡を縫う」。地形にもともとあった動線や山道、建物の跡を生かしながら、非常に美しくつなぎ、1つのフィールドキャンパスとして成立しているのが明快にわかるし、屋根の形状や全体のまとまりも良い空間となっています。6番「帰路と旅路のシナリオ」は、今あまり生かされていない場所を一つひとつ読み解きながら、それぞれに特徴を掴み、そこに何をつくるか、違う視点で面白くなるかを一つひとつに対して丁寧に提案していると感じました。ただ、これが建築として、どこまで成立していくかは疑問としてあります。13番「響きのアンソロジー」は、中の絵から読み解いて分析し、建築的なところに細かく落とし込むことを試みており、その積み重なりでできた建物内部の空間に、特に興味を惹かれました。これがどう成立するかは疑問としてありますが、とても緻密な追っかけ方であるところも含め、かなり興味があります。15番「SABO — 駅」は、鹿児島で災害が昔あり、今はほぼ無人で通過するだけの駅となっている場所に対するアプローチです。私は鹿児島出身なので当時のことを鮮明に覚えています。避難救助ができない状況など、切実ないろいろな問題が重なって起きた事故でした。それに対して、機能がかなり明確に実直にクリアにされている。たとえば、土砂崩れに対する防御壁があるのと、電車や車などの避難場所になっていること。そして、当時最も問題だったのが、土砂崩れのせいで取り残された人たちを海側から避難させられないことでしたが、その配慮も含め、ちょっとミニマルでかなりシンプルな形にはなるけれど、この円形でやることで、すべてがクリアになり、非常に現実的でこの駅にとって良いだろうと

感じました。34番「おばけの合奏」は、いろいろ話を聞きたいです。抽象的な部分もあるけれど、なんとか形にしていくための考え方を経て、最終的に結構リアルな形態に落とし込んでおり、その結果が面白いです。ポストモダンなどを彷彿させるような、かなり面白い形状や空間ができています。46番「食景を織る」は、直角に交わる動線、空間のゾーニングの取り方など、模型を横から眺めたところ、かなり動きが出ていて、元々あった市場に対して、復興という意味でも活気のある良い場所ができていると感じました。また、単純にフラットなものだけの構成ではなく、微妙に高低差をつけているあたりが巧妙だと思いました。69番「都市の再生速度」。駅に劇場を挿入する発想で、一見、不合理かもしれませんが、電車に乗っている時にフラッシュバックするようなシーンを動画で見たところ、駅の中のようなインフラに機能がセンス良く収まっていました。公共の空間にこういう場所が生まれるといいなと感じました。残り1票は少し迷っています。35番「落語建築」。このまちの日常のなんでもないシーンをヒントにストーリーを立ち上げて建築にしていく。建築は一見すると、とても面白さを感じます。そこにあるストーリーとのリンクが面白くて展開図のようなものが非常にいい。ただ、最終的に建築として、これが立ち上がった時を想像すると、どこまで評価していいのか。一方で37番「貯水槽と保育園とカームダウン空間」は、アイデアがとてもいい。広場がこのように生まれることや、水が満たされていく時の変化も面白い。ただ、保育園との関連性を建築として見た時に、機能的なことや細かい図面について、建築の形状などが中身に反映されてもう少し特徴的になっていると良いかなと感じます。「落語建築」と「貯水槽と保育園とカームダウン空間」で迷いましたが、「貯水槽と保育園とカームダウン空間」は貯水槽のアイデアが非常に明快ですっきり伝わったのと、建築的な機能との具体性などについては今後ブラッシュアップされることを期待してこちらに投票します。

投票 ▶ 2・6・13・15・34・37・46・69番

作品の幅が広いので、自分なりに分類して考えた

前田　結構、作品の幅が広いので、自分なりに少し分類しました。まずは環境。環境といっても、自然の水などを使いながら建築でそれに応えようとしたものと、ランドスケープというより、建築をあまりつくらずに自分の問いに対して応えようとしたものの2つがあります。もう1つは地域に対するアプローチの仕方のようなもの。4つめは、手法的なものによる、自分なりの建築のテーマと回答の仕方。最後は、人の振る舞いにかなり近いものとして捉えているもの。建築はものと人をつなげるようなものなので、分ける必要性もないですが、なんとなく自分なりに少し分けました。1つめのランドスケープ。あまり建築をつくらないものでいうと、4作品あります。8番「沁みゆく細道」、58番「山を建てる」、65番「現代山岳修験道」、71番「継承する壕」。「沁みゆく細道」は「山を建てる」と近く、あまり建築をつくらな

いけれど土木的で、安全性を高めようとか、人とつなげようという作品です。3分ではなかなか理解しきれていないとは思いますが、「沁みゆく細道」は、植物の根などで傾斜部を抑えながら人に委ね過ぎているところが少し気になりました。「現代山岳修験道」も、修験道というテーマなのでもう少し現代の修験道についての回答があるともっと良くなるし、「継承する壕」も読み切れてはいませんが、建築を少しつくっているけれど、この場所を長いスパンで見ているような気がするので非常に興味深い。この分類の中で選んだのは「山を建てる」です。選んだもの、この後の議論でいろいろと話していきたいと思います。次は地域に関すること。3番「花遊百貨小路」、11番「住まいと商いの井戸端コンデンサー」、28番「誰が為の熱櫓」、39番「備忘録的建築」、40番「渋谷的記憶想器」が気になった作品です。「花遊百貨小路」は対象の土地の感覚がわかりませんが、商店街的なものと言うけれど、あまり商店街としての機能を持たないような通りなのかな。そこに元々あるものを2階に上げるなど、かなり手を入れた計画で再創造しているけれど、もう少し小さな操作でも良かったのではというモヤモヤが残っています。「住まいと商いの井戸端コンデンサー」は、大きな街区の中で内部にかなりの容積がありますが、その土地の区画でどのようにするか、大きな都市の中心部ならではの問題をどう処理していくかに興味を持ちました。「誰が為の熱櫓」は、その場所の櫓をキーワードに捉え、寄り添いを継承していくところが魅力的だと思います。「備忘録的建築」で気になったのは、基礎などは元々あったものではなく、その場所へ集めていますが、全体の設計を誰がどう考えてどうなっていくのかが少し見えづらかった。「渋谷的記憶想起」は、昔の中高層の名残のようなものが、超巨大な建築の横でアイロニカルに残っているほうが良いかもしれないと思われた魅力的な作品でした。この中では「住まいと商いの井戸端コンデンサー」と「誰が為の熱櫓」を選びます。手法的なところで言うと、34番「おばけの合奏」と49番「料理的建築」があります。両方とも聞きたいのですが、分類上1つか2つを選んでいるので、おそらく誰かが「料理的建築」を選ぶと思ったので「おばけの合奏」を選んでいます。それから環境的な、もう少し大きな水などに対するアプローチだと14番「潟業の建築」、19番「外濠で満ちて」、54番「食とため池」が気になります。3つとも建築をきっちりつくりながら、周りの水を浄化したり干潟を守ったりといったことを積極的に、建築を

通して行っているのがとても興味深かったです。なかでも、「食とため池」は、水を通すことでどれくらいの時間軸で浄化していくかも見えると良いと思います。「潟業の建築」は非常に美しい風景をつくっています。その建築と干潟の関係性を人がどう使っていくかを比べた時に、「外濠で満ちて」の場合は、都市の中心部にバーンとつくっているのは東京ならではであり、コンクリートでつくりながら、しかも浄化装置の中身の割り振りを変えながら、知りたい人は知ることができると良いのかなとか、ファサードが変化しているところが何となく想像できたため選びました。最後に、振る舞い的な、ナラティブなテーマの作品なども含めていろいろありましたが、その中でも気になったのは、35番「落語建築」、45番「圏外建築」、68番「惑星の庭」、69番「都市の再生速度」です。「落語建築」は2年前に「トニカ北九州建築展」（2023年より「関門海峡建築展」に改称）で見た作品と異なる作品だと思ったので、昨日の審査時にその作品の話をしたところ、懇親会で本人なのがわかり、少し見方が変わりました。そのアップデート版として、もう少し話を聞きたいと思ったので「落語建築」を選びます。それから「圏外建築」、「惑星の庭」、「都市の再生速度」については、デジタルに関するものやスピード的なもの、生物と人との関係のようなもので、なかなか興味深いです。そのなかで議論していきたいと思う意味では、「惑星の庭」がすでに選ばれているので、「圏外建築」と「都市の再生速度」を選びました。

投票 ▶ 11・19・28・34・35・45・58・69番

建築というのは、当たり前にあるものを
これほど魅力的だと提案していく仕事

山田　票の話ではありませんが、私も1番「融合する建築　SF・IC」は目に留まりました。自身のやりたいことをやっているのは確か

ではありますが、本人に何を聞いても「楽しいからやった」という話しか返ってこなくて少し勿体なかったです。質疑の応答で、これをどう建築にしていくかという話にできればいいと思ったので印象に残りました。卒業設計でやりたいことをやるのは素晴らしいですが、極論を言うと皆がそうですし、苦しみながらやりたいことをやるとか、悩みながらやりたいことをやるとか、ポジティブにやりたいことをやるとか、いろいろな人がいると思います。とてもポジティブなエネルギーを受けると同時に、議論が少し自分の中に閉じこもってしまっているようにも思え、そこがややネガティブに感じました。いろいろな意味で卒業設計とは何かを感じさせられた作品でした。そこから建築への向き合い方を考えていた時に、35番「落語建築」を見て、日常的な風景に笑いや大喜利のようなものを見出すことで建築ができるという内容が、意外とすんなり受け入れられました。建築というのは、当たり前にあるものを、これほど魅力的だと提案していく仕事でもあると思っているので、この作品は意外と本質的なことを示しているのではないでしょうか。34番「おばけの合奏」は何度ボードを見てもよくわかっていないような気がするけれど、魅力的です。システムの提案であり、自分の恣意性を排除したいとか、参加者に最後の何かを任せたいとか、そういう建築の捉え方はいろいろあると思いますが、その中でも、アウトプットに対する理想形というか、このようなものであって欲しいという思想を、本人はあまり強く語らないけれど、それらが絶対あるのが見え隠れしているので、それをもう少し引き出したいと、非常に気になる作品でした。68番「惑星の庭」や52番「このウシを守ろうとしてみた…」などは人間以外のものを扱うことで、結局は私たちに還元していく、何かしらの影響を及ぼしていく話だと思います。最初から人間の話にせず、私たちがコントロールしがたい野生動物などを扱う話はすごく可能性があると思っているので、どんどん考えていくといいのではないでしょうか。あとは記憶や認識の話に69番「都市の再生速度」や40

番「渋谷的記憶想器」。まだよくわかってはいないのですが、後者は記憶を一旦立ち上げるけれど、刹那的に消えていくという話。あと、エンディングノート系の作品はとても美しくつくられていると思いました。5番「島じまいの物語」ともう一つエンディングノート系の話があったような気がします。儀式をしながら最後にはそれもなくなっていくという時間の経過と、そこに刹那的に現れる建築のような話もすごく現代的だと思って聞いていました。どうしてもコンセプチュアルな話に惹かれますが、設計がきちんとしている話もたくさんありました。ずらっと言いますと、3番「花遊百貨小路」と4番「路上都市アルカディア」、11番「住まいと商いの井戸端コンデンサー」、13番「響きのアンソロジー」は、個人の感性的な造形ではありますが、きちんとものになっているのがすごい。19番「外濠で満ちて」はそれほど珍しいアイデアではありませんが、こういうものをしっかり設計できるのが素晴らしい。32番「海郷の架け橋」も話を聞いていると、論理的に話をつくっているというより、何かイメージが湧いたように形が立ち上がっているけれど、非常に説得力があるというか、すごく感動しました。33番「Circus」も、とてもしっかり設計されている。38番「神居、堰里に灯る」と58番「山を建てる」も、設計がきちんとしている素晴らしい作品でした。71番「継承する壕」も結構悩ましいというか、やっていることがかなり極端ですね。プレゼンテーションが意外とさらっとしているし本人も優し気なので、誰かが説得されて、できてしまうのではないかと思いましたが、やっていることの重大さを本人は意識したほうがいいと思います。しかもグループワークの作品なので、議論に挙げてもいいのではないかと思います。

投票 ▶ 3・34・35・40・43・68・69・71番

もう少し話を聞きたい作品を
バラエティーが出るように考えて選ぶ

島田　結構悩みましたが、15くらい候補があるなか、半分に絞りました。もう少し話を聞きたい作品から、バラエティーが出るようにある程度考えて選びました。投票していない作品についても付け加えながら話すと、二俣さんが選んだ2番「地跡を縫う」は、私もすごくいいと思っています。京都の八瀬あたりは私も知っているところですが、そこの山道のようなものを建築化してい

く。山道というほど山ではないですが、割と良くできていると思いました。自分で選んだものを見返した際に、グニャグニャしたものを選び過ぎていたのでジャンルの幅を広げようと、あえて「地跡を縫う」を外したこともあり、言及しておきます。それから選んだ14番「潟業の建築」は、ベタな提案ではありますが、干潟を加えてどう改良していくかを考える際に割と真摯なアイデアだと思います。「潟業の建築」と28番「誰が為の熱櫓」で迷いましたが、風景をつくりあげており、できあがると良いものになるだろうことを考えて「潟業の建築」を選びました。18番「野外教育施設再考」は良いと思いながらも、鉄骨でつくってそれが解体されるという流れが少しだけ引っかかっています。そういう意味で、百田さんが話されように47番「生木の風化と循環を体感する」と混ざるととても良いと思います。25番「記憶に住まう」は、つくっているものとリサーチした分厚いインタビューの資料との関係がまだよくわからないけれど、そういうリサーチを重ねると、むしろものの提案にきちんとつながらない作品が多いなか、割と伸びやかな提案ができている。それがどういうことなのか3分ではわからなかったので、もう少し話を聞きたいと思いました。Design Reviewは卒業設計と学部生の作品の両方があるので混乱しますが、33番「Circus」も学部生で、学校の課題の中でこれだけの提案を考えられるのと、自分がどういうことをやりたくてこれに至っているか、しっかり応答が成り立つ話をするので、とても良かったです。34番「おばけの合奏」は、設計論の提案における、パターンを投げた後にどう恣意性を排除するかという話ではなく、受動的に空間が立ち上がっていく話を考えているけれど、彼女と話していると「建築にしないといけない」という話になり、そのあたりがブラックボックスになっています。そういう解が出るように設計論を組み立てているのがとても面白いと思いました。35番「落語建築」も一種の設計論だと思います。設計論の設計のような話で、落語から設計を組み立てる。要するに、他律的に説明可能な正しい建築のようなことがだんだん息苦しくなってくるなか、物語から建築を組み立てることで全然違うところにジャンプしようとしている。実際のプロジェクトというより、ある種の創作として実際の機能を持っていないという話でしたが、できているものが魅力的に見えたので、もう少し掘り下げて話を聞きたいです。37番「貯水槽と保育園とカームダウン空間」もいい提案だとは思ったのですが、細かいところが成り立っているかどうか、設計として立ち上がっていると、とてもいいと思います。46番「食景を織る」は立体的な提案で、なおかつノスタルジーに引っ張られず、新しい区でも市場として成立する空間ができているのがとてもいい。49番「料理的建築」も設計論の設計。まだわからない点がたくさんあるので、もう少し話を聞きたいため選んでいます。56番「火山のふもとで」は対災害のような提案であり、同様のテーマはいくつかあって15番「SABO ── 駅」とも近い。とてもしっかり考えられているし、できあがっているものが対災害を抜きにしても良いと思います。66番「噴火と住まう」も火山に対する提案です。ただ、どちらかというと「火山のふもとで」が対災害で、「噴火と住まう」はむしろ火山は所与のものとしてあり、その後に風景として何をつくっていくかという内容ではある

けれど、提案として少し弱かったため、「火山のふもとで」を選んでいます。58番「山を建てる」はランドスケープの提案というか、建築を建てていませんが、「山を建てる」と書いてあるように非常に建築的な提案に見えました。要するに、機能としては割とはっきり設計されており、展望台なども設けられており面白い。山を再現する建築的な操作を行っているのは新しかったので選んでいます。それから68番「惑星の庭」はとても面白い。ただ、提案たり得るのかが気になります。そういうことがあり得るのかという、共感の範囲が少し近いと思って票を入れませんでした。69番「都市の再生速度」も選んではいませんが、やりたいことがはっきりしており、プレゼンテーションも含めて良い作品だと思いました。実在するといいだろうし、違うことにも使えるといいのかなとも思いますが、いい提案だと感じました。

投票 ▶ 14・25・33・34・35・49・56・58番

矢作　だいぶ票が割れましたね。まず、4票以上というか満票が34番「おばけの合奏」で、3票が2つで35番「落語建築」と69番「都市の再生速度」です。2票が5作品で、3番「花遊百貨小路」、28番「誰が為の熱櫓」、49番「料理的建築」、58番「山を建てる」、68番「惑星の庭」。2票以上がちょうど8作品となりますが、少し議論したいと思います。クリティークの方で、1票しか入っていないけれど絶対落選すべきではない作品がありましたら、コメントをお願いします。または落選すると思うけれど、もう一言作品について話したいというのも含め、コメントがあればお願いします。

山田　残して欲しいと思っていた作品が割と票を獲得していたので、1票の作品は絶対残って欲しいわけでもありません。ただ正直なところ、3分では作品がよくわかりませんでした。43番「Post-Slum City」は話が割とシンプルで、未来のスラムやこれから日本人が徐々に減って外国人が増えていくというリアリティのある話で、こういう現実性のある卒業設計の題材は私たちとしても議論したいのと、最終的な提案に説得力があったというよりは、そこにたどり着く過程の話を聞きたかったため、票を入れています。40番「渋谷的記憶想器」も同様に渋谷の話で、私にとって身近なことから自分の中でリアリティが大きくなったのもありますが、都市のリアリティとして風景がどんどん変わっていくなかで建築はどうあるべきかをとても真剣に考えていたようなので票を入れました。ただ、作品についてすごく理解しているというわけでもないので、ゴリ押しできることもなく、コメントのみとします。

前田　1票のうちの1つが45番「圏外建築」で、これはデジタルデトックスのようなものだと思っています。ネット社会ではない、ひと昔前は、相手がいなければ不成立となる手紙や電話を用いていたのに比べ、今は情報を自分からキャッチできるため、キャッチすることに対してオンとオフを自分で選べるのは、ある種、大都市的だと思ったし、それをあえて渋谷という場所で捉えているのを議論したいと思いました。もう1つは19番「外濠で満ちて」。ファサード的なものを表層的に扱うのではなく、きちんと建築として水を浄化する中の素材として精緻に考えられていて、都市の中にある建築だけれど、それが何を浄化しているの

か、生きている生命装置のように捉えると、設計もしっかりされていたので非常に良い作品ではないかな。最後に11番「住まいと商いの井戸端コンデンサー」。地域とまちづくりについての作品であり、土地自体が細かく区割りされて地権者もたくさんいる場合と真逆で、大きなフットプリントで街区の中の敷地割りがされていて、目抜き通りは大きなスケールで建っているけれど、中に、コモンスペース的な場所をつくろうとしているのが良い。1980年代に原広司さんによって行われた、渋川の街区のまちづくりプロジェクトで、目抜き通りの裏の建蔽率が余る土地を住民全員で共有し、通りで上手く憩える滞留スペースをつくろうとして上手く続かなかったプロジェクトがあります。大きなまちに対する、小さな部分をどうすればいいのかを考えているのが面白そうだったので、もう少し話を聞いてみたいと思いました。

百田　私は5番「島じまいの物語」が気になっています。建築は制度や機能から始まることがほとんどで、たとえば福祉施設をつくるにしても、高齢者福祉施設、障がい者福祉施設などは制度の内容が形となっているものが多いと思います。「島じまいの物語」では、住民が減り、まちの港の近くにあった公共的なものがどんどんなくなっていく、その終わり方をデザインすると言っています。つまり、人がいなくなった時に、制度でつくられていた建物が維持できなくなり、どんどん小さくなっていくという問題であり、それはこの島だけでなく日本全体で考えられることです。それに対する問題提起だと思いますが、私は建築の力でそれらを豊かに解決できるのではないかと思っています。たとえば、まちの中に誰もが過ごしたくなるような場所があり、そこに子どもや高齢者、障害者も関係なく、皆が来て食べられる場所を共有することで、今の制度や機能などに捉われず、小さくなるからこそ豊かに生きることも考えられるかもしれない。最後には島じまいを想定して小さくなっていくけれど、一つが多様な意味を持っていて実は豊かな暮らしができることが発見されると、そこで持続可能な形が行われるかもしれないなど、いろいろ考えさせられました。それで「島じまいの物語」は1票ではありますが、推したいと考えています。

二俣　票を入れていませんが、68番「惑星の庭」は考え方がとても面白いと思いました。ただ、ニッチな小さなポイントを見つけて進めていく考え方でアイデアはとても面白いのですが、スケールが小さくなったら、本当にその場所がどれくらい魅力的なの

か、きちんと細かくデザインされるべきだと思います。ざっくりはいいと思うけれど、スケールゆえの爪の甘さが惜しかったです。学生の今やるべきことも含めて考えると、あり方やコンセプトの考え方、組み立て方などが重要なのは前提ですが、仮に実施設計として考えると、本当に合理的にできているのは15番「SABO ― 駅」です。私の1票しか入っていませんが、問題に対して真摯に考えていると思ったので落選するのは惜しいと思っています。

島田　今、話題に上がった15番「SABO ― 駅」もとてもいい提案だと思いつつ、正円で解かないといけなかったのか疑問を感じるけれど、砂防的なデザインであるのと、これが一番強い構成になっていることから、この形になるのかもしれませんね。私がもう少し話題にしてもいいのではないかと思ったのは33番「Circus」です。設計が上手く解けているかは実はあまり考えておらず、この場が一種の学びとして機能するのであれば、彼女が考えてつくったことに対して、我々がクリティークしていくことで「設計論」が立ち上がるきっかけになるのではないかと考えています。入れなかったけれど惜しいと思ったのが、2番「地跡を縫う」や46番「食景を織る」で、設計として良くできていると思います。あと56番「火山のふもとで」は、できあがったものの完成度は高いのではないでしょうか。8選候補に挙がっている28番「誰が為の熱櫓」と同じような基礎構造もあり、ただ、自分の中で記憶が少し美化されているような気もしますが、割と良い提案だったと思います。5番「島じまいの物語」は、小豆島はまだ人口がたくさんいて、これから発展していくように考えられているけれど、私と百田さんは小豆島での経験から港の風景がだんだん変わって今後この地域は寂れていく予感がしたため、おそらく本提案を割とリアリティを持って感じていると思います。上手く進むといいなと思うと同時に、祭りの後のような寂しさをこの提案がつくってしまうことにならないかが気になっているので、もう少し聞きたいと思いました。

矢作　ありがとうございます。今いろいろコメントを聞きましたが、2

票以上入っている8作品を本選に進めても、クリティークの方々はよろしいでしょうか？　それでは、3番「花遊百貨小路」、28番「誰が為の熱櫓」、34番「おばけの合奏」、35番「落語建築」、49番「料理的建築」、58番「山を建てる」、68番「惑星の庭」、69番「都市の再生速度」が決勝に進みます。それと、私は票を持っていませんが、気になった作品のコメントをさせていただきます。19番「外濠で満ちて」は、おそらく装置のように見えて建築としてどう評価するかが少し難しいところだと思います。ただ、東京という密集した建物がたくさん建つ中にこれが佇んでいる姿を思い浮かべると、これがあってもいいかなと私は思いました（笑）。濾過する石や砂といった自然物を用いており、少し暴力的な感じもしますが、風景としては、水が落ちた音がしたり霧のようなものが発生したりと、都会の真ん中でオアシスになるような実は良い提案です。最初の印象は装置のように見えましたが、とてもいいアイデアだと思います。あと、クリティークの控室では、31番「性と住宅」も話に挙がったし、予選でも挙げられました。LGBTという現代的なテーマで、卒業設計でもまだあまり触れられていないかと思います。予選の審査員からは、昨日、本人から話を聞いたところ、自分の周りにいる人たちへのリサーチを丁寧に重ねており、結構真摯に向き合っていて印象が変わったという話もありました。それから33番「Circus」は、小学校の建て替えという課題に対して、サーカス空間のように提案している。今は小学校がとてもオープンになって学校のあり方が変わってきている。ただ、オープンでありながらもサーカスのようなわくわくする空間が課題の枠組みの中で、とても楽しげというか、密度も高く提案されている。卒業設計と一緒の土俵で戦うには少しもの足りないですが、3年生の作品と考えると評価したいですね。37番「貯水槽と保育園とカームダウン空間」は、設計が硬く感じましたが、とても魅力的な提案だと思います。そもそも予選で253作品の中から68作品が選ばれており、出展者の皆さんはきちんと評価されていると思って欲しい。また評価軸によって評価は変わってきます。一つ評価軸を足して評価しようとすると、そのまま評価が変わってくる。そのため、もしかしたらクリティークの方が変われば選ばれる作品も変わるでしょうし、もっと議論を重ねると票も動くことがあるかもしれない。こういう大会は、ある種のイベントくらいに思い、残念な思いをした学生もその程度のことだと考えていただきたいです。

決勝トーナメント

決勝選抜議論で残った8作品による決勝トーナメント。
発表者2名が5分ずつプレゼンを行い、次に10分間の質疑応答。
その後、5分間の審議を行う。
これを合計4ペアで実施する。

—— ただいまより決勝トーナメントを始めます。まず発表者2名が5分のプレゼンを行い、次に質疑応答、議論を15分行います。これを合計4ペア行います。それでは、1組目の34番「おばけの合奏」と49番「料理的建築」のプレゼンテーションを始めます。まず34番、平松那奈子さん「おばけの合奏」よりお願いします。その後に49番、市花恵麻さん「料理的建築」をお願いします。

私は、敷地の環境そのものが設計をするような仕組みをつくれないかと考えました。そこで、「おばけ」という概念を提案します。「おばけ」は、敷地を入力すると建築が自動で設計されるツールです。この仕組みを使う人は、まずルールブックに従い4つの「レール」という線を敷地に引いていきます。これで下ごしらえが完了です。その後、敷地に関する質問に答えていきます。たとえば、敷地に見える植物などについての質問と、それらの答えと「レール」の情報を「おばけ」に食べさせると、発現する「おばけ」の形が決定します。そして「レール」で引いた点や円が「おばけ」の変形の目印になります。これらの「おばけ」は10匹用意されており、これらが重なると形が生まれるようになっています。すべての「おばけ」をまとめると、一連としてこのようになり、敷地に合わせて変形させると、このようになりました。たとえば、左上の2つが住宅地のバージョン、左下のものが砂浜を敷地にしたものです。この仕組みを使えば小さな隙間が空くなど、何とも読み取れない形が生まれます。わからない形は、新しい見方を自分で生み出せる楽しみを与えてくれます。この仕組みが実際に使われれば、敷地、または個人によって全く違う使い方が起こるでしょう。まだ私たちが理解できていない用途も生まれるかもしれません。以上が「おばけの合奏」の概要です。それでは、このようなものをつくろうと思った動機について話します。建築は通常、誰かのためにつくられます。設計者が、敷地を見て何かを読み解き、使う人を見て何かを想像して設計します。人をわかり人からわかられる建築が目指されるのです。一方でそれは、特定の見方や使い方を誘導することにもつながります。そのため、誰が何をどのように利用、解釈しても良く、使い方や解釈が完全に他者に委ねられているものをつくってみたいと思いました。そして、私ではない何かが設計してくれる建築をつくろうとしたのです。そのためには、その何かがどのような敷地でも、後で個別に介入することなく適応できるシステムになっていることが重要でした。また、このようなシステムをつくるためには、誰がいつ使っても敷地から同じように魅力値が得られるようにすること、違う敷地でも出力物の密度をコントロールできる方法、単なるものではなく、人に行動を起こさせるものとは何かという問いに答える必要があります。それらが「おばけ」や「レール」という答えにつながりました。ここで、スタディについて紹介します。まず手始めに闇雲にスケッチをしました。それでは埒が明かなかったので、箱から始めてみることにしました。それでできたのがこのβ版です。この案では、円形、柱形などについての質問があり、その答えに応じて箱が分裂する回数やくっつくエレメントや場所を決めていきます。しかし、これでは問題が発生しました。たとえば、同じ環境で同じ面積の敷地に同じものを置いても敷地の形によっては意味が異なってしまうこと、面積が2倍の敷地だからといって2倍に拡大すると体験が全く異なってしまうこと、面積に対して密度を一定にしていきたいが、密度の増やし方にはいくつも種類があることなどです。これらを解決するために、「レール」を導入するに至りました。また、箱やただの壁や屋根からは、建築や建築空間らしさが感じられませんでした。スタディで素材の部分や、ここは戸棚になってそうというヒューマンスケールのものを探していくことで、空間らしさを得られることがスタディの中でわかりました。そのようにして、私が質問に応答して「レール」を使って形を決めるというルールの総体のような「おばけ」を設定するに至りました。このスタディは、通常、自分が何となく行っている造形のバランス感覚や無意識化で、敷地環境をどう分類していくかをすべて明文化していく行為でした。結果的に設計者の中で一般的に起こっていることを探していくような行為になったと思います。それでは、「レール」や質問、「おばけ」を詳細に見ていきたいと思います。「レール」に関しては、まず基本の「レール」を引いて、その後にそれを分岐させる形でA、B、Cという形をつくっています。細長い三角形の敷地や長靴形など、実際に変な形の空き地をスタディの中で持ってきて線を入れていく中で、均等に線が出てくる組み合わせを探すとこういう3パターンがピッタリはまると思い、これを採用しました。

ID 34 *Presentation* _ 平松那奈子「おばけの合奏」

ᴵᴰ49 _Presentation_ _ 市花恵麻「料理的建築」

料理をつくるように建築がつくれたら、どのような世界が広がるでしょうか。建築も料理も、材料を確保して組合せてつくられるという共通点があります。料理はそのプロセスである「レシピ」が公開され、時短でつくりたい、丁寧につくりたいなど、多様なユーザーに合わせてレシピ表現も多様です。一方で建築は「レシピ」が公開されず、最後にでき上がったものの形だけで議論することが多いです。そこで私は、レシピ表現が発達している料理に習い、建築を料理的「レシピ」で記述することで、新しい建築家像を提案します。まず私は料理的「レシピ」に基づいた、モックアップによる検証を行いました。料理の「レシピ」は、しっかり記述する部分と適量や少々といった曖昧に記述する部分の組合せでつくられています。建築をレシピで記述する際に、具体的に書くところと曖昧でも良いところを知るため、3つの異なる抽象度のレシピを用意し、3人に実際につくってもらいました。その結果、構造的な部分は具体的に記述し、材料の数や種類は、曖昧に記述すると、同じ「レシピ」でも人によって違うものがつくれるとわかりました。設計図とは違い、大きさを規定しないというレシピの特徴により、大きさも形もさまざまなものができました。まるで、海苔巻きがアメリカでカリフォルニアロールにアップデートされたように、「レシピ」によって想像し得ないものができ、形の可能性が広がります。次に、「レシピ」が流通した世界を覗いてみます。私が建築家として「レシピ」を設計し、身の回りの複数人の意見をもとに、そこに住む人が「レシピ」を組合せて建物をつくり替えるケーススタディを行いました。「レシピ」を軸にいくつかご説明します。たとえば、櫓をつくる「レシピ」では筋交いの入れ方は接点が一致するように具体的に記述し、材料の太さ、長さ、色は、曖昧に記述しました。その結果、スキップフロアのコアとして機能したり、採光のためのものやものを展示するギャラリーとなったり、ユーザーによって機能も空間も異なるものになりました。波板フェンスの「レシピ」では、独立基礎に埋め込まれる分の長さは40cmと具体的に記述し、足場の長さや波板の向きは曖昧にしました。その結果、まっすぐなフェンスや曲がったフェンス、雨水が溜まって生き物の住処になるなど、変わったものまでできました。実はこの住宅に住んでいるAさんは、波板の向きを誤り、雨が流れない装飾になっていましたが、時間が経つとそこは雨水を好む生き物たちの住処になりました。波板フェンスのレシピから新しい「レシピ」ができ、このようにシェアされていきます。料理的「レシピ」は一度つくって終わりではなく、更新され、書き換えられていきます。この世界では、建築家はユーザーのフィードバックを受けて「レシピ」を更新していく立場であり、「レシピ」を通してユーザーと建築家は関わっていきます。次に、このまちに住む人たちの様子を覗いてみます。この住宅は大量生産の時につくられたため、断熱性能が乏しい住まいでした。ここに住む専業主婦のBさんはお金がないので、自分で断熱工事に挑戦しますが、毎日かなりの時間を要します。そのような時に時短「レシピ」を見つけて試したところ、ほかのところに割く時間が増えて、共働きの選択ができるようになりました。「レシピ」は時間を短縮する以上に、新しい価値観、つまり、自分自身をつくり出すものなのです。さて、これまで料理的視点から建築を考えてきましたが、実はこれはリアリティのある我々の未来図を表しています。少子高齢化で職人不足が進行し、まちがストックで溢れかえり、未来では「レシピ」が流通し、人々は自らの手で建物をつくり替えているかもしれません。これから新しく建物をつくる時代ではないとすると、建築家が1つの作品をつくるのではなく、「レシピ」をつくることこそが、新しい建築家像であり、次の作品の形態なのです。価値観さえも新しくつくってしまうレシピによって、建築家はこれからも影響力を持ち続けることができるのではないでしょうか。そして建築家は、これからの建築家像について考えなければならないのです。

―― ありがとうございました。ただいまより質疑応答を行います。矢作先生よろしくお願いします。

矢作 プレゼンテーションをした二人の作品について、クリティークの皆さんより質疑をお願いします。

前田 2人とも、まず大きなところを聞きたいです。新しい建築家像という点では非常に近い気がします。しかも2人ともレシピというものを秘めている。それを他者に委ねるという作品。そこで現れる建築がどう豊かになっていくのか、その先のビジョンがあれば教えてください。そして平松さんの作品は、他者に委ね、いろいろなタイプによってできあがるルールであり、つまり誰かがルールをつくるということ。AIなら統計的なもので決めるけれど、そ

れはある1つの建てられた無数のデータベースからつくり出されています。一方で彼女は箱を一度設計しており、結局、平松さんの設計になっています。その時に箱が倍になるということだと思うけれど、一旦決めている箱がどういう基準で決められているのか、そこに何かしらのスタートがあるのではないかという気がします。やはり建築は人のためのものになる。スケールなど、いろいろなものを考えるわけだから、そういう意味では市花さんが言っているレシピの中の1つを平松さんがやっているように考えられます。平松さんに関しては、何に対してそういうルールを考えているのか、そして二人ともに、先ほど言ったどういう社会をつくりたいと思っているのかを聞きたいです。

市花　他人に委ねることでどのようなビジョンを描きたいかという質問に対しては、レシピの曖昧さにより、人によって違ったものができ、それが建築の形を豊かにすると思っています。たとえば時短レシピの話をプレゼンでは触れましたが、レシピは時間を短縮するなど、お金を使わないこと以上に新しい趣味ができるかもしれないし、共働きを新たに選択できるようになるかもしれないと思いました。このように自分自身の価値観を変えてしまう影響力がレシピにはあると思います。そういったものが集積された結果、おそらく他人に委ねることで、自分がレシピを設計したけれど、母につくってもらった三角のやつなどを含め、何かよくわからないものもできます。何故これをつくったのか私もよくわかりません。何だかよくわからなさのようなものが、建築の本質的な部分にあるのではないかと私は思っています。

平松　先のビジョンをどう描いているかという話について、この建築で社会を豊かにするという態度を取りたい気持ちは、この作品に関してはあまりないです。でも、できあがったものを皆に見せると、海辺や砂浜のものは海の家になりそうとか、待ち合わせ場所になりそうとか、ビルの裏手にできたら喫煙所になりそうとか、そういう「なりそう」を考えることなどが私は1番楽しかったです。普通に設計したら思いつかないような些細なものになることが、この設計ではできているような気がします。そこが私の推しているポイントです。それから、先ほど山田さんに言われたことへの回答をしようと思います。恣意性のようなものを目指しているはずなのに、何故か体験の違う私がつくったものになっていることに対する回答です。昨日の議論ではそこまで言わなかったのですが、恣意性はどうやっても排除できないことを自覚しながら、この設計を始めています。課題のところなどに実はしれっと載っていますが、それでもこういう手段を取ったというか、こういう手段を取った背景に、とある明確な美意識があります。それはパウル・クレーの「コメディ」というタイトルの絵は、別に喜劇の絵画でもないし生き物が踊っているわけでもないけれど、背景と全景が分離しており、面白いストーリーや面白い映像よりも時々思い出してボーッとしてしまいます。最後に到達したい点として、こういうあり方を描いているため、スタディの過程などにこの絵を載せています。最初の段階で、ただひたすら線や絵のようなものを描いたり、身の回りのものなどを脈絡なくスタディしたりスケッチしたりしました。お化けを決めていく段階で出てきた、こういうスタディをどういう基準で消していったかというと、左下のムニャムニャしたものは少しSANAAのようなイメージとか、普通にポールで立てたとしても太さによっては電柱のように見えてしまうとか、排水溝のようだなとか、すぐわかってしまって面白くないものはすべて排除していくように進めたため、最終的にできたものが、何かしらのわからなさのようなものになっていた気がします。最初からそれを言うと矛盾してしまうことと、わからなさを目指したと言っても意味がないから言いませんでした。でも昨日の審査で前田さんに答えを出してきて欲しいと言われたので、今言ってしまおうかなと思いました。最初から、こういうものをこういうラインにとどめることを目的としていたため、自動設計はあくまで手段です。

島田　市花さんに聞いてみたいのは、特殊解のように見えてしまうことです。いくらでも増殖可能な特殊解があり、それが何をつくり出していくのかは疑問です。今そこに展開されているものも、一種、無責任だけれど、自分がというより、ある種の誤解によってできているようなところがあります。それがまちの豊かさを生むけれど、すでに一種のレシピとして流通しているのではないかとも思えるのです。たとえば、住宅地の商品化住宅の角には何故かタイルがペタペタ貼ってあるけれど、要するにタイルの枚数を減らしつつ、西洋風の雰囲気を醸し出す1種のレシピだと思います。そういうも

のが何か溢れかえって、どういう総体として現れて欲しいのかを教えて欲しい。平松さんに聞きたいのは、ここに提示されているものは周辺環境との応答によってできているのに、模型に周辺環境が表されていないため、どうやって周辺環境と応答したかが読み取れず、ブラックボックスになっているところがあるので、どのように機能しているかを説明してもらえればと思います。

市花　私は次代の建築家像を提示したいと考えています。おそらく今の皆さんの立場とは違う建築家として見ていただきたいです。そのため、建築家が1つのまちを街並みや風景など、統合していくのではなく、その建築を通して関わるというよりもレシピを通して関わるというスタンスです。まちに対して考えるだけの建築家像自体が、これからの時代には古くなっていき、このレシピをつくるのが何というか――。

島田　たとえばエビチリや麻婆豆腐などは、料理人が一度つくったレシピをもとに変わり続けていき、それぞれの麻婆豆腐になっていますよね。要するに、郷土料理であったわけではなく、ある人が発明したということです。次代の建築家像というのは、その発明的で圧倒的なレシピのようなものを開発する立場ではないかと思いました。対して、できたものが開発というよりもちょっとした編集に見えてしまうのはどうだろうか。むしろ、この外壁で、こういう使い方ができるというのは私たちも日々開発しているつもりです。それを文化的遺伝子として、いろいろな人が使っていけばいいと思っています。例えばル・コルビュジエの近代建築の五原則もレシピに当たる。ピロティや屋上庭園のような建築的プログラムもレシピにもなり得るのかなと、今話しながら思った次第です。

市花　モックアップを通して、具体的にするところと曖昧にするところをしっかり抑えてレシピを書いたつもりなので、コルビュジエのレシピとは、曖昧さによって違いを許容しているところが違うのではないかと思います。回答になっていますか？

島田　何を意図しているかはわかりました。

山田　私も、今の話を聞いて意図はよくわかりました。市花さんのレシピにはどういう意義があるかをずっと考えていました。私たちは日々の業務において、見積もりを検討するため、複数の工務店に図面を渡しますが、その際に、基本設計は描き切らず「詳細は相談したいです」と書きます。ぎっちり描き過ぎると経費がとても高くなるため、程度も結構曖昧にしています。「工務店さんの得意な方法でやってください、相談させてください」とすることがあるので、建築を考える人が、施工担当者に対してどのように建築を伝えるかを明確な手法論として考えていくのはとても面白いです。具体的な部分はもちろん違うけれど、市花さんがエンドユーザー、つまり使う人が施工することにこだわる理由を聞きた

いです。

市花　この審査を経て自分の中で考え直しました。このレシピを今後もずっと考え続けていきたいと思っていますが、一般のユーザーに委ねることは、小規模のモックアップ程度なら実現可能だけれど、建築のスケールになると難しいと、いろいろな議論の中で実感しました。この卒業設計では、そういうことを意識してやっていましたが、建築家と関係のある工務店というより、地域の工務店などとレシピを絡めていけば、都市などにも発展可能ではないかと思います。

山田　専門家ではない人による、斜め上をいくような発想に期待しているのですね。

市花　はい。さまざまなレシピがあってもいいと思います。ユーザーが気軽にできるものもあれば、まちなどに展開するのに工務店などへ依頼するとか、いろいろな段階のものを今後つくっていきたいと思います。

山田　質問というより今日の印象の話になりますが、市花さんの模型は目指している世界観のようなものが強く、発表した言葉に含まれていなかったけれど、プロフェッショナルとは遠い人の生活に根差したアイデアであり、それ故に私たちには考えつかないようなもの、カラフルな点や、具体的なものと構築的なものをミックスしてしまう点などを目指している印象でした。一方で平松さんは、どちらかというと抽象的なアウトプットをまずは目指していた。でも、市花さんと同様にエンドユーザーが独創的に使うことで、たとえば、屋根が少ないからタープを掛けるなど、部分的に床のようなものを張っていくなど、そういう介入を受け入れているところがあり、最終的に場として成立すると思っていますが、いかがでしょうか？

平松　おそらく制限時間を超えているので端的に答えますと、まず島田さんからの質問について、おそらくこの模型が若干誤解を生んでいると思います。今ここに入っている中身以外の外側は基本的に敷地によりますが、敷地に建物がぎちぎちに建っている状態のイメージです。それに対して、もちろん周辺環境向けというより、キャラクター性というか、象徴性をつくるためのおばけもいますが、このあたりは奥性をつくるためにつくっています。砂浜のものには奥性をつくるおばけは登場しないなど、周辺環境に影響される一方で、おばけ合奏チームの個性も、周辺環境に影響を与えていく感じです。屋根が少ないのは、道の延長として私が見ている部分があったと思います。公園なども屋根がないけれど、もしここを何かに使いたいとなったら、このどこかに新しくバラックを建てるとか、屋根を建てるとか、この場所にある何かを手がかりにします。元々何もなかったらそうならないと思うと、それだけで意味があるのではないか、それだけでこの場所の場所性のよ

うなものが強められるのではないかと思います。

百田　2人とも手法をテーマとしていて、その手法は他の人も利用できる普遍性を持っていますが、それが何のために行われるべきかというと、かけがえのなさのためだと思います。たとえば、米から菌を発生させて酒をつくる場合、日本酒もあれば紹興酒もある。風土などで全く異なるものになります。たとえば、日本酒は屋内で他の菌が入ってこないように繊細につくるけれど、紹興酒は道端で干して雑菌が入っても大丈夫なつくり方でつくります。風土と応答して、他とは交換できないものになっていくことがとても重要なのです。だから、市花さんの「安藤忠雄風レシピ」には大反対をしました。そういうかけがえのなさが複製できるのは面白くない。ただ、レシピを利用者に解放した際に、今まで見たこともないような、他とは交換できないような新しい建築の姿に変わることを提示してくれたら、納得できます。手法はある程度シンプルだけれど、少し入力が違ったり、つくる人の癖が反映されて結果が違うものになることを示せると良かったと思います。それから、「おばけの合奏」は恣意性を排除してルールでやると話しているけれど、それで実現されるのは、平松さんの強烈な個性です。それが面白い。この手法は開かれたものではなく自分の表現になっている。できたものを見ると、オートマティックにできたというより、ある人の感覚が反映されたものにしか見えない。でも、それが魅力的に見えることに対しては、肯定的に評価する方がいいのではないかと思っています。

二俣　市花さんのレシピの可能性は無限大にありますが、逆に言うと、良いほうにも悪いほうにも転んでいく可能性がどちらにもあります。新しい建築家像が前提になっているとすると、良い現象が起きた時の連鎖は良いけれど、悪い連鎖に向かった場合、たとえば、住環境が本人の意図していない方向、悪い方向に進んだ際には随時、判断できるのか。この風景を生んだ時に、意外と面白いと言う人もいれば、都度積み上げられていく偶然性の積み上げは、まちにとって風景を壊しかねない可能性もあります。ある意味、建築家の責任という意味で、そのあたりをもう少し整理する方法や、具体性について何か規則があったほうがいいと感じました。一方で平松さんは、百田さんが話されたように、自身の美意識などの感覚が最大限に出ており、誰もが使えるツールという形式ではあるけれど、実は平松さんのツールではないかと感じました。ただ、自分のツールだとしても、ここまで詰めて自分の手法として分析しながら客観性も持っているのは、平松さんにとっても、おそらく予想していないものになっており、そういう結果から生まれたものが実際に美しいとか面白いと思えるなら、十分結果として出ているのではないかと私は思います。

島田　市花さん自身が期待しているのは、おそらくレシピの誤解だと思うのです。要するに、間違って解釈されること。波板が横になっている使われ方など、そういうレシピの記述方法をもう少し展開できるといいのかなと思いました。

山田　結局、この作品を一番魅力的に見せる要素が素人の思い付きや誤解になるため、お母さんがつくった面白いやつとお父さんがつくった面白さが少し違うものの話など、一つひとつのレシピについて、どういう時にどうなったかという話をメインにすると、作品の主張としてより強くなったのではないかとも思っています。

百田　レシピが、完成品に至るまでの具体的な手法ではなく、ある程度抽象化した方法でも面白いかもしれませんね。たとえば、外壁をつくる際に、何かと何かを取り付ける方法や結ぶ方法があり、素材は何でも良いとすると、たまたまその地域ではガラスの廃材がたくさん出るから、そのガラスをレシピの手法で結び付けて面白い外壁ができるなど、まちごとの個性が自然と建築に現れるレシピになる。そうすると発展可能性がすごくあるのではないかと思いました。

Tournament 2nd Match

トーナメント第2試合

続きまして3番「花遊百貨小路」、69番「都市の再生速度」のプレゼンテーションを行います。まず3番、大竹平さん「花遊百貨小路」の発表です。次に69番、大岩樹生さん「都市の再生速度」の発表をお願いします。

噛み合わせて引き剥がして、まるで手垢が染み込むように履歴を重ね続けられた建築は、人とまちの間に育まれた愛の形をした楔として佇み、まちの固有性を語ります。愛着の染み込む場をつくるために、私は切断と編集という設計行為で既存に触れていきます。愛の形をした建築は不完全な断片に還元されることで、新たな死体がそこに意味と付加物を注ぐ器となります。誰かが愛したまちの断片に、新たに誰かが愛していく系譜の中でまちへの愛着を熟成していきます。これは、まちとともに営み商われた商店街を切断して百貨店へと編集する提案です。敷地は花遊小商店街。四条通り、新京極通り、劇場施設の密集した大通りに囲まれ、それらを結ぶ52mの抜け小路に育まれた、京都で1番小さな商店街です。本設計は、四条通り向かいの京都タカシマヤ別館の予定地の代替という設定で設計していきます。調査を通して、花遊小路と人々の愛の形を荷重看板建築と階状アーケードという2つに選定しました。荷重看板建築とは、大正時代から現存する母屋にテナントが更新ごとにファサードが荷重している状態の建築を指します。さまざまな年代のさまざまな素材のファサードが重層することで華やかな街並みを形成します。この図の赤色に該当します。次に、階状アーケードです。階状アーケードとは、各通り、各年代のアーケードがだんだんと織りなす状態のことを指します。高低と明暗を生み出し、路地と四条通り、新京極通りという大通りを気付いたら通り抜けていたという、抜け小路としての基礎を生み出します。次に、百貨店の構成原理の選定です。今回は、実際に社長として百貨店の経営に携わった祖父との対話をもとに、これらの予想を選定しました。設計操作に移ります。まずは、荷重看板建築を切断して立体的商業空間へと編集していきます。ファサードとそれに紐づいて伝えられている内部は、ひと揃えとして地上に残し、それに該当しない、時間経過の中で更新されず残されたファサードや内部は切断し、斜めのスラブを増やしながら組み上げていきます。これは、その操作をしたとある1棟の模型です。街並みはその面影を残しつつ、一歩中に入ると、それぞれの断片が人々を奥へ上へと引き込む渦を描きます。それら断片に、参入するテナントが意味と付加物を与えていくことで、商いの場が見出されていきます。渡り廊下はショーウィンドウに、剥がしたファサードは新たなテナントの顔に、持ち上げた躯体に化粧品売り場や惣菜屋がまとわりついていきます。上へ上へと花遊小路特有の華やかなマテリアルが増幅し、その魅力は四条通り向かいの周辺の高いビルにいる人々を引き寄せる広告塔やシンボルとして役割を担っていきます。次に動線計画のための操作です。各通りのスケールに調和した接続口が、花遊小路の密やかさを殺さずに大通りから人々を取り込みます。RCの建て替え店舗は、最初の操作によって生じる母屋側のヴォイドをもとにエレベーターホールにしていきます。そして、階状アーケードは、それらが描く斜辺に沿って花遊小路をだんだんと挿入していきます。明暗と高低のグラデーションがより際立ちながらも、全体を縫うようにつなぐ主動線が生まれます。一方で新京極通りから花遊小路を覗くと、段々の花遊路が一堂に会し、それぞれの商いシーンが幾十にも重なります。重層する賑わいが新京極通りから人々を引き寄せていきます。そうしてできた各階平面図です。それと各種立面図と断面図になっています。最後に、私が切断し編集したこの不完全な断片に、新たな主体としてのテナントがどのような商いを見出すのか、つまり、愛着が熟成するシーンを提示します。花遊小路商店街、古くて新しい商いの場の提案です。

ID03 Presentation _ 大竹平「花遊百貨小路」

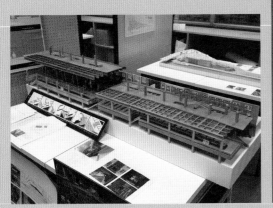

ID69 _Presentation_ _ 大岩樹生「都市の再生速度」

私は、劇場について考えています。劇場における鑑賞とは、行われている出来事を観て、思い巡らせ日々を見つめ直すきっかけになるものだと考えます。旧来、劇場をはじめとする鑑賞空間は、大勢で空間と時間を共有し、作品に対して鑑賞者が一律な経験ができるように箱型に設計されてきました。しかし、現在サブスクリプション映像サービスが発展。私たちは、指でスマホを操作するだけで倍速再生や10秒飛ばしなど、自分の見たい作品に速度を持ってアプローチすることができるようになりました。さらに、TikTokやYouTubeショートの出現により、作品は私たちの生活に断片的に溶け込むようになりました。作品の中を自由に動ける鑑賞空間は、時間と空間の支配から解放され、個人の身体へと還元されたと考えます。都市体験も同様に、多様な速度が存在します。劇場と都市。2時間座って作品を観ることが当たり前でなくなった今、多様化する都市の速度で再生される劇場を提案します。2時間電車に乗っている人にとっては、数秒のサムネイル的体験、ホームで数分待つ人たちにとっては、予告編体験になっていきます。敷地は、東京駅中央線ホーム下の空地です。ここは、私の毎日の通学路でもあります。ホテルを包含した歴史的な駅舎の裏側とエスカレーター、エレベーターの移動空間、線路、ホームが平行線上に奥行きを持って並ぶこの場所を見つけました。この場所は、エスカレーターがすごく長いのですが、それは中央線のホームが増築されたため、ほかのホームより一段高いレベルに存在しているからです。この隙間とその周囲に設計しました。調査。私は、卒業論文にてコンバージョンされた劇場を調査しました。劇場に赴き、演目を鑑賞しながら演者と鑑賞者の人間の動きをプロットし、アクソメ図に2つの領域の変動を記録しました。いくつかに分類された変動のタイプとそれを誘発する建築要素をまとめ、その調査で得られた手法と動画を用いた検証を行いながら、動きながらの空間体験を設計しました。全体計画です。まず、異なる速度の空間を壁で平行につくります。その後、速度の空間が視点場になるように、速度ごとにルールの異なるアーチを設けます。平面図と短手の断面図で層状になっている空間構成をご覧ください。レイヤー状になっている空間は、日常と演劇の近景、遠景を交錯させ多視点的な劇場をつくり出します。速度ごとに異なるアーチの設計です。電車に対しては、速い速度でも視認性のある見通しの良いアーチと小さなアーチのリズムをつくります。巨大なアーチは、遠くのホームまで波及します。また、エスカレーターは部分的に交差するところにアーチを設け、その出会いの瞬間を印象的につくります。ホテルに対しては、廊下まで突き抜けるようにつくったり、個室の窓のスケールを転写したりします。地下や地上に対しても躯体をすり抜けるようにつくることで、駅で過ごす人々が劇場に誘われます。さて、この劇場がもたらす意味とは何でしょうか。現代の大量に溢れた映像コンテンツ、そして、それを倍速で消費する人々。劇場における鑑賞行為は、それらの消費的行為によって失われています。また、都市も同様に、利便性に身を任せ高速で移動する身体には、目的と忙しないスケジュールに動かされているだけの都市体験の消費とも言えるかもしれません。多様な速度による消費か一律の速度による鑑賞か、私は、どちらも否定することなく、多様な速度による鑑賞がこれからの劇場をつくっていくと考えます。それは、このアーチを抜けた別の場所でも、倍速で動く日々の中で見過ごしがちな風景や物事に対して鑑賞の目を持つことができるのです。

百田　「都市の再生速度」について、駅の中に劇場があるということですか？

大岩　そういうことです。

百田　行き交う人々のほかに、劇を鑑賞しに来た人も駅の中にいるということですか？

大岩　はい。

島田　勘違いしていました。劇場として駅を感じるのだと思っていました。

大岩　本当の劇をここでやることで、今、映像の世界で起きているような柔軟なことが演劇というジャンルでも起こることを考えています。

矢作　実際に演劇を行うのと、駅を劇場として考えること、その両方を考えていますよね？

大岩　もちろん両方考えてはいますが、演劇という形を変えたいという思いと、同じくらいのテーマとして扱っています。

矢作　そこがわかりづらいですよね。私も彼に聞いたところ、パフォーマンスする場所もあるけれど、通勤の様子が切り取られることもあり、ある種の劇のように変換していくような建築ということでした。

大岩　そうです。それらは別々の場所で行われているわけではなく、たとえば、電車でフラッシュモブのような形で突然現れ、演劇をする人もいるかもしれない。どちらも同じように同じことが起きま

島田　消費と鑑賞のようなものが対比的に使われていましたが、そのあたりがよくわからなかったです。対立する概念としてあるのですか？

大岩　僕はあると思っています。今までは2時間観ることこそ鑑賞行為だと言われていましたが、近年はいろいろな速度で切り取られたファスト映画などがあります。それを鑑賞行為と呼べるのかという議題がありますが、そもそも映画がつくられた時代も「映画は芸術ではない」と言う人がいました。これからはそういう現代の潮流を無視してはいけないと思っていて——。

島田　「フラッシュモブ」というワードが出ましたが、フラッシュモブも消費的なことですよね。要するに、動画で拡散するためのものです。この建築もとても良いものができているため、そういう観点で語ると、このエスカレーターにインスタ映えする動画を撮る人が溢れるのではないかと思いました。それについて好ましくないと考えていますか？

大岩　……。

島田　あまり追い詰めた質疑をしても面白くないから、私の質問は終わりにします（笑）。

大岩　駅という場所で行うことで、映えなどではなく、そのほかの場所も劇場的に見ようとする姿勢が皆に生まれてくると考えています。そのため、本来、劇場で見ていた演劇体験などではあったと思うけれど、駅などという空間にはそういうものがなかったため、つくりました。

百田　そこが重要なポイントだと思います。パフォーマーがいて見ている人がいて、そこをただ通過している人がいる。ただ通過している人がどう参加しているかが具体的にわかると、皆がイメージできると思います。言葉ではなく、たとえば模型で説明をしてもらうといいかもしれないです。

大岩　たとえば、1番奥が平場で10mほどの場所が長く続き、ここに演劇ができるような大きな場所をつくっています。

前田　どれくらいを想定して設計しているのでしょうか？

大岩　割といろいろなジャンルの劇ができる舞台の大きさなどで考えてはいますが、全部を使うと、ファッションショーのような列で成っている演技形式になるかもしれないし、別に部分的な使用でもいいです。そして、何が行われるか事前に告知していると、エスカレーターから何をやっているか見てみるというように、違うレイヤーにいる人たちも一緒に映ってきます。誰が演者なのかわからない、自分も見られているし、見られるはずがなかった人たちも注目を浴びる瞬間をつくっている。時に、自分のことを振り返って考えるという、鑑賞体験が本来持っていたものがここで現れるのです。

百田　うっすらわかるけれど、具体的に教えてください。赤いところは劇場で、そこは通勤のために電車に乗る人が立ち寄らないようなスペースとして考えているのですか？

大岩　基本的に入ることはなく、貫通する空間になっています。このエスカレーターから降りて、劇場に降り立つことはできませんが、貫通はしています。

百田　なるほど。

大岩　でも、この空間に降り立つことができる階段も設計しています。

百田　では、駅の利用者は赤いところは見えるけれど行けないという設計ですね。

大岩　そうですね、基本的には。

矢作　そこが1番わからないポイントですね。劇場的なスペースで1番大きいところは、どれくらいのスペースですか？

大岩　これがそうです。7m幅の列が並んでいるところが1番大きいです。

矢作　あまり大きな劇場ではないということですね。

大岩　中央線のホームの端から端なので160mです。

矢作　とても細くて長い劇場ということですか？

大岩　舞台として6、7mはそれほど小さいものではないです。

矢作　それをこちら側から観るから、引きがあるということですか？

大岩　そうですね。具体的な設計の話をすると、たとえば、ここはホームと同じレベルに設定しているスラブになっているとか、これは個人的なパフォーマンスなどをやっている人ですが、このアーチを少し突き出ていることにより、ここにいることでこちらの人にも共有されるけれど、少し引くと、エスカレーターの人しか見えないという、視点の遮り方や見え方のようなものを同時につくっているという軸です。舞台を設計しているというより、客席をいかにつくるかに重きを置いています。

前田　使い方のルールまで考えているのですか、それとも、即興的に誰かが自由にやってもいい場所として考えていますか？

大岩　どちらでもいいと思っています。たとえば、1週間占有して劇団がやるのでもいいし、ハイレッド・センターのように、駅でパフォーマンスをする人がエスカレーターをアーチで抜ける瞬間だけ変なことをするなど、そういうことがあってもいいと思います。というか、そういうことができるような場所ですね。

島田　かなり特殊な演劇形態ですね。要するに、ストリートパフォーマンス的なものでないと成立しない。いわゆる劇場となると、舞台装置やライティングの話も出てきますが、そういうことはないのですね。

大岩　上に躯体があるので、ライティングも舞台装置も、重たいものは基本的に吊り下げられるという条件がつきます。

島田　たとえば音響はどうなっていますか？

大岩　音響は図面などに入れています。

島田　電車がとても近いので、地声で届く範囲でないと電車の通過音で声がかき消されるのではないでしょうか？

大岩　それも、ある条件として面白いと思っています。かき消される駅のリズムで展開していく。7分間だけインスタントにやるような。

島田　おそらく面白い演劇になると思うけれど、結構特殊な演劇ですよね。

山田　私たちが今までシアターで見ていた演劇というより、大きなパフォーミングアーツの中で劇場を抜けて都市に混ざった時に、想定していなかった人たちの動きなどにより、都市の捉え方がどう変わるかに可能性を感じているんですよね？

大岩　そうですね。

山田　それは一体何か。私も非常に興味がありますが、要は、自分が演者になったような気分になるかもしれないですよね。それはとても面白い現象だし、都市をおしゃれして歩いている人も、あ

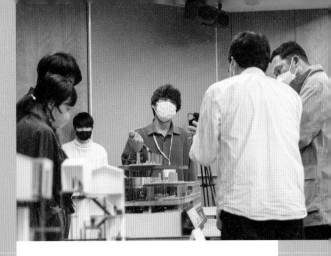

る程度、そういう気分にあると思います。今日はこういう服を着る気分というのを、自覚することは一体何なのか、それによって私たちが何が都市と関わるのか。そういうパフォーミングアーツの世界に無意識に入った時、それはどういうことになりますか？

大岩　この建築ならではというわけではないかもしれませんが、たとえば、演劇を見た時に自分と違う立場の人の役柄に共感し、本来共感し得なかった人たちに共感することがあると思います。これもそういうことです。たとえば駅にいる人は他者に冷たかったり、他者を考えたりすることはないと思うけれど、すべての人たちにそういう共感というか理解への余地が出てくることが、劇場で行われていることを2時間見なくてもできるようになってしまうのです。

島田　このトーナメント制が非常に危険なのは、大岩さんに質問が集中していることです。大岩さんは劇場を組み替えているけれど、一方の「花遊百貨小路」も百貨店を組み替えることで、今までにない百貨店になるということですよね。

大竹　そうですね。

島田　私には、どのあたりが百貨店性を担保したのかよくわからなかったです。私たちが想像している百貨店は、大きなものがあり、上からエスカレーターがシャワーのように降るのに対し、これはどのような点が百貨店性になるのでしょうか？

大竹　僕の中で百貨店としての商いの仕方として、「柱型テナント」「壁型テナント」「箱型テナント」という、動線でもありながら商業の場でもあるような形式の空間がよくあることではないかと思っています。たとえば柱型テナントについて、デパ地下にある惣菜売り場のようなところはそれぞれがテナントになっていると同時に、動線にもなっているので、そういう要素だけを抽出して組み替えて配置することで新しい百貨店の形を提案しています。

前田　元々あるファサードの建物の中の面影を残しながら、という話をしていましたが、それと分離して上へ上がっていくところが、ある種、新築として上がっていくのか、それとも、既存の元々の商店街が持っている要素かを模型で説明してください。

大竹　模型はすべてダイアグラム模型で、白い部分がすべて既存になっています。僕が新築の設計者として手を加えているのが、赤い色のスラブだけです。商いが行われる1歩手前までの状態をつくることが僕の設計行為であり、そこから、人々が営むという従属するまでの行為は各テナントに任せています。赤色以外の着色部分の模型が、各テナントがそれぞれの空間を従属させるために手を加えたという形になっています。

島田　「スポリア」と書いたら1番わかりやすいと思います。要するに、もとの材料を転用して持ち上げた分を張り付けている。でも、元々一軒だったものに対し、新たに入るテナントを何か追加していくことが構成原理ということですね。

大竹　そうです。「スポリア」という言葉を発表の時にも使いましたが、渡り廊下がショーウィンドウになるとか、剥ぎ取られたファサードが四条通に向かう新しい看板として何か使えるのではないかと編成しました。

百田　「都市の再生速度」が、時間の流れやスピードの変化で都市体験や演劇の鑑賞体験のようなものが変わって見えるのに対し、「花遊百貨小路」は、京都の看板建築の歴史として重層されていたものを剥がして分解し、空間化した中に人が入っていくようなイメージがありました。積み重なった時間がバラバラになり、それをめぐって経験できるものかなと思いました。コンセプトモデルについてですが、外側と中身が見えているという問題が、もう少し意味を持って現れてくると面白かったような気がします。外側はまちに対するアイデンティティのようなものを持ち、中は中で活動がある。それが、大竹さんが設計したブリッジに対して

どちらが向いてくるかで経験の仕方が異なるのが見えてくると、もっと面白いと思います。

大竹　内と外の話に関して、グランドストリートレベルに関しては、街並みをなるべく壊さないというか、小路を空間において1番ヒエラルキーの高い動線と捉えています。それを壊さないようにストリートレベルに現われてくる。ファサードは、なるべく変わらないように維持する一方で、四条通側に対しての表情というか、敷地として、そういうところが観点になってくるかなと思っています。それとは真逆の構想の部分の模型が、今後誰かが張り付けていくような看板など、新しいマテリアルのファサードが入っていくように意図的に設計しています、それ以外の部分に関しては、各主体が内にするか外にするかは決めてもらえればというのが、僕の設計したことです。

山田　「花遊百貨小路」は元々ある商店街の良さを引き継いで、それ以外にアップデートしている部分はあるのですか？

二俣　シーンが一つの建物に分解されて上につくられていき主動線になって、回遊する面積が増えているなかで、今まで利用していた既存のものが転用されているにも関わらず、体験が増えてガチャガチャしている。それが本当に豊かになっているのかがピンときていません。

山田　一番大事なものが愛着というものの増幅なのか、いろいろな素材などが残っているから、位置も変わらないとして違うものが増えたのか、愛着を大きくしても、どんどん増えていくという話なのか。

二俣　本来の目的はそうでしたよね。そこにあった看板など、それらを持った商店街のイメージをそのままスライドしていくことで、ずらしていきながら増幅していきたいのかなと思いました。そのままではダメだという前提はあると思います。そのままのまちの姿にプラスαで何か植え付けていくのではなく、あくまで分解したことが彼の一番のアイデアだと思います。

百田　京都には町屋があったりコンクリートのビルがあったりと、それらも時間の積み重なり方だと言ってしまえばそうですが、ひとつの看板建築の中に時間が圧縮されていると考え、それをバラバラに断片化して空間化し、浮遊させるのが面白い。そこに新しい時間も加わり、全部の時間が同時に浮遊するとどうなるだろうという思考実験だと思っています。これが現実的かと言われると、そうではないけれど、時間の積み重なりが空間化される可能性があることを提示した点では面白いと思います。

島田　百田さんがおっしゃった、断片化されたものが圧縮されたことを本人がどこまで面白いと自覚しているのかはよくわかりませんね。

—— 続きまして28番「誰が為の熱櫓」、35番「落語建築」のプレゼンテーションを行います。まず28番、森本爽平さん「誰が為の熱櫓」の発表です。その次に35番、中山亘さん「落語建築」の発表をお願いします。

私は地方の温泉地の観光に頼るあり方から、温泉都市の自立的なあり方への転換を計画しました。土地の固有性は誰のためにあるのでしょうか。本来、その地の文化や風景は、その土地自身で活用され継承されていくものではないでしょうか。観光として地域の外の人により消費され、放棄されていく地方の温泉地の転換計画を始めました。敷地は静岡県伊豆半島東側に位置する熱川温泉です。過去の経済発展時に旅館やホテルが建てられましたが、社会状況が不安定な現在は観光業としての衰退とともに空き家が増え、まち自身がもぬけ状になりつつあります。もぬけになるまちには、観光地として肥大化して虫食い状になっているRC構造物、暮らしの移動による空き家、土木的開発のための土地の占有など、土地として多くの履歴が重複した雑多な現象があり、手付かずのものが大量に残されています。一方で、消費される中にも、河川流域には温泉を引き上げるための櫓をつくる源泉風景があり、熱川を象徴する風景が残されています。まちの固有性は、温泉を象徴し賛同することだと気付き、ここに着目しました。地方の温泉地は今、消費されたものが残され、里山は縮小し、それぞれがバラバラのまま手付かずに放置されていき、温泉はその地自身の暮らしから乖離していきます。以上の現状から地方の温泉地において源泉櫓で部材を集積させ、インフラを含むフォリーとして再編し、フードや文化がその土地自身で活用され、残されていく温泉地への転換を計画します。全体計画として河川流域に立ち並ぶ源泉櫓を活用し、その土地の日常へ接続するフォリーを構築します。既存の櫓を日常の中にツールとして再構築する建築の調整により、それぞれの地点において生まれる小さな活動を日常に接続していき、その土地のための温泉地へと転換していきます。また、温泉を利用した、小さな発電インフラへのコンバージョンを含ませることで、まちへ微量ながらも電力を還元し、土地と暮らしを接続します。設計手法として、空き家となった廃旅館の解体シーンから放棄された農業資材まで、それぞれの時点で手つかずに残るものを純粋な具材として拾い上げ、櫓へ集積し、空間へ応用していきます。建築はその場であり合わせられる建材の接続点となり、その土地自身でつくられる風景を密集します。ここからは、それぞれの櫓における部材の調整と振る舞いを見ていきます。農を結ぶ源泉櫓。敷地は高齢化により、耕作放棄地が増える建物の中の古民家です。農業従事者が減少するなか、地域住民が放棄地を利用し、共同で始めた、小さな農業を支え、地域で取れた野菜を加工販売する、作業場兼直売所を計画します。ガラスフレームの大空間を作業場として応用するなど、簡易的につくられる農風景として構築します。ここは、農家と地域住民がこの建築を通して結ばれる繋ぎ目としての利用促進に繋がります。住に憩う固有の源泉櫓。敷地は、里山と温泉街の分かれ目にある住宅地脇です。温泉地にも関わらず、地域住民が日常的に利用できる入浴施設がないことから、現在の暮らしの中心地に共同浴場を計画します。増加する廃旅館の解体から生まれる大量のRCガラを蛇篭として顕在化し、高低差の激しい熱川の地に順応するよう集積します。まちの懐に集う住民の振る舞いを纏い、周囲に交流のない子供たちの広場として、浴場の足元をまちに開き、櫓は暮らしの一端を担います。創景を彩る源泉櫓。敷地や温泉街を象徴する櫓です。熱川に、二拠点生活をするアーティストや、まちで行われているワークショップの空間としてシェアアトリエを計画します。旅館解体時に生まれる仮設材や、住み手のいなくなった住宅材を壁に重ね、廃材により変化するファサードを計画しました。展望台から眺める源泉風景、海岸線で行われる祭りを眺める視点場として住民が集います。ここでの創作の風景が温泉街に表象し、シンボルである櫓を彩ります。櫓はまちを象徴し、温泉地としての土地のみを表し結ぶイベントに、地元の人に、新たな視点を与え、その先にいたような人を受け入れる形となります。本提案は、残されていくものたちの調整による、その土地自身のための振る舞いの集積であり、未来の温泉地を繋いでいくと考えます。

ID 28 Presentation _ 森本爽平「誰が為の熱櫓」

ID35 Presentation _ 中山亘「落語建築」

一席お付き合い願います。人間は昔から滑稽な生き物と申しますが、そのユーモアというものは、ふとした何気ない瞬間にこそ描けるそうで。こちらは浅草で撮影した、なんでもない女性の写真でございます。よく見ると路上タバコ、ヤンキー座り、人のだらしなさが随所に現れた非常に良い写真です。私の設計はこのような1枚の写真から始まります。人間のユーモアを呼び出す。我々庶民が織りなす日常は元来ユーモアに溢れているはずである。しかし、我々はそのことに気付くことなく、悶々と日々を過ごしています。そこで個人という存在に着目。都市の中で切り取った人間の人物像を妄想し、超限定的な現象とそこで起こりうる小話を設定します。その設計にあたっては三題噺という手法を活用しました。これは場所・物・人生という3つのキーワードを客席から上げてもらい、その場で、即興で話を演じるというパフォーマンスです。ここで生まれる建築は『DUCK in duck』（1：前座、2：くいつき、3：モタレ、4：トリの四段構成）と言うことができます。ある人物の身なりや仕草を特徴的に表現した建築の内部には、そのモノのためだけの空間があります。敷地は古典落語の舞台として最も多く登場した浅草です。設計章。ピープルハントと題して浅草を3日間歩き回り、297枚の撮影。そこから144枚のカードにまとめ、演目を検討します。今回は7組の人物を抽出し、4つの話を設計しました。『写真講釈』。浅草の浅草寺境内で赤の他人が全く同じポーズをシンクロしている写真を撮影できました。三題噺手法的に、人物・仕草・場所の3つを整理していきます。そこから絶対に映え写真を撮るんだという、他者には計り知れない念念が巧みさを経て、形態として現れていきます。あらすじ。「お、スカイツリーが見えるな。写真撮ろっかな」「それでは写真講釈を始めます。腕を大きく掲げて、まず姿勢をまっすぐにしてください」。権助がスマホを掲げると、突然、写真講釈が始まった。講師の女は早口で指導を続ける。画面の先には巨大な物体。「では実演です。唯一無二の映えに向かって階段を駆け上がります」「なんだって？」「先生、着きました」「あちらをご覧ください」。階段を上りきると、ぽっかり空いた穴の先から、スカイツリーが凛々しく伸びていた。確かに美しい。これが映えというやつなのか。そう思いながら、首を下ろすと、下では誰かがこちらに向けてスマホを向けている。どうやら僕等が映えていたらしい。『妄想隅田川』。隅田公園を歩くと、以上のような人物を採集することができました。三題噺手法的に主人公の人物・仕草・場所を整理します。そこから、ふくよかな男の優しい背中と、全てを包み込んでくれるような腕の輪っかが形態として現れます。図面です。あらすじ。「おっ、やってきた、やってきた。今日もいいネタが転がっているね」。人間を眺めては、勝手にキャラクターを生み出し、話をつくり上げてしまうこの男。今日も隅田公園を眺めていると、興味を惹かれる人間がやってきた。さあ、妄想を始めよう。「どうしたものだね」「お姉さん、煙草お好きなんですね」。焼き肉屋が潰れたお菊がベンチで一服していると、男が隣に来た。若旦那と名乗る彼は、グイグイ距離を縮めてくる。彼からタバコの匂いが漂うからだろうか、心が落ち着く。そんなことを思っていると、ここは結婚式場だった。「汝は若旦那を愛することを誓いますか」。どうやら私は、このまま若旦那と結婚するらしい。開始の合図なのか、汽笛のようなものが鳴り響く。祭壇に上がると、遠く上のほうからシャッターが光った気がする。（いびきの音）。心地よい陽光に照らされて、与太郎はベンチで寝入ってしまった。突如、彼はドームに包まれる。いびきは壁に反響し、辺りに響き渡っていく。（いびきの音）。横で結婚式が始まった。響きはさらに音量を増し、祝福のゴスペルとして式場全体に響き渡った。「ないなぁ。ここにもない。ない、ないなぁ！」。映えがないか探し回る権助。目の前に現れた階段にも気付くことなく駆け上がる。展望台に出て、外を見渡すも映えが見つからない。「見つかった」。ついに最上階に辿り着いた。恐る恐る下を覗くと、見つけた。祭壇に立つ新郎新婦の姿が、見事に窓のフレームに収まっている。自らでつかみ取った映えは格別だ。映え戻って、妄想の男。一服する間もなく、始まる電撃挙式。いびきのゴスペルで祝福する。展望台から新郎新婦を捉えた最高の映え写真。いいネタが仕上がってきた。「出番でーす」「はーい」。寄席はすでに観客でいっぱいである。出囃子が鳴った。高座に上がるとともに盛大な拍手。呼吸を終えて、私は口を開く。妄想隅田川という一席、今夜も1つ、お付き合い願います。

前田 まちにすでに櫓があるのに対して、3つデザインしていましたが、既存の櫓に対して何かするストーリーですか？

森本 全体計画としては、今この線上に16個の櫓がありますが、温泉業が衰退していくと櫓が残って遺構となるため、今はそこから

主点となる櫓3つを選んでいます。最終的には全体で16個となる計画をしています。

矢作　櫓に、まちの旅館の廃材というか再利用材が使われていますが、その先も考えていますか？　櫓に一度収束し、そして櫓も1つずつ消えていくことも視野に入れているのですか？

森本　自分としては、手つかずに残ってしまっているものを、建築として手が入れられるように空間とし、今後は社会状況などが変わるかもしれないし、何が起こるかわからないなかで、それらが変わっていく可能性はあると思います。

矢作　では、一旦収束しといて、もしかしたらまた賑わうかもしれないけれど、賑わなかったら徐々に1個ずつきれいに消えていくということですか？

森本　そうですね。

百田　トーナメントの組合せで、私がこの2作品を提案しましたが、非常に対比の強い組み合わせになり、そのコントラストに結構驚いています（笑）。でも、まちにある振る舞いに着目し、そこから構想しているのは共通しているかもしれない。ただ、その共通点から、これほど極端に変わるのは面白いですね。「誰が為の熱櫓」は、地域の人のための拠点をそこにある素材などでつくっていくことだと思ったけれど、すでに3個つくっていますよね。おそらく、3つの役割はそれぞれ違うと思うので、何故このまちに3つ必要なのか教えてください。

森本　全部の計画としては16個となります。すでにある3つを説明すると、それぞれが川沿いに建っています。16個の中で、周辺環境が切り替わる最初のフェーズとしてつくろうと思ったのが、温泉街である場所と、住民が多く住んでいる場所、それに伴って衰退していった里山の農業風景がある場所です。そのため、それぞれの地点において起点となるものをつくりました。

百田　共通しているのは、真ん中に高いものがあって周りに小屋がある点で、そういう景色にはどういう意図と意味があるのですか？

森本　土地固有のものと、今は使われなくなってしまったものをつなぎ合わせながら、今の暮らしなど、ある種の環境に調整していくことを最初に考えた際に、まず櫓自体が構造として脆いことから、それ自体をギア的に構築し、その保有物のところに地域の振る舞いのようなものが現れることを計画しています。そのため、真ん中に櫓があり、その周りをギア的に支えているような構成になっています。

百田　櫓は既存ですか？

森本　櫓はすべて既存です。

百田　それを補強しながらシンボルにし、その元に、地域の振る舞いを期待して集まる場所をつくっていたということですね。

森本　集まるというより一つひとつの場所で、小さな活動など、現状はそこまでうまくいっていないけれど、そういうものを支える場として構築しました。

島田　たまに夢の中の建築のようなものを見ることがありますが、「落語建築」はそれに近い雰囲気があります。造形力があって良いし、それぞれの場所がとても魅力的に見えるけれど、むしろ、その造形力に任せてつくっているところがあるのではないかな。たとえば今日の話にあった結婚式場や展望台など、何故そのような形態になっているかは説明できますか？

中山　形態については、話をつくるのと造形をつくるのを行き来しながら取り組んでいたので、たとえばこの結婚式場であれば、全くの他人だった若旦那とお菊はベンチに座っていることから急激に距離を縮めていくという関係性が八の字型の——。

島田　それは、2つの別の建物が合体していくことを強調しているのですか？

中山　そうですね。

島田　「誰が為の熱櫓」について、それぞれの温泉の熱源は、フォリーに使われ、そのほかは発電に使われるのですか？

森本　温泉自体はそのほかにも使われますが、一旦通すところで発電しています。

島田　たとえば農業などの話であれば、お湯を暖房に使うことがあり得ると思うのですが、そのようには発展せず、むしろ櫓がシンボルとして持ち直していくのですか？

森本　それぞれの場所での使い方のような部分を考えており、今置いてある模型は浴場なので普通に入る場所としてあるのと、里山の農業は、伊豆が敷地で石材業が有名のため、機材が集まったところは、そういう蓄熱という環境面に置かれると思っています。その発電した温泉が温泉自体でもあるし電力でもある、いろいろな関係性の中で関わっていくのが——。

島田　蓄熱は、どこにあるのですか？

森本　プレゼンボードの右下に石の壁がつくられており、真ん中が発電場所でブラック化しているのですが、その壁面を石材でつくると、そちらの右側につくられた小屋が断熱効果を得られるとか、暖かい効果が得られるとか——。

島田　一旦、私からの質問はこの程度にしておきますね。

前田　「落語建築」は、焼肉屋のお菊がオムニバス形式でいろいろ登場し、最後にすべてつながるのが面白い。妄想建築的なところがありますが、図面は、きちんと寸法を入れて自分の建築を引き寄せようとしているように感じられます。4つの話において、配置図的なものはきちんと自分で考えられていますか？

中山　配置図をつくっていませんが、それぞれの場所は、その人物が撮影された場所であり、そのまま建築を建てています。

前田　建築をつくっていると、光などといった周辺環境に対する一般的なアプローチがありますよね。そういうものに対して、どこまでリアルに設計していますか？

中山　基本的に、場所の設計となるものはなるべく排除して設計したいと考えていました。というのも、敷地環境などをどんどん取り込むと、一般の設計仕様に近付いてしまうので、今回は人だけにフォーカスして設計したいと思いました。

前田　排除するというのは、あくまでもリアルではないところに持って

いきたいということですよね?

中山　そうですね。

前田　でも、焼肉屋の前の煙突のようなものなどは、周辺環境を含めて考えましたか?

中山　4つのセリフを考えて、徐々にスケールを変化させ、その中で話の中の建築がどう人と関わっていくかを、4つを通して考えたいと思いました。

前田　そうなると、周辺もリアルに立ち上がってくると思います。題材にしている人の周辺にも、いろいろな人がいるわけですよね。そういう観点で考えることも排除するのですか?

中山　たとえば最初の話であれば、街並みの中にニョキッと出てくるような寸法を考える際に、周辺環境について考慮したかもしれませんが、ベースは人であり個人の物語にしたので、個人に集中して考えました。

前田　1人の行動から話をつくったけれど、また違う人がそれを見ることで、また話ができるのではないでしょうか。だから、ある種、リアルな建築だと思うのです。次の一歩として、できた後の話もあると、よりリアルな部分と自分の落語による面白さを感じられたのではないかと思います。

中山　4つ目の設計では、一つひとつの話術が徐々につながり、フォリーだったものが徐々に建築になっていくのではないかと考えて設計しました。

前田　「誰が為の熱櫓」は、人がいなくなって温泉業が廃業することを理由に、まちにあるシンボルのようなものをつくることで、もう一度、賑わいが戻ってくることを信じて取り組んでいるんですよね? そうならば、そのあたりをもう少し聞きたいです。

森本　たとえば農業のところについて、周りの小さな活動もあるけれど、農業従事者自体は減少しており小さくなるまちだからこそ、周りの小さな耕作放棄地などを利用していけるような、始まりの場所がありません。だから、共同農業を始める人はこの隣に公民館があるので、そこを基点として今は活動しています。そして、ここを基点として、周りの耕作放棄地などが共同農業などで使われ出すことがあるかもしれない可能性を考えています。

二俣　今の続きのような質問となりますが、その拠点をつくっていく際にそれぞれの役割が出来て、それが象徴として塔や櫓となってスポットが明確になると思うのだけれど、そういうプロジェクト

を起こす際は、ポイントをつくって途中と途中をつなぐことで、今後どういうことが起きるかが実は1番重要なことで――。

森本　最初に観光ではないという話をしましたが、温泉地自体が一応観光としてあるけれど、里山のほうも、外の人を迎え入れるような形が少しずつ現れています。でも、そういうところには外の人はなかなか入ってきません。温泉地に留まっても、駅からまた外に行ってしまう。だから、通過点でしかないけれど、そういう通常のものが出来上がっていくと、もっと熱川で観光を引き受けられるのではないかと考えています。そのため、すべて同じ場所に集約するのではなく地点をそれぞれ選んでおり、将来的には川沿いに観光としての軸が出来るのではないかと考えています。

二俣　では、櫓はポイントとして程よく距離感を持って散らばっているということですね。

森本　そうです。自分で川沿いを歩き、徒歩圏内で選んだので可能な範囲だと思います。

百田　2作品とも振る舞いから出発していますが、「落語建築」はたまたま見つけて面白いと思った、まちの人の振る舞いから、妄想していくように特徴的な建築をつくっています。それは非現実的だけれど、その滑稽さを含め、落語という伝え方で人に実体感を伝えるものになっていて面白い。一方で「誰が為の熱櫓」は、地域の切実な問題に取り組んでおり、その振る舞いから建築をつくろうとしています。「落語建築」から得ることは、「ユニークである」ことの可能性です。ちょっと変で面白いということが人々の興味を引きつける。櫓が街のシンボルとして永続していくことを目指すのであれば、慣習的なもので終わるのではなく、新しくここにしかない「ユニークな」風景として再生されると良かったと思います。この2つがたまたま並んだので、そう思いました。

矢作　対照的とも言えるけれど、振る舞いという視点で見ると、結構近いところもありますよね。そのドライブの仕方が、妄想なのか、それとも、地域の切実な課題なのか、そこが少し違いますね。ただ、「落語建築」は建てる前提なのか、妄想なのか。それを聞くのは野暮かもしれませんが、聞くべきかどうか迷いました。

前田　図面に寸法を入れていなければ妄想だと思うかもしれないけれど、建築であろうとしているように感じられます。

矢作　卒業設計をパスするための図面なのか、建てることもやぶさかでないくらいのスパンなのか、そのあたりは知りたい気もします。「落語建築」は妄想建築なのですか?

中山　実際に建てることは考えていません。というのも、落語は基本的に嘘話であり、たとえば「饅頭怖い」なら、饅頭の次に「お茶が怖い」と言い出したことで話が落ちますが、落ちを聞いた後に、この人たちは何を食べて生活していくのかという質問は野暮だと思っています。嘘話でありながら、現実と虚構の境界をうまく切り開いているのが落語の魅力だと思うので、今回の設計も、あくまでも完全に嘘話であるけれど、できる限り現実と虚構の境界を描きたいと思いました。

島田　ペーパー・アーキテクトという時代では、実際に建築を建てることを目的としておらず、戦争と建築を題材につくっていました。それに近いものかな。要するに、文化的な意味での建築だとは思います。

矢作　聞いたら野暮でしたね(笑)。失礼しました。でも立ち位置がよくわかったので、聞いて良かったかもしれませんね。

── 続きまして58番「山を建てる」、68番「惑星の庭」のプレゼンテーションを行います。まず58番、佐藤直喜さん「山を建てる」お願いします。最後に68番、藤本泰弥さん「惑星の庭」の発表をお願いします。

まず、私の設計はこちらの論文から始まっています。論文では、建設発生土を扱っている建築を抽出し、土の描写、形態、操作からその関係性について研究しました。その中で私は、建築は主体性を帯び、ランドスケープは絵として存在している。時間軸がなく、あくまで建築が主体的に存在している事例が多いことから、建築とランドスケープの関係性について、またランドスケープから空間を形成することを考えたいと思い、この設計を進めていきました。現在、都市における残土の循環は都市から排出され、山間地等に一時的に保管され、再び都市に利用されます。しかし、大量の残土は長きにわたり放置されることで、大規模な土砂災害を引き起こし、また急激に盛られた人工山はまちを支配するように存在し、災害を起こしています。ここから、大量の残土を受け入れること、人工山について再編することを考えました。敷地は、愛知県瀬戸市の採土場です。文化である瀬戸物という陶器をつくるために山を削り、まちは栄えてきました。地図を辿っていくと、山を削り穴が生まれる過程で、周囲には異なった属性を持ったまちが生まれてきました。このまちが形成された過程を辿っていくと、この穴はまちにとってそれぞれの属性を切るような、ヴォイドとして存在していると感じました。私はこのヴォイドに1つの機能を当て嵌めるのではなく、まちの属性や原生生物、気候などを受け入れるような、多機能の空間が必要であると考えました。このまちの中心には山が必要である。人間によって削られた山を再び都市とまちによって再編し、開かれた山を計画します。建設用残土のヒエラルキーを再解釈し、人間のための歩行空間、植物の育つ空間を必要人工的に振り分けることで計画していきます。土の周囲にはこの地の文化である、製陶の道具を用いた窯を再構築して利用していきます。山は層状に建てられることによって、断面方向での地質計画を可能としていきます。過去現在未来のこの地の状態から空間となり得る部分を抽出し、共存させていくことで、この地にあった原生生物のDNAを受け継いでいくことを考えました。平面計画です。山の空間を挿入すること、人が出入りできるような山の稜線を描き、スロープ状に計画していきました。また、地上面にほど近いところに第1種残土を用いた散歩道をつくることで、日常的に利用される動線とし、まちを緩やかに繋いでいきます。遺構を残すこと。山を閉じたことにより、谷や崖、影が生まれ、異なる植生が誕生し、新しく風や水景を計画しました。地質計画はこのようになっており、人間と生物が混ざり合いつつも緩やかに仕切られていきます。また山の頂点、谷、池などの抽象的な部分を石垣によって空間とすることで、人が集まり、空間を都市として捉えることができると考えました。どんどん地質的に計画し、人と土の、人と土と生物がともに共存できるような場所を考えました。原生生物を導く。植物の生えない残土の自然化。徐々に建てられていくことで、人工的な場から自然の山へと移り変わっていきます。人工山再構、残土の再編。山の空間化を考えるとともに、ランドスケープと建築の間に存在する山を計画しました。

ID58 Presentation _ 佐藤直喜「山を建てる」

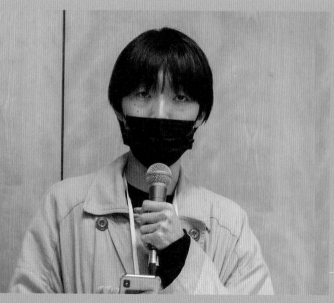
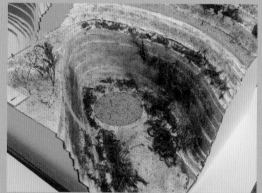

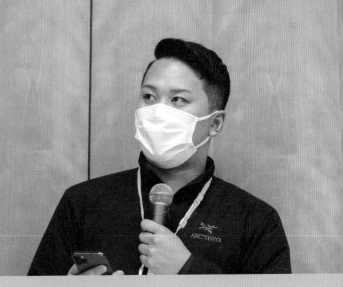

ID68 Presentation _ 藤本泰弥「惑星の庭」

都市には車が止まっていない駐車場や、密集しているビルの隙間。放置された土地など、人にとって価値のない主体不在の場が多く存在します。そのような場所では管理から解放された草花が自由に育ち、蝶や鳥などの生き物の住処になっています。また、人間も無意識のうちにその場所を使っており、そういった場所は生物にとって都市の中で唯一の逃げ場であり、都市のオアシス的存在となっています。しかしそのような場は、現在の都市では治安悪化・賑わいの創出・雑草の繁茂などのネガティブなイメージが先行し、人々はあってもいい場所と捉えることができません。そして、いずれは建築物で埋め潰され、都市の逃げ場を消失していくのではないでしょうか。そこで私は主体不在の場を、人々があっても良い場所だと捉える都市へするため、動植物のためのインフラを提案します。主体不在の場と、都市空間の間に生まれるギャップを少し和らげ、そこを生き物たちが行き来できるような小さな建築を、東京都渋谷区に12種類設計しました。そのうちの6種類について説明します。まず1つ目が『トリアパートメント』です。こちらは高速道路などのインフラ整備の産物としてできた場所に、鳥のためのアパートをつくります。高さ13m、幅2mのタワーマンション型で、既存のフェンスを組み合わせてつくります。周囲の立ち入り禁止エリアには、鳥たちが運んできたさまざまな植物が花を咲かせます。次にダンゴムシストリートです。こちらは空き地と街路樹を結ぶ歩道の石や、ブロックの隙間にダンゴムシのための通り道をつくります。歩道の石の間やブロック間には目地材を用いず、溝のままとします。そうすると落ち葉やごみが集まりますが、それらは土壌生物にとっては欠かせない栄養となり、街路樹と空地は小さな道で結ばれ、虫たちの移動を補助するものとなります。提案3です。こちらは『タヌキトンネル』と名付けており、山手線の線路脇を1周するように、タヌキのためのトンネルをつくります。明治神宮から線路脇へ、タヌキトンネル付き河川橋を、側溝にはタヌキロードを設けます。線路脇の草むらに潜む昆虫は、狸にとって食料となり、側溝はねぐらや出産、子育てをする巣となります。4つ目が『駐植場』です。どこもかしこも駐車場の都会では、カーシェアリングなど所有の形が変わっている現在に、これほど駐車場が必要でしょうか。そこで、駐車場のコンクリートを剥がし、駐車場の隅で自生する植物のための昼食場をつくります。提案5『ビオプール』です。小学校のプールは夏が過ぎても水は抜かれず、いつのまにかプールは藻だらけになります。近頃はプールの授業を廃止する学校も増えており、子どもたちが自然が人工物を侵食していく姿を見る機会が減っています。そこでプールの授業を廃止し、自然に還すことで中庭が生まれます。そして最後に『プラントブリッジ』です。歩行者の安全確保などを目的につくられた歩道橋は、この高齢化社会にとって無用の長物です。階段下のスペースを覆うようにフレームを組み、手すりと連結させることで、植物は上へと上っていきます。やがて歩道橋は、完全にその渡るという機能を失い、植物たちの有用なテリトリーになっていきます。人間のための都市空間と思われる場所でも、生物たちはその中の限られた空間を懸命に生きています。私たち人間は、そのような生物たちの命を蔑ろにするのではなく、積極的に生き物たちと空間をシェアしていくことで、都市体験に新たな喜びや楽しみを発見することに繋がっていきます。都市という場所は、人間主体の空間であっても、生命の声を感じ取れる場所であるべきではないのでしょうか。

島田　「山を建てる」は平面図がとてもいいので、平面図で先に説明したほうがいいと思います。私は、割と機能的にできている、一種の建築の平面図と捉えました。一方で、ここは通路などと描かれているけれど、説明がなかったので詳細がよくわかりません。

佐藤　あまり掘り込まれていなくて緩やかになっている場所を結節点とし、スロープを5つの場所に設け、そこから山にアクセスできる通り道として、散歩道として変わります。

百田　土地に対してどこが低くてどこが高いかに触れつつ、どちらから入るかを説明して欲しいです。

佐藤　低いところは軽い傾斜になっており、このあたりは水が溜まるような低い場所になっています。1番高いところは、元々の山と

同じ箇所に合わせてあります。

島田 たとえば「行き止まりの谷」に描かれている通路は何を意図しているのかなど、そういう説明が聞きたいです。

佐藤 「遺構と広場」について話すと、赤く塗られている場所が「第一種残土（礫質土）」で、緑色に塗られている場所が「泥土（有機質土）」であり、この2つに植物が植えられることで植物園となります。原生植物が風にのって入り込む場所になるとか、大きな矩形で周りに畑や田んぼがあるので、水の中に住んでいる生物が入り込んでくるとか、ランドマークとして人が入り込んで来た時に、大きな池を眺めながら過ごせる場所として存在します。また、落ち葉によって土がどんどん自然に戻るようになっています。

島田 「落ち葉ダム」はすり鉢状になっていることから、周りの山から落ち葉がすべて集まってくるようになっているんですね。

佐藤 周りに植物が生えやすい残土を使うことで、将来的に禿山が修復される場所にもなっています。

前田 こういう作品は結構好きですが、まだよくわかりません。たとえば、いろいろな季節があるけれど、どのように歩き、どこを楽しい場所として考えているのかを教えてください。

佐藤 むしろ、植物を優先的に考え、たまに人がどう入り込んでいけるかを考えたものとなります。たとえば、植物を見せるとか風を感じられるとか、逆に、風が遮られる場所などを計画しています。

前田 常緑や落葉などがあると思うけれど、それらの種子が飛んできて生えるというのは、どのあたりまでコントロールしているのでしょうか？ そのなかで、自分でどう設計しているのか、植栽を計画しているのであれば、どこまで意図的にコントロールしているのでしょうか？

佐藤 僕が設計したのは、地質をどう振り分けていくかです。それによって植物が生える場所を計画しているので、周りに生えている植物がここにあるけれど、どんどん引き込もうとする山をつくりました。

二俣 つまり、人が割り込んでこの中を回遊するとか、自然の中に身を委ねるとかが趣旨ではなく、自然の地形を利用し、植物が自然と生育して循環する環境をつくろうとしたのですか？

佐藤 むしろ、たとえば100年、200年経った時に、人間のための道が見えてくるような状態をつくって機能をつけたというよりは、自然に発生した人工的な場所のようなものをつくりたいと思いました。

島田 実は、「山を建てる」をすごく推しています。すごく推しているから応援したいけれど、佐藤さんの説明がうまくないんですよね（笑）。水はけが良いから人が歩けるところになる、水はけが悪いから植物がたくさん生える、ということをデザインしたのではないでしょうか？

佐藤 そうです。

島田 野心的な作品だと私は思っています。要するに、一般的に設計の材料にならないものを使って設計している。そして、一般的に設計の対象にならない山を、自然に返すのではなく、人工的な山をつくっている。単に自然に返すだけではないところが結構野心的な話だと思っており、一生懸命推したいのですが、質疑が少し噛み合わない感じがします（笑）。

矢作 3種類の土のうち、あまり植物が生えない粘性土と、植物が生育しやすい有機質土を使い分けることによって、100年後か50年後かわからないけれど、そのあり方を設計したのでしょう。とても良い話なので、それを早く言って欲しかったです（笑）。

島田 「惑星の庭」はとても優しくて良い作品だと思います。3年前に出た『都市で進化する生物たち』（草思社）という本が、都市空間でも動物が適応しているという内容で、要するに、地下鉄の線路の種類によって蟻の種類が徐々に分かれて進化しているとか、動物もワイルドに都市空間を読み取れているという話なのです。その話とつながるような、とても良い計画だと思うし、とても小さく優しい視点だけれど、もう少し荒々しいものがあってもいいのかなと思います。荒々しい案があれば、教えてください。

藤本 たとえば「駐植場」は、都市が発展していくなかで駐車場がたくさん生まれたのに対し、その機能を無効化する操作として駐車場のコンクリートを剥がす操作は荒々しいのではないかと自分なりに思っています。

二俣 生き物は、私たちが思っている以上に強いというか、少しつくった隙間から侵入してどんどん入り込んで来るような、おそらくそういう力を有していると思うし、発想はとても良いと思っています。一方で、提案物の具体性というか、どのような物かという詰めが甘いように感じます。特にスケールが、他の物に比べて非常にコンパクトになっているため、より、どのように設計され、動物がそこに侵入して介入した時にどう見えるかという面白さなど、もう少し具体性が欲しいです。補正で何か説明できるものはありますか？

藤本 たとえば「トリアパートメント」は、開口部はその土地を飛んでいる鳥の寸法から選定しています。その鳥たちにも好きな花や植物があり、鳥たちがその植物を運ぶ際に、周りの立ち入り禁止エリアに花を落としていくことで、普段、近くを通る歩行者が、ある日突然見たこともないような花が急に咲いたのを見るなど、日常で発見できる、ものの豊かさのような楽しさを、つまり、都市を体験するうえで必要なものをつくっています。

二俣 人の意図しないところで、動物たちが普通に育てられてイレギュラーなことが起こり、それが都市に散らばっているのがとても面白いという話ですか？

藤本 そうですね。

山田 そもそも渋谷のような人工的な場所でも、カラスや鼠などがずっと生きていますよね。でも、タンポポにしても雑草にしても、何かしらのネットワークを持っているけれど、私たちにはそれがよく見えてないというか、そういうものを良しとしているところがあります。だから、そういう場所をわざわざつくってあげるよりも、もしかしたら、彼らの存在が見えてくるようにつくるほうが

良いのかもしれない。地下鉄などにネズミが出てくることがあるけれど、どこを通路にしているのか、実は気になっています。そういうところも含め、必ずネットワークがあるので、ビオトープをつくっても、そこだけに来ているわけではなく、まちを巡るものが何かしらあるはずなので、そこを見せていくほうが、もしかしたら作品の趣旨に合っているのではないでしょうか。ただ、考え方については共感できるところもあります。それから、2作品を対比した時に気になるのが、「山を建てる」は、元々ある場所にほぼ同じシェイプで山を建てる、要するに、土と植物の塊をもう一度つくるということだけれど、そもそも山があった場所にもう一度、人工的な山を建てるのは何故でしょうか？ 人工的にもう一度、ある時点での自然環境を残していくことに、どれだけ意義があるのか、根本的なところが少し気になりました。

佐藤 まちがこの穴をベースに生まれてきたことを考えつつ、この穴は最終的には埋め立てなくてはいけない義務があるので、そういった場合にどう空間化していくかを考えました。たとえばショッピングモールなどではなく、いろいろな生物や植物などを受け入れるような山を設計しようと思ったのです。

山田 残土の処理だけを考えたら、もっと残土を集めて捨てられたらいいですよね？ それに対し、元々の自然の山の形に戻すというのは、参照元になっている元々の山を肯定していることであり、何故それほど肯定しているのでしょうか？

佐藤 いくつかスタディをしていくなかで、僕が恣意的にここは頂点と決めるより、たとえば、昔いた鳥が帰って来るよう、昔の山の状態に戻すことで生態系が元に戻ることを考えました。

山田 2人とも優しいですが、クリティークの皆さんが言っているように、動植物はそれほどヤワではないです。100年前となると結構昔の話となり、すでに同じ鳥ではないし、戻って来ないのもいろいろな理由があるだろうし、セキセイインコが野生化したような新たな鳥が来るかもしれない。つまり、昔の自然環境には絶対戻らないはず。人工的にランドスケープをつくることに対する意識が、もう少し積極的かつ現実的でもいいのではないかと、2つのプロジェクトに同じような印象を受けました。

前田 「山を建てる」は、元々の山というベースがあり、掘られた穴などに落ち葉が入って腐葉土になるとか、先ほどの話のように見立てて、そこに埋め戻しの土を入れて、どういう植生が生まれるかを設計しているんですよね？

佐藤 そうですね。

前田 明治神宮の森づくりを手掛けた本多静六をおそらく知っていますよね？

佐藤 はい。

前田 100年や1000年という先を見ると、針葉樹や広葉樹にもいろいろな戦いがあります。100年先に道が上がってくるということなので、どこまでその時間軸の中で植生まで設計しているのでしょうか？ ただ、先ほどの話だと、計画していないように感じられました。

佐藤 正直、そこまで計画していません。周りに生えている植物をリサーチして植林するというより、晒しておけば自然と植物が入って来るという、時間の流れを考えました。

前田 でも、その植生はどの土を使うかで決まってくるわけですよね。正確に分けることは出来ないと思うけれど、そういう大きな設計をしているのだから、その先をもう少し把握できるのではないでしょうか。要するに、おそらく飛来して成長する木と、そうではない木はわかっているはずなので、植生まで述べられると非常に良いと思います。

佐藤 そこまで考えるには時間が足りなかったです。

前田 「惑星の庭」は、「山を建てる」と共通しているところがあるけれど、「惑星の庭」の生物の構造は、人間の荷重のようなものですよね。要するに、栗鼠や狸の荷重を見て構造を考えるということ。実社会ではない構造体で出来ているのか、そこまで設計を考えていますか？

藤本 「トリアパートメント」に関しては、今の技術の中で設計しようと考えています。その鳥の荷重などもありますが、人間が意図していないところに留まるので、既存のフェンスを組み合わせてつくる設計です。

前田 鳥のスケールに合わせるからですか？

藤本 開口はそうです。ただ、限定的にしたくないため、動物の性質によるものは考えていません。

百田 「惑星の庭」については、都市の中で、人間とそのほかの動植物が共存していくという、人間以外も仲間だと思って設計する態度は共感できました。ただ、着目したところが、人間が不在の場所に限定されており、そこに動植物のための設計をするのが本当に共存なのかという疑問があります。少し勿体ない。たとえば歩道橋の橋桁の裏は、夜中に街灯の明かりをさけ、鳩が暗がりで休める巣になるかもしれない。そうすると、最初から歩道橋をそのように考えたらいいかもしれない。今までは人間、しかも渡る機能だけで設計されていたものが、鳩の住処になるかもしれないと思った時に、多重の意味を持ってくる。そこで、もう一度人間にフィードバックされると、人間にとって新しいものが新たに生まれるかもしれない。そうすると、本当の意味で、共存し多様なものが一緒に住むという価値観を提示できたのではないでしょうか。「山を建てる」は、土の性質で計画することに、昨日の審査では気付かず、今回の審査でなるほどと思いました。一方で、わかりづらい平面しかないため、伝わりにくいものになっています。模型で、このスケールで実体化されたものがあると分かりやすかったと思います。また、土の種類で計画するなら、下から積み上げられるので、おそらく平面ではなく、断面的な計画になるはず。だから、そこに何か合理性がないと、計画とは言えないのではないかと思いました。また、残土をずっと引き受けると、100年後も、土が新たにずっと盛られる状態になります。山田さんも先ほど言ったけれど、元の山に戻すと、永遠と残土が運び込まれてくることになる。人間が傷つけてしまった環境も、歴史の一部として、残った空間をこういう形にすると魅力的になる、と計画する案もあるのかなと思います。

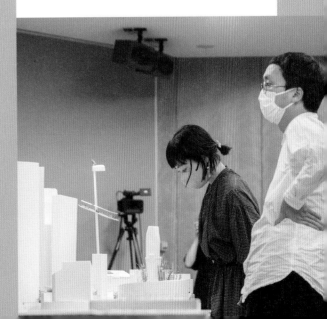

最終検討

8作品の中からクリティークの議論で各受賞作品を決定する。

―― クリティークの皆様には8作品を比較しながら、50分間議論を行っていただき、投票の結果を踏まえた上で、総合的に賞を決めていただきます。それでは、矢作先生よろしくお願いいたします。

矢作　票が入ると順位がすぐ見えてしまうこともあり、クリティークの方々から総評を兼ね、自分が評価した作品もしくは、とても印象的だった作品などのコメントをいただいてから投票に進みたいと思います。

島田　総評としましては、説明を聞いたら、昨日の3分間では作品について全然理解しきれていなかったことが明らかになりました（笑）。昨日よりももっとハードモードで1作品を40秒で見る機会があったので、3分なら長いので作品を理解できていると自信を持っていたのですが、全然わかっていなかったことに自分でも愕然としています（笑）。3番「花遊百貨小路」はパッと見て票を入れませんでしたが、説明を聞くなかで思ったより面白い提案だと思いました。決勝に進むだけあって、それぞれ深みのあるユニークな提案が出揃ったと感じています。応援演説をするならば、票が集まらなさそうだから58番「山を建てる」を応援したい。先ほどからこの作品の応援ばかりしていますが、本人がもう少し詳しく説明できればとは思っています。人が入ってくるため、ブリッジ上に粘性土によって道のようなものをつくることなどが考えられていたり、新しい風景や行き止まりのようなものをつくってみたり、あるいは展望台となり得る場所をつくっていたり。ランドスケープの提案というより建築の提案として成り立っているのが、非常にユニークな視点であり、面白い提案だと思います。

**昨日の3分間では作品について
全然理解しきれていなかった**

頭の中で空想するとしても、
モノとしてどう立ち現れるかを気にしている

**頭の中で空想するとしても、
モノとしてどう立ち現れるかを気にしている**

百田　どれも面白い提案で、投票作品を選ぶのがなかなか難しいですが、選ぶ前から良いと思っていたのが3番「花遊百貨小路」、28番「誰が為の熱櫓」、34番「おばけの合奏」、58番「山を建てる」、69番「都市の再生速度」です。「花遊百貨小路」は操作的でゲーム的なプロジェクトだと思っていたのですが、意外とダイヤグラムの模型を見ると、空間的に面白くなり得るかもしれないとか、時間の蓄積が空間化されることを考えると、仮想的なプロジェクトだけれど面白そうだと感じました。また、模型を持って来ていたら、より具体性を伴うので印象が変わっていたかもしれません。「誰が為の熱櫓」は考えていることや取り組んでいること、価値観など、すべてに共感しました。卒業設計の中には、こういう人がやはり居て欲しいと強く思いました。一方で建築の提案に関しては、もっと発明的で、何かしらの発見がないと強いものにならないかなと思います。「おばけの合奏」は恣意性を排除し自動生成のルールを考えたいと言っておきながら、強烈な個性が伝わってくるというギャップに圧倒されました。Design Reviewとしてどう評価するかはまだ少し考えています。「山を建てる」は島田さんがおっしゃったように、3分間では私にはわかりませんでした。今日話を聞いて理解しましたが、建築に携わる者としてやはりモノとして評価したいです。頭の中で空想するとしても、モノとしてどう立ち現れるかを気にしているので、そこをどう評価するか考えています。「都市の再生速度」も3分間では作品の良さに気付けず、模型を見て赤とグレーの対比を説明されてわかりました。演じている人と、お金を払って鑑賞している人、通りすがりの人の関係をもう少し表現してもらえると面白かったと思います。たとえばお金を払って見ている人は、上からぶら下がった交通に支障がない客席のようなスペースから見ているけれど、客席の人自体も演者の一部になっているような関係性が具体的に示されると鮮やかだったのかなと思いました。ただ、昨日とは印象が非常に変わりました。

表現の仕方でなかなか
伝わってこないところがあったのは確か

二俣　私も3分間ではわかっていなかったことがたくさんありました。今日話を聞いて気になった作品をいくつか挙げると、まず34番「おばけの合奏」。自分探しのような感じがしました。そういう意味では興味深く感じています。自分の個性を一瞬無にしようとしたつもりかもしれないけれど、結果的には、自分の深層心理を深く確認して、その結果として個性が強く出ているのが面白いと純粋に思いました。69番「都市の再生速度」は、改善すべきことなど、深く考えないといけないことはたくさんあるような気がします。駅というインフラの中に東京駅のあれだけの面積というか、あれだけの範疇で劇場と言われる場所を配置し、どれくらい日常的に使えるのか。先ほど話に出たように、有料化してしっかり見せようとした際にはどういう見せ方ができるのかなど、不明解な部分は多少あるけれど、東京駅のような場所でこういう場が整えられたら、とても豊かだとは思います。また、見る人の見方、つまり電車の中から見るとか、歩きながら見るとか、歩いている人も演者のような気持ちになるとか、いろいろな角度でいろいろな見方がある。そういうスタイルも含め、とてもいいと思います。58番「山を建てる」は、正直私もあまり深く理解できていませんでしたが、決勝で話を聞いてわかってきました。建築として設計するという意味では、非常に慎ましく控えめにグッと抑えながら、でもしっかり設計しているのを感じました。表現の仕方でなかなか伝わってこないところがあったのは確かですが、こういう地道な設計をしっかり積んでいき、決して派手ではないけれど、土というものにこれだけ向き合って設計すること自体がとても興味深いです。

やはり建築は与条件に関係なく
リアルに考えるべき

前田　やはりわからないと思いながら理解して気になるものでいうと、たとえば28番「誰が為の熱櫓」は、実際の社会でこのようなエリアをどうするか考える際に、シンボルを見出して考えるのはとてもいいし、実直に設計している姿勢が好感を持てました。一方で、温泉はまちの1つの宝だと思うので、もう少し環境的な部分に熱源をフィットさせていくような姿勢が、このまちを持続可能にさせていくことにつながるのではないでしょうか。もう少しその場所にある櫓だけでなく、何のための櫓かも、温泉に応じて考えるといいと思います。草津だと、1分間に何Lの温泉が湧き出てくる際に排熱利用などもしているので、それらをもっと建築にアプローチして環境型で何かできると、建築がより魅力的になるのではないかと思います。34番「おばけの合奏」と49番「料理的建築」に関しては、「料理的建築」のレシピの1つに、「おばけの合奏」で考えていることも入ってくるのではないでしょうか。後者の平松那奈子さんが考えているのは、1つの建築をつくる手法の1つであり、前者の市花恵麻さんが考えているのはもう少し小さな部分で、自分で簡単にできるところだと思います。市花さんが述べていた新しい建築家像から勝手に想像すると、建築家という職能も今後ものすごいスピードで変わっていくし、YouTuberが出てきて社会が変わっていったように、もはや建築家はいろいろなレシピをサポートしていくようなこともあり得るのかなと考えました。また、彼女の資料からはこと細やかにリアルにそれを信じて取り組んでいる姿勢が感じられ、今後そういう世界になるかもしれないと思えました。35番「落語建築」は決勝で野暮なことを質問してしまいましたが、2年前の「トニカ北九州建築展」ではもう少しリアルだったと思います。あまり覚えていないけれど、リアルなところに衝撃をとても受けたけれど、今回はそれがなかった。やはり建築はリアルに考えるべきで、与条件に関係なく、ストーリーからできているのが気になります。58番「山を建てる」は、先ほどのトーナメントで触れた明治神宮を設計した本多静六さんのように、土壌を設計するのであれば、上の植栽エリアも含めて描くことが大切ではないかと思います。人間主体ではないことは理解しながらも、どこか人間がささやかにアプローチできることも考えるべき。その部分がもっとわかると良いと思います。69番「都市の再生速度」は、都心のたくさん人がいる駅の中でビジネスマンなどのように移動目的のみの人が、移動の間にパフォーマンスを垣間見られるという、普段見ている車のスピードや歩いて見ているスピードとは異なる、駅という場所での行為の中で生まれた空間とすると面白いかもしれません。

山田　8作品のどれもがとても魅力的で面白いプレゼンテーションでした。私も34番「おばけの合奏」はどういう理想でプログラミングをしているのかがずっと気になっていましたが、今日、本人から自身の美意識について説明する絵が出てきたことで納得できました。たくさんいる優秀なスタッフにスタディさせて、こういうものを目指すのかと思っていたのですが、ある程度の美意識を共有しながら、いろいろな環境にフィットしていくプログラムを勝手につくったような感じで、ある意味、非常に実用的ではあります。一方で、その美意識が本当にいいのかが今度は問われてくると思いますが、審査員全員が魅力的に思うくらいの魅力あるものをつくっているのがとても面白かったです。69番「都市の再生速度」は、認識の話が多分に含まれていると思います。8選の話ではありませんが、61番「電脳極界試論」がバーチャルの作品だったため本人に何のためにつくるのか聞いたら、重力などの現実的なことを一旦外した世界で試したことを、もう一度現実に持ってくることを考えていると言われました。最近はバーチャルの世界で建築家が建築をつくることがあり、私もARの作品に参加したけれど何のためにやるのか疑問を感じていましたが、先ほどの話のように、バーチャルな世界と現実の世界を行き来するのは、これからの新しい人たちの建築の考え方として、割と中心的な話になってくるのではないかと思っています。話が戻りますが、「都市の再生速度」は東京駅という非常に現実的な場所性ゆえに、人の流れのあり方などといった現実的なところを突っ込まれるのがウィークポイントになってしまうけれど、現実的な場所で劇をしていることも一応リアルではあります。しかし、劇をしているように見えるとか、自分が演者かもしれないと錯覚する話にまでなると、もはやバーチャルの領域になる。現実の中にバーチャルを挟み込んでいる感覚がとても現代的であり、これからの建築の認識のあり方を問う、面白い問題提起をしているよう感じられ、とても気になる作品です。

**バーチャルと現実の世界を行き来するのは今後、
建築の中心的な話になってくるのではないか**

矢作　クリティーク全員からコメントをいただきましたので、投票に移りたいと思います。投票してから、賞をどうするか議論します。

島田　58番「山を建てる」を◎、34番「おばけの合奏」と35番「落語建築」を○にします。先ほどコメントしていなかったので「落語建築」を少し応援すると、とてもシリアスに社会正義のようなものに向かった設計が多いなか、笑いを題材に今まであまり取り組まれていなかったものを取り上げたことは、建築への新たな種をつくるような作業だと思います。実際の建築には関係ないとは言うものの、こういう大らかさが、これからの建築を考えるのに役立つのではないかという期待を込めて選びました。「おばけの合奏」は、自身が理想とするものができあがるという理屈を立ち上げられた能力と、質疑応答できちんと噛み合った話が返ってきたことも含め、票を入れました。

二俣　◎が34番「おばけの合奏」、○が58番「山を建てる」と69番「都市の再生速度」。

前田　迷いますが、とりあえず3つ挙げます。34番「おばけの合奏」、49番「料理的建築」、58番「山を建てる」。「料理的建築」のレシピについて、同じ図面でも寸法を入れないことで曖昧さの違いが出ると言っていたけれど、百田さんが、たとえば材料がそのエリアにたくさんあるものなら特性のようなものが出ると言われたように、そのエリアごとの職人の勝手なども出ると思います。職人ではなく自分たちでつくるという話でしょうが、そういう特徴付けのようなものがおそらく出てくるはず。ただ、表現しているものが非常にガチャガチャとしているのはどうかという思いもあるので、レシピの景観条例のような制度によってある程度コントロールができるようになり、そのなかで自分らが読み取っていくという、ささやかなアシストをする建築家としての職能もあるかもしれないと思うと、「料理的建築」を◎にしたいと思いました。

山田　◎は69番「都市の再生速度」で、○は34番「おばけの合奏」と35番「落語建築」。

百田　28番「誰が為の熱櫓」は○。◎は迷いましたが、34番「おばけの合奏」を◎、69番「都市の再生速度」を○とします。「おばけの合奏」の平松さんの個人の能力の高さやセンスは素晴らしいと思いました。一方で自分のやりたいことだけをやり、敷地もなくコンテクストもないのに、投票数から優勝しかかっていることには、◎を素直に投票できない気持ちもあります（笑）。ただ、卒業設計とは別のプロジェクトをDesign Reviewのために仕上げて持って来るエネルギーや行動力など、トータルに考えてすごい人だと思います。やはり建築は、自分と社会との関係の中で自分のやりたいことを、どう他者と共有可能な普遍的なものにして皆と実現していくか、そういう力が1番重要だと私は思っているので、今後、平松さんが自分の持っている能力や熱意などを、自分も含めた社会全体に対して発揮してくれることを願って◎にします。

矢作　34番「おばけの合奏」は◎2つとほかのクリティークからも○が入っているので、最優秀賞となります。58番「山を建てる」が◎1つと○2つ、69番「都市の再生速度」が◎1つと○2つで、優秀賞となります。おめでとうございます。

behind the scenes

予選審査コメント

大庭早子建築設計事務所／九州大学・九州工業大学・九州産業大学非常勤講師
大庭早子

今回始めて予選審査に参加しましたが、会場いっぱいに熱のこもったA3シートが並んだ様子は圧巻で、私が学生の時にここまで出来ただろうかとレベルの高さに驚きました。貴重な場に参加させていただき、ありがとうございました。
目を引く作品たちの中で私は、テーマや敷地に対してしっかり自分の考えを投影した上で深掘りできている作品、果敢に見たことのない建築の姿に挑んだ作品、楽しんで課題に取り組んだことが溢れ出ている作品たちを優先的に選びました。

予選審査員メンバーの中で票が割れた時はみんなで議論したり、プレゼンシートから良さを理解した審査員が作者の代わりに他の審査員にプレゼンをすることで票が動いたり、刺激的な審査でした。
今回残念ながら予選で落ちた学生は、A3用紙1枚には載せられなかった情報や、模型、直に本人からプレゼンを聞けていたら違う結果になったかもしれないので、ぜひいろんなところでチャレンジしてみてほしいと思います。予選を通過した学生は、自信を持って本選で思いっきりプレゼンしてください！

佐藤寛之設計 / NKS2 architects
佐藤寛之

審査で200を超える提案書を見ていく中で感じたこととして、全国の学生が目標とする卒業設計（および学生作品）コンクールという競技がある種"ジャンル化"し、提出される作品やその表現方法の全国的な平準化が進んでいるのではないか、という印象を受けました。思想、表現、形、言葉、あらゆる細部に至るまで、もっと個人や、そのバックグラウンドに紐づいた作品が、三者三様に乱立してもよいのではないかと思います。

その中で多くの審査員の票を集めた提案は、自ら設定したテーマに対する唯一無二の建築や表現が模索され、製作のために費やされたエネルギーや情念が、深く宿る作品であったと思います。
溢れる情報に流されず、一人一人の中にある問題意識や内なる表現が強く貫かれた作品と議論が増えていくことを願いつつ、2023本戦とその後に続くDesign Reviewの引き続きの盛り上がりを祈念いたします。

福岡大学助教
四ヶ所高志

建築学生たちの手で企画・運営されてきたDesign Reviewは、コロナ禍によって開催が危ぶまれた2021年も学生・関係者の熱意で存続してきた。大学に学びの日常が戻ってきたなかでのDesign Review 2023、それが実は開催されない可能性もあったという。理由は、これまで紡がれてきた実行委員の学生ネットワークが断たれてしまったことによる。実行委員の中心は大学3年生。大学生活をひとりきりのオンライン空間の中でスタートすることになった世代だ。初年度を孤独に過ごした学生たちが、（関係者の熱意もあってか）なんとか学年間・大学間のつながりを再構築し、ギリギリのスケジュールの中（おそらく実行委員が組織された

のは12月も半ば）変わらず建築の議論の場を設けてくれたことは、教育の現場に立つひとりの人間としてとても感慨深い。この経験は必ず皆さん自身の未来に生きるだろう。実行委員の学生の皆さん、関係者の皆さんには、心よりお礼申し上げます。さて前回予選審査を務めた2021年以上にコロナの影響を感じた今年度。応募作品の多くに個（孤）というキーワードが透けてみえたのは時代の空気感によるものか。個から発せられた多様な提案が、今を乗り越えどのような展望を見せてくれるのか。本選での議論を非常に楽しみにしています。

TASS建築研究所／熊本大学大学院教授

田中智之

昨年のオンラインから対面に戻った予選審査では253作品について6名の審査員が審査し、68作品を選出しました。個人的には毎年同じ視点で評価していますが、①本選での議論が行える論点があるか②それを具体的なデザインで示そうとしているか、の2点を重視しています。

例年②はそれなりにあるが①が不足している作品が多いという印象であり、今年もやはり同じ傾向でした。やはり①があっての②であり、表現やデザインが目を引くものであっても簡単にいうとそれは「面白くない」ものなのです。

どのような作品が「面白い」のか。多少表現や完成度は荒削りでも、着眼の良さや論点の鋭さ、そしてそれを何とか解決・実現しようとする造形やデザインの模索が感じられるものだと思います。

着眼や論点の内容は人それぞれで良いのです。が、その質の高さや鋭さは一朝一夕に生まれるものではなく、普段からよく勉強しているか、考え続けているか、ということが実は問われています。日常の過ごし方が大事なのです。

矢作昌生建築設計事務所／九州産業大学教授

矢作昌生

2013年から10年連続で予選の審査員をさせていただいています。設計と教育の二足の草鞋の私には、若い人がどのようなことを考えて建築に取り組んでいるのかを知れる貴重な機会として、毎年楽しみにしています。今年の予選の印象はプレゼンレベルの高さと、在学時のほとんどをコロナ禍で過ごしたせいか、とても熱量のある作品が多かったことです。一方で、情報がいくらでも手に入る現代社会の影響か、既視感があるもの、過去の応募作品に類似しているものも散見されました。今年は約250件の応募があり、最初の絞り込みは240分で行いましたので、単純計算すると1作品1分しかありません。短時間で選定するための私の基準はテーマの独自性、リサーチの深度、建築（形）に落とし込むプロセス、それらをまとめあげる熱量でした。満票の作品も数点ありましたが、そのような作品が本選で上位に行くとは限りません。票が少なめでも、オリジナリティに溢れ議論を生み出す作品が毎年あります。今年は本選の司会もさせていただきますので、本選で元気な作品（作者）に出会えることを非常に楽しみにしています。

北九州市立大学講師

山田浩史

Design Reviewという舞台に立つ作品を選定する最初のフィルターとして、作品設定の背景とその建築化のつながりを注視しました。眩いプレゼンテーションテクニックがひしめき合うなか、骨子としての物語の組み立てを評価することはなかなか困難な作業でしたが、限られた時間ながら作者の熱い思いとの対話を楽しむことが出来ました。おそらく各大学内の授業課題では高い評価であったろう作品においても、野心的で挑戦的な作品と並んでしまうと途端に平庸な内容として相対評価されてしまうのがこの場の恐ろしい所です。出口のない立体迷路のように複雑に入り組んだ現代社会を丁寧に読み解き、共感者として寄り添うような慎ましく優しい提案が多い中で、新しい生き方、社会の捉え方を恐れずに提案し、その唯一無二の眼差しをA3用紙に濃密に表現し尽くした方々に票が集まったように思います。新しさを掲げる責任を負い、実空間として顕現させる役割を担う。そんな建築家としての立ち振る舞いにシンクロしていました。

出展作品紹介

出展者アンケート

Q.1 製作にどのようなソフトやツールを使用しましたか？

Q.2 作品の製作費用は？

Q.3 作品の製作期間は？

Q.4 好きな建築家は？

Q.5 影響を受けた本は？

Q.6 学内での賞は？

Q.7 今後の進路は？

融合する建築 SF・IC
すこしふしぎなインターチェンジ

既存の北九州都市高速道路の大谷ICにレンタル工場、輸送専用道路、プロムナード、スキンを融合させて、すこしふしぎなわくわくする空間を創った。巨大なドームのようなものの中に車が突っ込んで通り抜けるだけ。そこにはレンタル工場で働く人、そのわきを通り抜ける車、それらを俯瞰する歩行者など、速さの異なる事象が混在する新たな混沌の世界が広がっている。

ID01

西村 夢香
九州産業大学建築都市工学部
建築学科B4

A1. Illustrator、AutoCAD、CLIP STUDIO PAINT　2. その他　3. 11〜12ヶ月　4. 藤森照信、フンデルトヴァッサー　5. ドラえもん　6. 佳作
7. 3DCGアニメーションの会社に就職

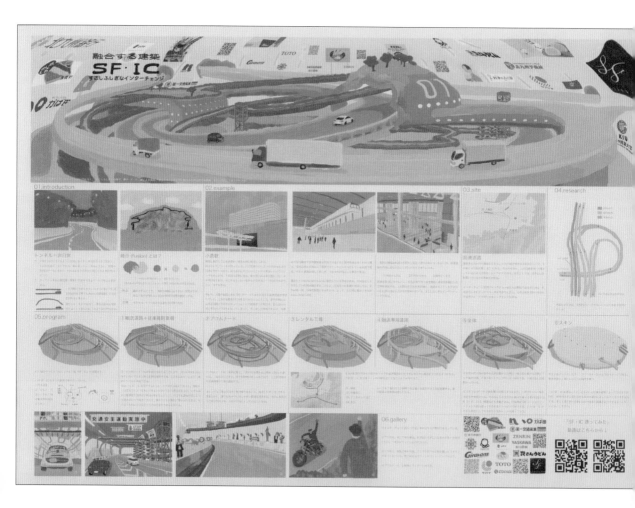

西村　建築的なロジックの話よりも自分の楽しさを大事に考えてつくりました。それを前提に聞いてください。自分はトンネルが好きです。トンネルに入ると別世界に入ったように感じられるのが好きで、なおかつ、巨大な土木に小さい車が出入りする光景も好きです。インターチェンジに巨大なトンネルをつくり、別体験ができる空間をつくりました。お気に入りのポイントは、高速道路を走る車と人が歩くスピード、工場の3つの異なる動きが1つの空間に混在しているところです。

百田　これは続いているのですか？

西村　はい。ここからドーム状になっています。1つの別世界に入れるということです。

百田　光は落ちてこないのですか？

西村　模型では硬いですが、膜のようなイメージです。

百田　なるほど。ここが工場で――。

西村　高速道路を運転しながら工場見学ができます。これが工場です。

百田　なるほど。生産設備が横断しているわけですね。

西村　このように異なる動きが混在しているのが自分は好きです。

百田　パースが独自のスタイルですが、どうやって描いたのですか？

西村　デジタルで手描きしました。

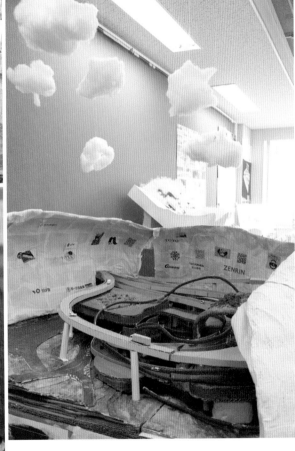

地跡を縫う

忘れられゆく風景を再編集するフィールドキャンパス

日々衰退の一途を辿る山間地域と均質に広がる都市の境界となる京都・八瀬は、近代化とともに栄え、この場所に留まり集った人々の記憶や体験、風景、そしてこの場所そのものも、現代社会の中で忘れられ、消えてゆく。この場所に遺された、消えゆく道とかつての風景に記憶の堆積を読み取り、そして新たな物語へと再編集する。この場所が未来へと続くように。

ID02

宮本 莉奈

神戸大学工学部
建築学科B4

A1. Illustrator、Photoshop、手描き　2. 10万円程度　3. 6〜7ヶ月　4. 内藤廣　5. 建築意匠講義、形態デザイン講義　6. 神戸大学卒業設計賞大賞、神戸大学学業賞 優秀賞　7. 大学院進学

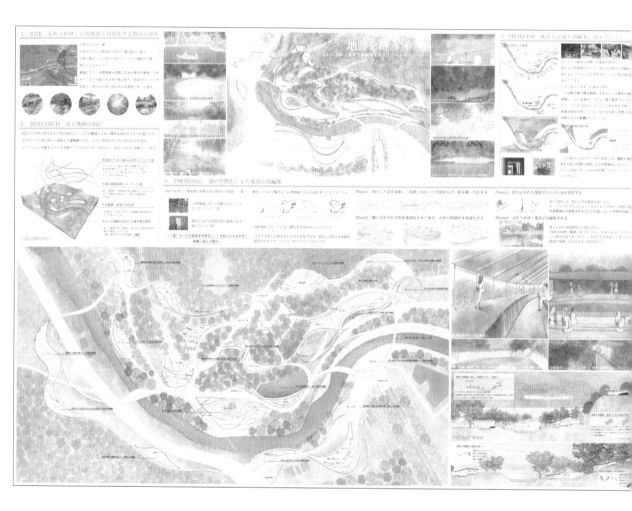

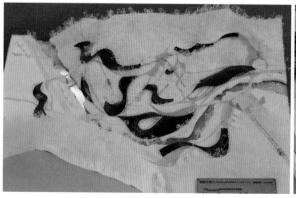

Poster Session

宮本 敷地が衰退する山間地域と均質に広がる都市の境界である京都市・八瀬。市街地からの電車の終着点であり、山に向かうケーブルカーの始発駅でもあり、2つの駅の中継地点です。かつては、人々が集う場所でしたが、今は施設のほとんどが消失してしまい、見向きもされず通り過ぎていくだけの場所になっています。リサーチの中で、衰退と共に消えていった道とそのサイドに残る建物跡を発見し、この場所の体験の骨格であったはずのそれらの道を、建物の跡に向かって膨らませながら空間化していきます。現代において機能と機能をつなぐだけになってしまった道を、体験することのできない体験に飛ぶ場所として転生させていきます。たとえば、左上の夕日が差し込んだスケッチは、人がいなくなって今はもう忘れられた風景です。それが、空間の背景として顕在化されていくように、転生させていくことを提案しています。

二俣 2点を経由する、もともとあった道や建築の跡などをつなぎながら抱擁しながら1つのルートをつくり、その中にスケッチのような風景が点在し、それらを体験する場所をつくったということですね。

宮本 はい。現代的な意味として、今の都市の建築、たとえば大学は教室の場所がなかなか覚えられません。同じような場所がただ道でつながっているだけの状況であり、道を歩く中でもっといろいろな風景に出会い、体験に出会う。そういう場所もあっていいのではないかと思い、このような提案をしています。

二俣 元々あった道や建物の跡をただ利用するのではなく、変化をつけながら自分で考えてデザイン、設計をしているということですか? 屋根の形状も何か考えがあるのですか?

宮本 屋根の形状については、今は大きい跡地になっていますが、その中に桜の木があります。もともとここは、桜を中心に人々が集う場所だったので、この場所で新しい物語が紡がれるようにという意味でくり抜いた屋根の形になっています。

二俣 場のボリュームがすべて異なるため、それに沿って屋根が膨らんだり縮んだりしており、意外と構造面まで考えられているのではないかと思いました。もちろん、実際ある場所をリサーチしたんですよね?

宮本 そうです。

二俣 でも、ベースとしては景色を再編集するフィールドキャンパスということですね。

花遊百貨小路

まちと共に営み商われた、商店街という人とまちの間に育まれた愛の楔を切断し、商店街の雰囲気と百貨店の機能を織り交ぜながら編集する。そして、新たな主体が還元された不完全な断片に意味と付加物を噛み合わせ、そこに新たな商いを見出し、愛着を熟成してゆく。百貨店の機能が商店街を上層に展開させ、商店街の断片が百貨店を人々の生活に馴染ませていく。まちの雰囲気を系譜し愛着を熟成してゆく、古くて新しい商いの場の提案。

ID03

大竹 平
京都大学工学部
建築学科B4

A1. Rhinoceros　2. その他　3. 5〜6ヶ月　4.
坂茂　5. モモ　6. 優秀賞　7. 大学院進学

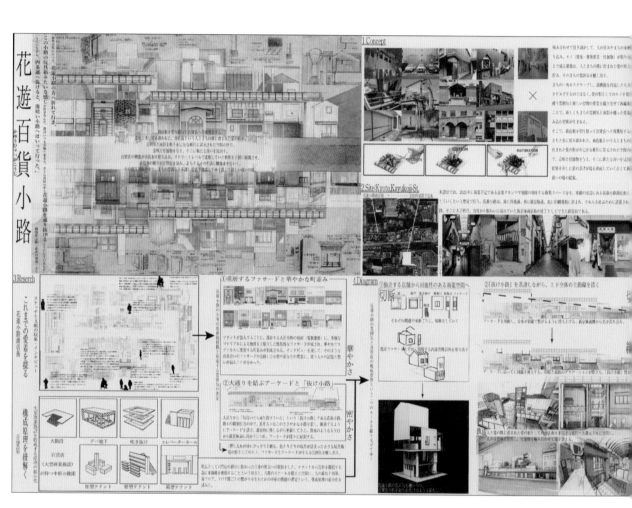

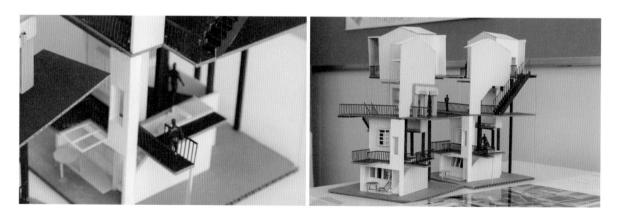

Poster Session

大竹 商店街を切断して百貨店へと編集、つまり組み替えていく提案です。商店街という、人とまちの間に営み育まれた愛の形を切断し、商店街の雰囲気と百貨店の機能を織り交ぜながら編集していきます。テナントが還元された不完全な断片に意味と付加物を与えて、新たな商いを見出していきます。渡り廊下はショーウィンドウに、剥がしたファサードは新しいテナントに、持ち上げた躯体に化粧品売り場や惣菜屋が纏わり付いていきます。敷地は京都の花遊小路商店街。わずか52mしかないところに育まれた愛の形として、重層するファサードとしました。切断と編集を施して、転生しながらも雰囲気を継承し愛着を熟成していく、古くて新しい商いの場の提案です。

島田 界隈性がとてもあり良いけれど、身体の不自由な人はどうやってアクセスすればいいのですか？

大竹 基本的にはいくつかの店舗に対してエレベーターホールを介入して分散させ、そこからきちんとアクセスできるよう各動線を組んでいます。

島田 元々は何があった場所ですか？

大竹 商店街がありました。隣に新京極通りというとても大きな商店街があり、その賑わいに少し隠れてしまっている、賑わいが衰退している商店街です。そこを敷地にしました。

島田 割とさまざまなパーツが出てくるけれど、1番大きな操作は何ですか？

大竹 大きな操作としては、切断してただ床面を付与していく設計になりますね。

島田 この階は下から上がってきたのですか？

大竹 上がっています。

島田 地層のところを切って上げているんですよね？

大竹 そうです。そこに対して新しいテナントを挿入する、たとえば渡り廊下をショーウィンドウにするとか。それらは新しく入るテナントに委ねています。

島田 2階建ての木造があり、それを分断して持ち上げるようなことを繰り返していますね。そして、木造なのですね。

大竹 基本、木造です。先ほどのエレベーターホールに関してはRCの構造なので、大きめの操作ができるのではないかと考えています。

路上都市アルカディア

都市は、そこに住まう人々やまちの様相の変化や原風景であり、パブリックとプライベートの境になる空間である。そこでは私たちは土地を合理的に区画し、それらが排除された窮屈な暮らしを余儀なくしている。そんな中、路上生活者という都市の中で最も排除される人々について考える。そう、彼らの土地の面的な概念に縛られない生活こそ、都市におけるアルカディア（理想郷）となるであろう。

ID04

矢野 泉和
熊本大学工学部
土木建築学科B4

A1. Illustrator、Photoshop、Revit、手描き　2. 1万円以下　3. 1〜2ヶ月　4. 末廣香織、毛綱毅曠　5. 家畜人ヤプー、非現実の王国で、失踪日記　6. なし　7. 九州大学大学院に進学

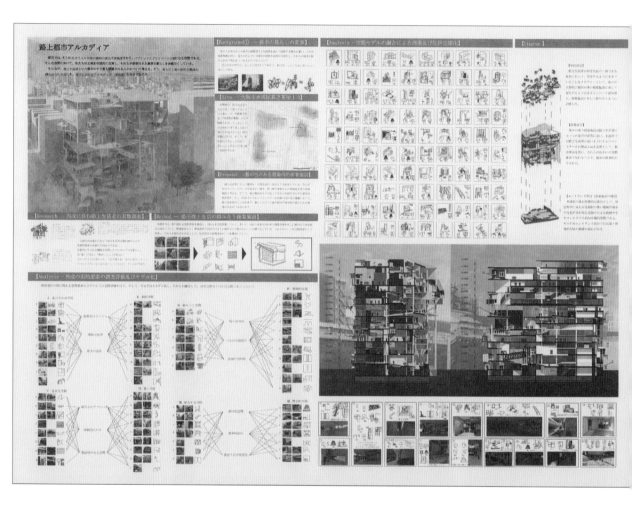

矢野　都市において排除されてきた、路上生活者が最も多い大阪市西成区のあいりん総合センター跡地を対象として、現代の私たちにない、土地に縛られない豊かな暮らしを提案したいと思います。路上生活者のヒアリングにより、彼らは都市の要素によって生まれた空間に対して絡み合うように生活していると感じました。そこで私は、路上生活者の日常の生活の一部が都市であるなら、私たちの日常を買い物や食事などの多機能を持つ商業施設とし、まちの風景をモデル化してそれらを組み合わせた商業空間を設計し、住居というヒューマンスケールを絡み合わせた建築にすることで、路上生活者のように自由で新しくも、どこかまちの

歴史や場所性の感じられる建築ができると考えました。

百田　路上生活者の方が泊まったり就職支援を受けたりできる、路上生活者のための大きな家と思っていいですか？

矢野　そうですね。路上生活者以外の人たちも入ってきて、今まで排除されてきた路上生活者の暮らしを反映して建築にすることで、路上生活者と普通の人に関係性が生まれるように考えています。

百田　普通の人というのは、誰にでも開かれた建築ということですか？

矢野　そうです。

百田　具体的にはどういう場所ですか？　たとえば、泊まる場所があるとか、みんなでご飯を食べる場所があるとか。

矢野　今までの私たちの暮らしの中で、都市に対して生きるとは、土地を買いそこに箱を買ってマンションに住むような形でしたよね。でも、路上生活者は異なり、都市の隙間に住んでいる。そこから、私たちの日常を商業施設と仮定し、路上生活の日常は都市とすることで、その都市の様子を商業施設に絡み合わせて住居を挿入し、路上生活者のような生活ができる建築ということになります。

百田　では、全体としては商業施設ですか？

矢野　そうです、商業施設です。

百田　ここの住居には、どのような人でも住んでいいのですよね？

矢野　はい。基本的には単身用です。

《帰路と旅路のシナリオ》
9つの舞台装置が生み出す新たな瀬戸内の風景

旅人である私の視点から、ここで暮らす島の人たちが日常の中の特別な風景を再発見するための9つの建築群を設計した。敷地は、広島県三原市をスタートし、3つの島を通る航路である。島民が日常生活で偶発的に建築に出会うようにするため島民の生活動線上に9つの建築群を配置した。いま、島民から忘れられ、廃墟のようになっている場所に魅力を感じ、そのような場所を忘れられた庭と名前をつけ、そこで行われる空間風景体験を分析、設計し、島民の忘れられた場所や日常のシーンに新たな日常の風景を差し込んでいる。

ID06

小玉 京佳
広島工業大学環境学部
建築デザイン学科B4

A1. Illustrator、Photoshop、InDesign、Rhinoceros、Archicad　2. 5万円程度　3. 8〜9ヶ月　4. SANAA、lacaton & vassal　5. 瀬戸内海の発見—意味の風景から視覚の風景へ、メイド・イン・トーキョー、テクノスケープ、ダッチ・リノベーション —オランダにおける建築の保存再生、人間の土地　6. 学内4位　7. 就職

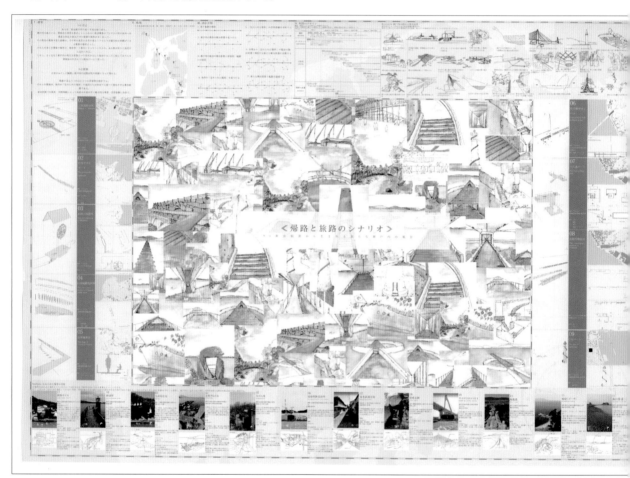

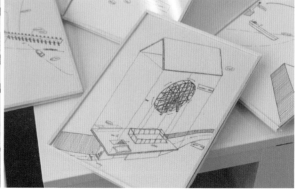

小玉　旅人である私の視点から、この島で暮らす人たちが日常の中に特別な風景を再発見するための9つの建築群を設計しました。敷地としては、広島県三原市をスタートとして3つの島を通ります。島民が日常生活で偶発的に建築に出会うよう、島民の生活動線上に9つの建築群を配置しました。現在は島民から忘れられて廃墟のようになっている12の場所を、「忘れられた庭」と名付け、忘れられた庭の空間・風景の体験を分析してカタチに落とし込みました。SNSや写真共有ツールによる規格化された観光地での均質化された空間・風景の体験により、その場所本来の空間・風景の体験を住人自身も忘れかけているのではないかと考えました。そこで、住人自身がその場所本来の空間・風景の体験をすることで、島の魅力を最も感じることができるのではないかと考えています。

二俣　一つひとつの具体的な例に対しても掘り下げて考えていると思うので、どれか具体的に説明してください。

小玉　これは、水車と水路がもともと既存で両隣が棚田になっており、棚田で農作業する人たちの休憩所のような場所になっています。水路は潮の流れなどで水量が変わるので、水量の変化によって時間帯がわかるようになっています。そのほかに、ここは公民館的な場所でパブリックスペースになっています。

二俣　これは?

小玉　ここは造船所の中で、船が初めて海に入る作業を進水式と呼ぶのですが、進水式のパーティーなどで船を上から見る場所になっています。1階が造船マンのロッカーになっています。基本的にランドスケープアートやランドアートのような見方もできるようにしています。

二俣　ベースは、機能しなくなっている、忘れかけられたような場所それぞれに、新しい付加価値をつくったということですね?

小玉　そうですね。

二俣　こちらはどうですか?

小玉　灯台です。もともとある灯台の向かい側に同じ形の灯台をつくり、中央を通るとゲートのような空間・風景の体験ができます。階段で展望台まで登ると瀬戸内の風景が見られます。

重なり合う残像

記憶は、時と共に形を変え、それでもなお生き続け流動的である。昨今の都市開発において、伝統建築の多くはスクラップアンドビルドによる刷新や張りぼてとしての利用などまちの歴史を断絶することが多い。そこで私は伝統建築に対し、壁、屋根の要素を組み替える手法と壁や鉄材によって型取る手法で、伝統建築を継承する提案を行う。かつての開発により失われた建築の時間軸を、私たちの記憶のように変化させて残せるのだ。

ID07

藤村 利輝
熊本大学工学部
土木建築学科B4

A1. Photoshop、Revit、手描き、友情、努力、勝利
2. 1万円以下　3. 5～6ヶ月　4. 友清衣利子、大西康伸　5. おばさんタワマン地獄（ストーリーな女たち）、SPY×FAMILY、チェンソーマン　6. なし　7. 熊本大学大学院に進学

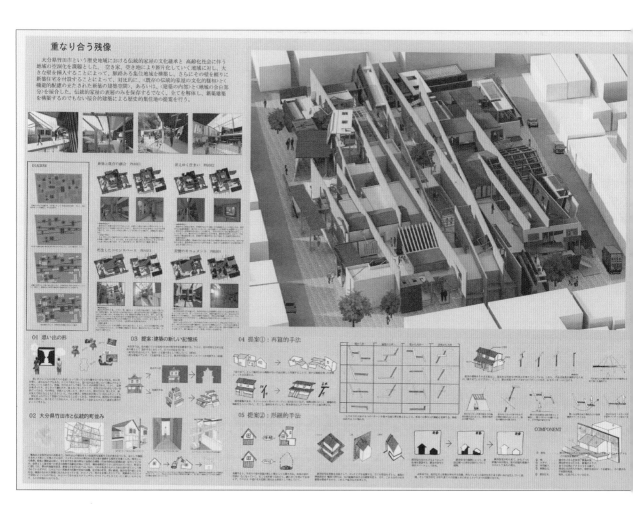

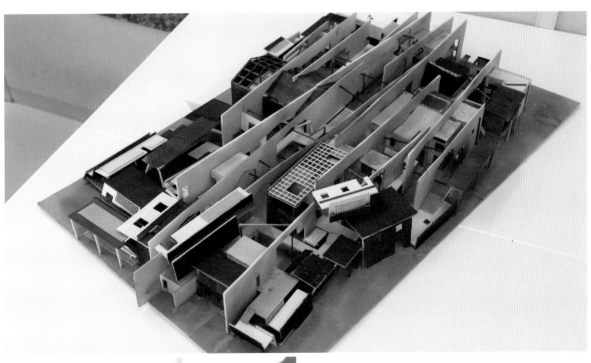

藤村 私にとって記憶は時と共に形を変え、それでもなお生き続ける流動的なものです。昨今の都市開発において、伝統建築の多くはスクラップアンドビルドによる刷新など、まちの歴史を根絶するようなものが多いです。敷地である大分県竹田市でも、ファサードのみが残された空き家が連続しています。そこで私は、伝統建築に対して、壁や屋根の要素を組み替えるような「再編的手法」や「形承的手法」を用いて伝統建築を設計する提案を行います。これらにより、かつての開発によって失われた建築の時間軸を、私たちの記憶に残していくことができると考えています。

山田 既存の建築を切り取って、もう一度付けたりしているのですか?

藤村 「形承的手法」を用います。既存の住宅が取り壊された後の残骸がもとになっているので、もともとあったものが駆逐されて残っています。

山田 最初は、既存の建築の上に建てるのですか?

藤村 そうです、この壁など。

山田 それが腐って崩れて取り除いた時に、このようになったということですか?

藤村 そうです。後から入って来た人が見ると、こういう建築があったのかという記憶として残されます。

山田 この壁を入れたのは防火的な理由ですか?

藤村 いえ、記憶の継承のためです。

山田 記憶の継承のためにコンクリートの壁を入れたのですか? それはとてもコンセプチュアルですね。これですべてですか?

藤村 新居は残っているのですが、最終的には100年後などになると、これも潰れるので、モニュメントとして思い出の建築として残る形になっています。

山田 それを見せても良かったような気がします。これは途中経過になりますよね?

藤村 はい。

沁みゆく細道

原風景を育てる土木と自然の在り方

建築がもたらす価値の本質は、場をつくることである。本設計では土砂災害警戒区域の急傾斜地を対象に、その地と原風景を育て守り続けるための水路と歩道を提案する。既存の土木による無機質な地の更新ではなく、自然と人工が共存する防災計画。人の道と豊かな地形変化の関係により誘発される人々の振る舞い。土木としての機能性に地域住民と傾斜地との関わりしろを組み込むことで、まちの原風景として場の価値が生まれることを目指す。

ID08

加藤 拓実

名古屋工業大学工学部
社会工学科建築・
デザイン分野B3

A1. Illustrator、Photoshop、Rhinoceros　2. 2
万円程度　3. 4〜5ヶ月　4. 三分一博志　5. 三
分一博志 瀬戸内の建築、建築のあたらしい大き
さ　6. 石川翔一賞、葛島隆之賞　7. 大学院進学

Poster Session

加藤　建築の大きさを他者への影響力という観点から捉えます。本提案では、2つのまちの境界に建つ、土砂災害警戒区域に指定された傾斜地を対象に、この地と陶芸風景を守り育てるための水路と歩道を計画します。災害対策としては、土木的な対策と植栽計画による防災の2つの対策によって、この地を守ります。道は、等高線に沿って決められます。歩道は、途切れ途切れになっていますが、斜面に沿う方向に対しては必ず道が被るように配置されることで、土木的な機能性を持たせます。人が歩く道としての機能が点在することで、人々が自然を育てて場をつくるための余白が生まれます。多様な地形変化により生まれる人の振る舞いは、既存の土木による無機質な地の更新にはない、新しい景色をつくります。そして、この場所が住民にとっての原風景となることを目指します。

前田　場所はどこですか?

加藤　静岡県の浜松市内で、両側に住宅街、頂上に神社がある傾斜地です。

前田　山を介して2つのまちがあり、山頂に神社があるということですね?

加藤　はい。

前田　その斜面を生かして何をするのですか?

加藤　土砂災害特別警戒区域に指定されているため、機能として参道という使い方もあるけれど、土木的な対策もしつつ、人の振る舞いを一緒に介入させていきます。

前田　土木的な対策というのは、崖地である土砂災害区域に対して、植物の根などで対策するという話か、それとも土木的処置をするという話ですか?

加藤　スパンの観点から言うと、まず土木的な部分で地中の余剰水分を抜くことで地滑りを防止するという短期の対策があり、長期の対策では、植物が成長すると根を張りますが、根の張り方は2種類あり、その張り方によって全体的に地面を固定化と安定化させていきます。

前田　これは?

加藤　水路と一緒に土木的な部分で杭とアンカーを使い、斜面の固定にプラスして、人々が歩けるような道としての機能を追加しています。

前田　なるほど。それを人はどう使うのでしょうか?

加藤　自分の設計の信念として、設計者がすべてコントロールするのではなく、あくまで使い手がどう振舞うかで、場所の質が決められていくのが理想と考えています。神社の参道も同様で、散歩道として使われるなど、それぞれの人によって決められて欲しいと考えています。

生命のなか

自然と人工、内と外、理性と本能が緩やかに繋がり、共に作用する建築である。現代では、多くの建物が建てられたことにより、自然と人間の関係が希薄になってきている。外の空間は内側へと変えられ、本能の場は理性の場へと変化してきた。そんな窮屈になった暮らしの中で、我々は、その変化に逆行するものを探しているのではないだろうか。そこで、山のような幼稚園を提案する。起伏した大屋根は子どもたちの遊び場となり、風景となる。この建築がまちの自然（原初）となり、連鎖的に新たな生態系をつくっていく。

ID10

高倉 太地
九州産業大学建築都市工学部
建築学科B3

A1. Illustrator、Rhinoceros、Twinmotion、Procreate 2. 2万円程度 3. 2〜3ヶ月 4. 伊東豊雄 5. 「建築」で日本を変える 6. 優秀賞 7. 意匠系

バイオフィリア（生命愛）

人間には、"自然とつながりたい"という本能的欲求がある。

生命のなか

コンセプト

緑化された山のような大屋根は人々の多様な活動の場となり、地域に開かれる、人工と自然、内と外、理性と本能が緩やかに繋がり、共に作用する建築。

問題提起・提案

現代では多くの建物が建てられたことによって、人間と自然の関係が希薄になってきている。外の空間は内側へと変えられ、本能の場は理性の場へと変化してきた。そんな窮屈になった我々は、暮らしの中で、それらの変化に逆行するものを探しているのではないだろうか。

そこで、山のような幼稚園を提案する。起伏した大屋根は子供の遊び場となり、風景となる。大屋根の起伏や凹凸は木々が子供から大人へ、大人から街へとつながる、この建築が街の自然（原初）となり、連鎖的に新たな生態系をつくる。

緑化された大屋根は、ウイルスのように広がり、自然との関係を取り戻す。

起伏した大屋根が子供の遊び場になる。

ふるまいが街に広がる。

都市と自然がつながる

高倉　私は自然が非常に大きな力を持っていると考えており、自然に対して心地良さや安らぎを感じるのが人間の本能的なものであり、これからの建築も自然と共存していくべきだと考えています。そして近年の建築は、経済的な豊かさを重視するあまり、森林への配慮が軽視されているのではないかと感じています。このままでは、とても窮屈で均一化された近代になっていくのではないでしょうか。そこで、山の

ような大屋根の幼稚園を設計しました。自然の環境下での生活が子どもたちの遊び場をつくり、個性を伸ばします。大屋根で遊ぶ子どもたちのエネルギーは地域に向けられ、広がる大自然は自然と人間との関係を回復させます。この幼稚園が10年、20年先の人々を豊かにできるような、生きる建築になることを期待しています。

前田　平面プランが見たいです。

高倉　平面プランはないのですが、模型を見ていただいて──。

前田　0歳児の居場所はどこになりますか？

高倉　0歳児はいません。3歳児と4歳児だけです。

前田　3歳と4歳だけなのですか？

高倉　はい。ここが3歳児であちらが4歳児、5歳児になります。そして壁が大屋根を突き抜け、屋根が建築となっています。これが大屋根を支える構造にもなっています。

前田　屋根は、誰でも上がれるのですか？

高倉　子どもは上がれますが、地域の人は入れません。

前田　天井高はどのくらいですか？

高倉　約6mです。

前田　本当ですか？ 添景の人間を見ると、もっと天井は高そうに見えます。

高倉　子どもの添景がなかったので。

前田　何年生ですか？

高倉　今、3年生です。

前田　なるほど。スケールはきちんと人も合わせたほうがいい。あと、デザインが良いし、屋上に上がれるのも良いけれど、子どもを扱うなら、子どもを何人収容する幼稚園か考えるべきだし、今の時代の年中や年長クラスの子どもたちの身長を見て、どのようなデザインが良いか考えたら、今のようなデザインの中でももっと考えられる場所があるような気がします。

高倉　具体的にどのあたりになりますか？

前田　たとえばこの中を覗くと、単調に思えます。ワンルームだけれど向かい側を見通せないとか、子どものサイズなら通り抜けられるけど大人は通り抜けられないということもデザイン次第でできます。また、天井がこのあたりまで降りてきたら、子どもは抜けられるけれど大人は屈んで通らないといけないなど。体の近いところにデザインをどう持っていくかが大事で、今のような大きなデザインからきちんと人の体のサイズまで落とし込むと、デザインがもっと面白くなりますよ。

住まいと商いの井戸端コンデンサー

愛する地元としての都会の風景をつくるため、閉塞的なビルを解放し、まち全体の賑わいを設計する。名古屋の栄にある長者町繊維街は、かつて問屋街として発展したが、昭和ビルのシャッター街と化している。そこで、街区のなかで4方を向くビルを、そのまま裏へ、交差させるようにのばし、設計した。さまざまな機能が編み込まれ、誰がどこにいても良い空間では、主婦だけでなく会社員や喫茶店のオーナーも井戸端会議の参加者である。

ID11

西本 帆乃加
名城大学理工学部
建築学科B4

A1. Illustrator、Photoshop、Fresco、Rhinoceros、Vectorworks 2. 3万円程度 3. 11〜12ヶ月 4. 大西麻貴＋百田有希/o+h 5. マドレンカ 6. 優秀賞 7. 大学院進学

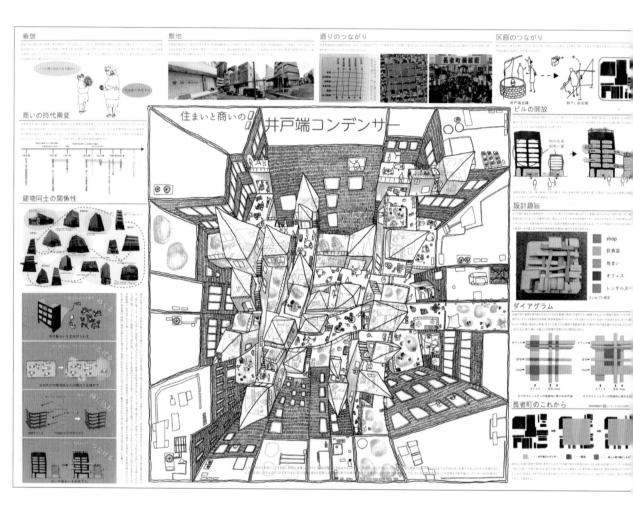

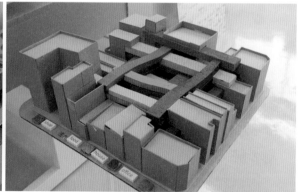

西本　愛する地元としての都市の風景をつくるため、ビルを開放してまちの賑わいを設計していきます。対象地として設計するのが名古屋の栄にある長者町エリアで、元々は商店街でしたが、今はシャッター街と化しています。そこで、区画の中で四方を向くビル群に対し、それを裏側へ伸ばして交差するようにして設計していきます。人がビルの奥へ流れそこに留まる空間では、かつて井戸の周りで行われたような井戸端会議が始まります。そのような空間を「井戸端コンデンサー」と名付けました。内外へ人が行き来してビルからビルへ移り渡る光景は、まちの賑わいと一致します。そこで、このボリュームは少し離しておくとか、ボリューム同士のここが向かい合う空間をつくって賑わいを互いに共有するような空間を設計しています。たとえば、このホテルは、まちの賑わいとはつながりがなかった孤独なホテルですが、そこにこれを挿入することで、ロビーが道側から内側

に渡り、まちと賑わいを共有しつつながり合うように、宿泊を目的としていない人々もここに集まるようになります。さまざまな機能が交差することで、誰がどこにいてもいい空間づくりをすることで、井戸端会議にはオフィスの会社員やオーナーも参加者となります。そのようなまちを望んでいます。

山田　現状として、ここには長屋が入っているのですか？

西本　実はこのビルはこのくらい大きいです。他のビルも1スパン分抜いているため、もう少し長い造りになっています。

山田　少しずつ切り取っているということですか？

西本　はい。

山田　切ったことで大きな空き地ができるから、そこへ？

西本　たとえば、これはオフィスで、オフィスの機能をそのまま曲線でこちらの建物につなげています。ここは住まいのため、住まいの軸をこちらに伸ばしていき、それぞれの機能を交差

させる形で設計しています。

山田　井戸端会議が始まると言っていたのは、こういうところですか、それとも外ですか？

西本　全体です。ビルの奥に人を流して止めるというコンデンサーの役割と、井戸端空間という機能を持ち、主婦だけでなくオフィスの人や喫茶店のオーナーなど、いろいろな役割の人たちがたまたま出会うことで始まる会議、それがいろいろなところで起きます。

山田　いろいろな色が交わっているところですか？

西本　そうですね。この交差点で勝ち負けなどもありますが、この交差する部分で、それぞれの勝ち負けで互いに許容する。どちらが居てもおかしくないような空間があり、このスペースでは、4つの機能がじんわりと出てきて互いにいても良い空間となります。ここでは、こちらが勝っていますが、こちらの人がいても別におかしくないような空間ができている。そういう空間を上まで積み重ね、上下にもそのような空間をつくっていきます。

鎮ム都市

東京水界再生による新都市計画の提案

私たちにとって生きやすい都市とは。重度の都市開発は、人々の生活に拘束と窮屈、ツナガリの希薄を与えている。かつて東京にあった水脈を再生し、都市に再編の波を流す。水界によって再生する東京、水と共に都市は鎮む。本設計では、水界再生によって都市に点で配置される「橋」が生む、土木と建築の一体化による都市基盤の一体性を持つ、新しい東京の都市計画を提案する。

ID12

飯尾 龍也
法政大学デザイン工学部
建築学科B4

A1. AutoCAD　2. 7万円程度　3. 2〜3ヶ月
4. クリスチャン・ケレツ　5. 水都 東京 ―地形と歴史で読みとく下町・山の手・郊外　6. 卒業研究賞、公開審査会選出、学内有志展審査員賞　7. 大学院進学

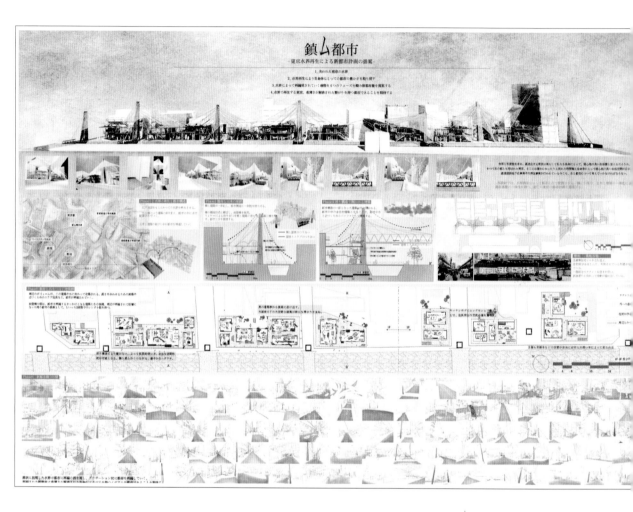

飯尾　現代の東京の都市像が窮屈な都市であると考えたことから、水の再生と、土木と建築の一体化という主軸で再編します。鮮やかな青のところは再生できると思った暗渠で、水脈を再生した後に点で橋を置いていきます。橋の構造計算として斜張橋を採用し、その斜張橋のワイヤーを建築と橋で結ぶことで建築が都市構造と一体化し、インフラとなった建築は都市に開かれ、都市と水を接続させるような柔らかいバッファーとしてのクッションとして機能していくと考えています。それにより、現代の都市にはない横の広がりやつながりが生まれます。これが、自分の考える都市景観百景として、新しい都市像を考えたものになります。

島田　暗渠になっていたところを解放するという話であり、この模型は高さ方向にすごく上げられていますね。

飯尾　地形ではなく、東京のビルの高低差を利用しているので、山のようになり、もっと有機的な都市になるかもしれないという表現です。

島田　暗渠になっていたものの幅は、これよりもっと狭いと思うけれど、違いますか？ 暗渠になっている川、たとえば渋谷川などがありますが、それくらいのスケール感になりますか？

飯尾　これは築地市場を選定したものです。たとえば高速道路などは、江戸時代はもう少し大きい川でしたが、ここは比較的狭めの水ではあります。

島田　これをケーブルで支えるという話はわかりましたが、それが建物と絡んでいる理由がよくわかりません。

飯尾　水と都市の接続を考えた時に、水の上に建築をポンポン置くのは違うと考えました。水辺とどうつなげるかを考えた時に、都市構造などについては土木に絡め、ワイヤーでつなげると柱と壁がないため、これが宙に浮くようにしています。そうすることで、橋との釣り合い、強いては水と橋の関係性で連鎖的につなげ、水が都市を変えると考えています。

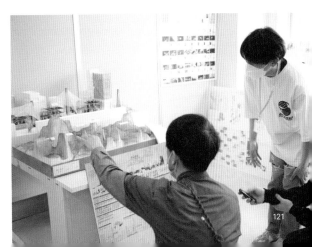

「響きのアンソロジー」

現在、私たちの生活は意識の分散が可能となり、さまざまな領域をバラバラに捉えている。本提案は、このような心身がアンビバレントな状況において、建築の「空間」と、「身体」及び「精神」が共鳴した状態を示すことを目的とする。ワシリー・カンディンスキーが制作した絵画の分析を通して、どこにでも存在可能な自己の内的精神を、身体との共鳴を図り、空間と人々の活動が響き合う建築を提案する。

ID13

我如古 和樹
琉球大学工学部
工学科建築学コースB4

A1. Illustrator、Photoshop、InDesign、Lightroom、Lumion、SketchUp　2.5万円程度　3.2〜3ヶ月　4.ル・コルビュジエ、安藤忠雄　5.建築をめざして、建築に夢をみた　6.近代建築に掲載　7.保留

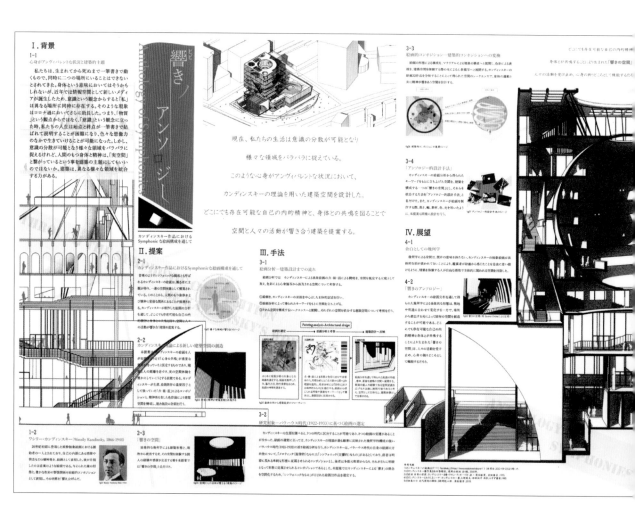

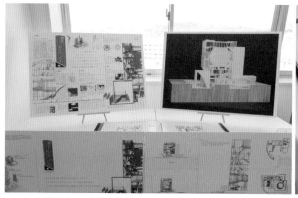

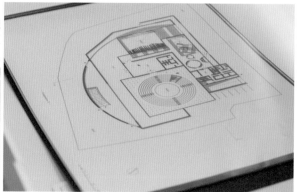

我如古　現在私たちの生活は、意識の分散が可能となり、さまざまな領域をバラバラに捉えていると思いました。そのような心身がアンビバレントな状況において、20世紀のモダニズム初頭に活躍したワシリー・カンディンスキーの絵画理論を用いて建築空間を設計しました。具体的にはカンディンスキーの生涯を調べて、理論が最も反映されているバウハウス時代に制作された絵画32作品を分析して建築空間に展開しました。その空間を「響きの空間」と名付けました。次に、32作品の響きの空間を光による空間の変化と、一本の動線を縦に積み上げてシークエンスがつながる空間を設計し、「シンフォニックドローイング」と名付けた空間をつくりました。今回の事例として沖縄県那覇市にある敷地を対象としてカンディンスキーから連想される、広場、劇場、美術館、図書館、展望台を設計しました。カンディンスキーの絵画分析を通して得られた幾何学による抽象的な形態は、敷地や用途に合わせて変化する一方で、場所から表出する光によって固有の空間を想像することが可能なのがわかりました。カンディンスキーの絵画が具体的な形で描かれていないことにより、鑑賞者が絵画から感じたことを自由に思い描けるように、建築を体験する人が自由な感性で主体的に関われる空間を目指しました。

山田　なぜ沖縄にしたのですか？

我如古　抽象絵画自体がプログラムなどに捉われないと思うけれど、僕自身が沖縄に住んでいることと──。

山田　今も住んでいるのですか？

我如古　はい。その事例として、沖縄県の那覇市に設定しました。

山田　場所はどこでも良かったのですか？

我如古　そうです。ただ、どこにでも存在しますが、どの場所から創出する光かによって、その場所でしか体験できない空間になっています。

山田　一番お勧めの空間はどれですか？

我如古　一番好きなのは「Small Dream in Red」で、カンディンスキーが『点・線・面』という本で唯一載せている絵画です。ここにできた空間が、僕の中では絵画を分析する時も面白かったです。

山田　どういうものですか？

我如古　まず、『点・線・面』の中で構成のことが書かれていたので、構成をまず建築の形態にし、色彩は感情を表現すると言われているため、この感情を表現した色彩を分析し、それを光によって建築を探検する時の心象描写に展開しています。これを32個つくりシークエンスがつながるようにしました。

山田　最終目的は何ですか、面白い空間ができるということですか？

我如古　そうです。あと、20世紀に活躍していた人たちが、絵画で何を描くかではなく、いかに描くかを主題としていたので、建築空間もそのように何をつくるかではなく、いかにつくるかを主題にできないだろうかと考えました。

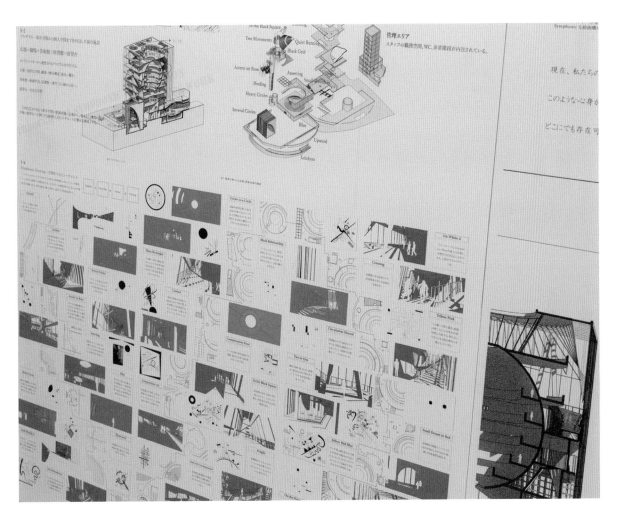

潟業の建築
干潟風景を守る桟橋建築の提案

干潟は生物を包み込むゆりかごである。生物の多様さに伴って漁業や潮干狩りなどの営みも行われ、人も多大な恩恵を受けてきた。しかし、現在、三番瀬は名ばかりの自然共生エリア造成（埋め立て）によって姿を消そうとしている。そのようなマスタープランに対して「潟業（保全活動、漁業）」の受け皿となりつつ、建築自体が干潟の機能を守る装置となることを目指す。

ID14

飯田 竜太朗
島根大学総合理工学部
建築デザイン学科B4

A1. Illustrator、Photoshop、Lumion、SketchUp 2.— 3.— 4.— 5.— 6.— 7.—

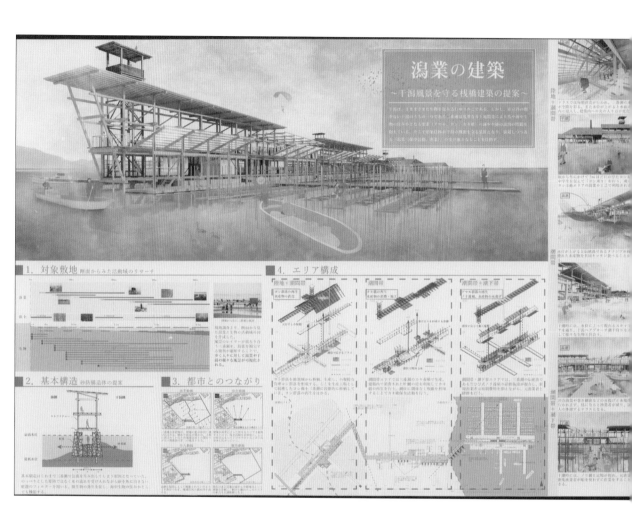

1. 対象敷地 断面からみた活動域のリサーチ

2. 基本構造 砂防構造体の提案

3. 都市とのつながり

4. エリア構成

飯田 敷地が東京湾の三番瀬という干潟です。元々、東京湾全体は干潟に覆われていましたが、度重なる土地開発によってこういった人為的な土地ができてしまい、それによって急流が生まれたという問題があります。そこから外に砂がどんどん流れていき、数十年後には、最後であるこの干潟もなくなってしまう。それに対して、今までののっぺりとした堤防ではなく蛇籠の構造を用いて、水は出入りできるけれど砂は外に出さない構造をもとにした堤防をつくり、そのうえ、三番瀬で行われていた伝統漁業や保全活動が現在は縮退しているので、これらの機能を補う機能をプログラムとして入れています。

前田 何をする建物なのですか?

飯田 保全活動ですが具体的に言うと、ここが大型漁船の水揚げの場と竹ひび式養殖の研修施設です。

前田 大型漁船?

飯田 大型漁船が来るところです。干満など関係なくずっと水があるので、船が行き来できます。中央が牡蠣礁の保全と小型漁船の水揚げの場。それから、ここがヨシ保全として、刈り取ったヨシを保全する場所と潮干狩りの場。

前田 このくらい干満の差があるのですか?

飯田 干満の差は約100mくらいです。満潮時には距離が変わり、船が行き交うけれど、干潮時になると、人がこの動線を通して外に広がっていくとか、中に入るなどします。

前田 こういうのがあるから、急流になっているということですか?

飯田 のっぺりとした堤防だと水を受け入れないので、どんどん押し流されてここに急流が生まれてしまう。一旦水を受け入れないといけないので──。

前田 大体の概要はわかりました。

ものがたり建築

人々は周りの環境などを自分の中に取り込むときに、心の形に合うように物語にしている。物語づくりの素人である今を生きる若者がより五感で環境を感じて、物語にしやすい状態はなんだろうと考えたとき、心の拠り所の場所にいるときだと考えた。これを元に新たな設計プロセスをつくって自らの翻訳によって、敷地の特徴に当てはめて設計していった。心の拠り所を表したこの土地を訪れて、物語を拾い集め、夢を叶えようとする状態に人々の心を変化させていく。

ID16

松尾 優衣
福岡大学工学部
建築学科B4

A1. Illustrator、Photoshop、Rhinoceros、Archicad、Twinmotion　2. 3万円程度　3. 5〜6ヶ月　4. 中村拓志　5. 小さな風景からの学び　6. なし　7. 設計事務所

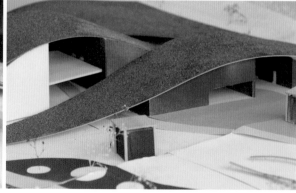

Poster Session

松尾　プロの小説家ではなく、物語づくりの素人である今を生きる若者が、五感で環境を感じて物語にしやすい状況や状態とは何かを考えたところ、心の拠り所にいる時だと思いました。これを元に、新たな設計プロセスをつくり、自らの翻訳によって、敷地の特徴に当てはめて設計しました。人々が1番想像力を発揮する状態である、心の拠り所の物語が所々に散りばめられ、心の拠り所を表したこの土地を訪れ、物語を拾い集めて夢を叶えようとする状態に、人々の心を変化させていきます。こちらが建物をつくる過程で、心の拠り所の要素と物語全体の2つを元に平面計画と形態を設計していきました。

二俣　物語というのは、その要素が散りばめられているということですか？

松尾　例を挙げると、敷地内では文化交流施設兼宿泊施設になっていますが、この敷地では、太陽が昇る東側で人々が目覚め、朝は心を休めて瞑想し、展望台に登って今日の活動の準備をする状態になり、中央のところで活動をして、夕方になるにつれて夕日の建築に移動して夕飯を食べるという流れができます。物語のオプションもあり、人々の物語をつなぎ合わせてつくった印象になります。

二俣　この中で、循環ができ、1人の人がリズムをつくるということですか？

松尾　そうです。

二俣　敷地の設定を教えてください。

松尾　下山門駅より徒歩10分くらいにある生の松原という場所に設けています。海の近くに心の拠り所を感じる人が多いため、そこに敷地を設けたいと思いました。

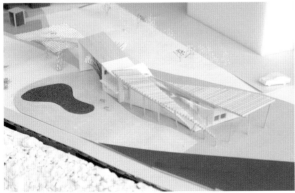

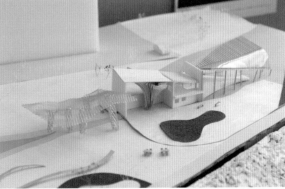

みんなのお寺

地域に開いていく寺院建築の在り方

福岡県の香椎にある私の祖母のお寺を地域へ開くことで、子どもから高齢者が集う交流の場になるコミュニティ形成のきっかけをつくる。寺院建築は近代以前、農業や漁業等のコミュニティの拠り所を寺院が担っていたが、現代では、コミュニティを選択できる環境にあるため、寺院は地域の拠り所として地位が失われた。そこで、お寺に『みらい食堂』的機能を追加し、大屋根の庫裏を地域に開くことで人々が気軽に立ち寄れる本来のお寺の在り方の再構築を目指した。

ID17

一ノ瀬 晃
九州産業大学建築都市工学部
建築学科B4

A1. Illustrator、Photoshop、Archicad、Twinmotion　2. 6万円程度　3. 9〜10ヶ月　4. 坂茂　5. なし　6. 学内金賞　7. 工務店で設計職

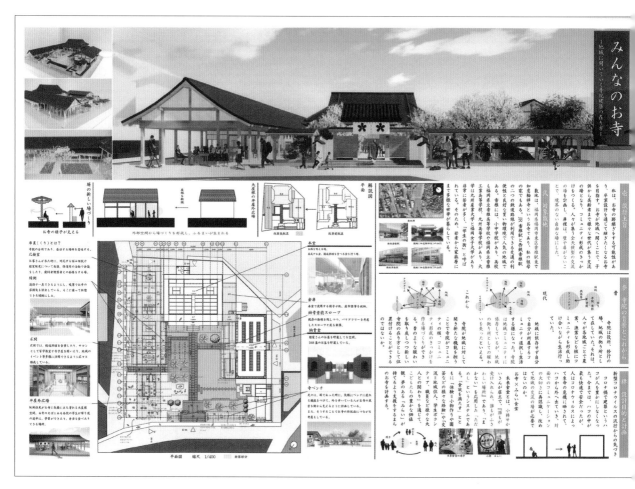

一ノ瀬 まず、実家が寺で、祖母の家が福岡県福岡市香椎にあり、自分が寺を継ぐ可能性があります。そこで、寺を地域に開き、子どもから高齢者まで、多様な世代が集う交流の場となり、交流コミュニティの形成のきっかけがつくられる場を目指しました。寺院建築は、時代の物事に合わせて役割が変わっており、近代以前は農業・漁業におけるコミュニティの拠り所を担ってきましたが、現代は自分でコミュニティを選択できる環境があるため、寺院において地域の拠り所としての地位は失われました。そのようななかコロナ禍の流行によ

り、対面でのコミュニティの重要さ、地域の声が必要ではないかと気付きました。そのため、この寺に未来食堂という機能を追加し、大屋根の庫裏空間をまちに開くことで、人々が気軽に立ち寄れる、本来の寺のあり方を再構築しています。

山田 場所はどちらですか？

一ノ瀬 福岡県福岡市東区の香椎という場所です。会場の最寄りにある九産大前駅の隣に香椎駅があり、その真裏のほうにある寺です。自分が設計したのは、大屋根と、元々塀だった部分をベンチにすることで、その地域の環境や寺の雰囲気を感じ取れるし、用がなくても寺に立ち寄れるのが一つ。もう一つは、

バリアフリーを考慮してスロープを設けました。色が濃く塗られているところは、本堂と納骨堂です。寺の風景としてどうしても残したい、その地域の中心にもなるので、それはやはり大切であり、重要なので、それを残していきました。

山田 新築ではなくて、すべてリノベーションですか？

一ノ瀬 新築です。元々ここには大きな二階建ての庫裏兼住宅があるけれど、正直それが問題で、地域の周辺の人からは、それがあることで寺の瓦屋根が見えないため、大きい家という認識しかなかったのです。

外濠で満ちて
濾過水で外濠を満たし、心満たされる都市の居場所

川にごみを捨てる人が後を絶たないなど、都市の河川にはさまざまな課題がある。地球に住む私たちにとって、湧き水や川で遊び、水に触れる経験は必要な学びの機会ではないだろうか。水と人との距離が開いてしまった「水の都」から考える、新しい都市の居場所と濾過施設についての提案。外濠の水景を取り戻しながら水に触れる機会を人々に与えるため、都市に埋没している水路を活用し濾過水で外濠を浄化する。水の変化に触れる都市の居場所は環境を思いやる意識づくりの第一歩となる。

ID19

吉田 周和
東京理科大学工学部
建築学科B4

A1. Illustrator、Photoshop、Rhinoceros、V-Ray、Lumion　2. 10万円程度　3. 1ヶ月未満　4. 前田圭介　5. UID architects　6. 築理会最優秀賞、学科優秀賞、非常勤講師賞　7. 東京理科大学大学院に進学

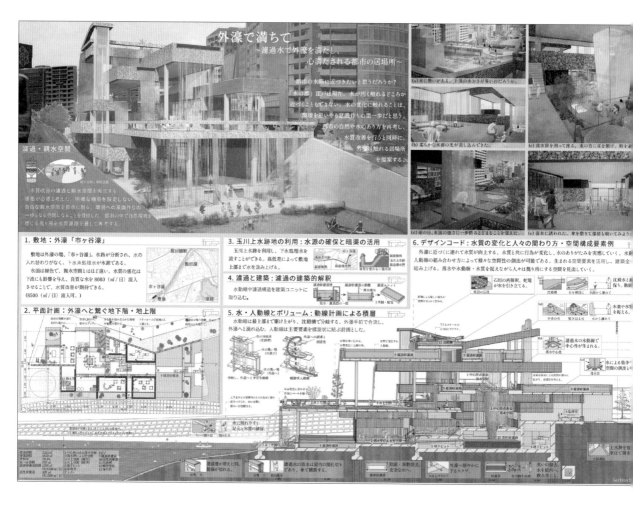

Poster Session

吉田 川にゴミを捨てる人や水質問題の放棄など、多くの問題が河川にはあります。湧水や川で遊ぶ経験などは、地球に住む私たちにとっては必要な学びであると考えています。水に触れたことで環境に目を向ける空間は、濾過建築だからこそ可能となります。これは地元の人たちも楽しめる建築ですが、今回は濾過建築に含まれている都市と空間について説明します。敷地は、外濠の市ヶ谷濠の端に当たります。玉川上水跡地から、フットポンプを使わずに高低差を用いてサイフォンで浄水し、最終的には、下流すべての水が濾過水で満たされていく提案です。空間については、落水の壁に対して、傘が必要な軸線によって外濠に対して意識が向く空間が生まれます。途中の浸水が生まれる部分においては、中庭などが生まれ、それによって読書空間が彩られます。水質も最初は

汚いですが、最終的には飲めるまできれいになり、それによって方位や距離などが変化していくような空間性が広がっています。

前田 元々は水道ですか？

吉田 今は外濠で、水が完全になくて絶たれています。

前田 空堀になっているということですか？

吉田 空ではなく、豪雨の時の下水が溜まって抜かれている状態です。それに対して玉川上水跡地は、今は流れていないけれど下に埋まっています。下水処理水ならそのまま流せるので流しますが、それでも汚いため、それを少しずつ綺麗にし、最終的には長い時間をかけてプールのようなきれいな水にする提案です。

前田 要するに濾過するための建築であり、そのパースにあるような、いくつかの機能を加えているということですね。

吉田 濾過施設を公共に開いていくというか、浄水場が公共に開くという形になります。

前田 これは卒業設計ですか？

吉田 卒制です。

前田 模型も、結構なボリュームでつくっているんですね。

吉田 そうです。このボードくらいの大きさのものがズラッとあります。ただ、大きくて持って来ることができませんでした。

前田 この建築の周辺はどうなっているのですか？

吉田 市ケ谷駅の目の前にあり線路から見ると、よくあるペンシルビルが立ち上がっており、外濠公園が隣にあって連続していくような造形となります。

(a) 水に勢いがある。上流の水かさが多いのだろうか。

(b) 柔らかな水面の光が差し込んできた。

(c) 落水筒を囲って座る。水の音に耳を傾け、時を過ごした。

(d) 雨の日、水流の強さに一歩踏みとどまることを覚えた。

(e) 落水に誘われた。傘を借りて部屋も覗いてみようかな。

錯層を前にして

都市にはさまざまな要素が集結し、より複雑な層を構成している。これは、名古屋駅も例外ではなく、徐々に行われた開発によってできた複雑な層の重なりがあらわになっている。忘れかけられ、減少しつつある名古屋の多層性を再認識する場が必要だと考えた。層と道の集積があらわになる、多視点な空間が名古屋駅には点在する。この空間を錯層空間と定義し、設計を行った。多層社会における層を分裂し、道や層同士で干渉することで、建物内外に錯層空間が生じる。

ID20

池戸 美羽
東京理科大学工学部
建築学科B4

A1. Illustrator、Photoshop、Rhinoceros、V-Ray　2. 6万円程度　3. 3〜4ヶ月　4. 伊東豊雄　5. アイデアの作り方　6. なし　7. 大学院進学

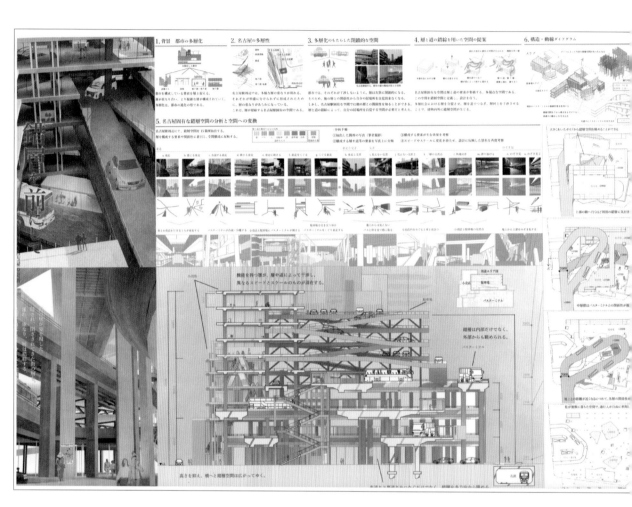

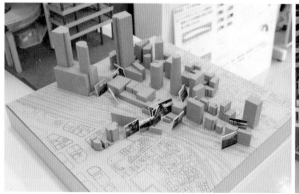

Poster Session

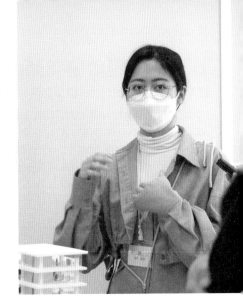

池戸　愛知県名古屋市の百貨店が立ち並ぶ場所に、小売店、駐車場、バスターミナルの3つの複合施設を設計しました。名古屋駅周辺は戦後の高度経済成長期に多くの施設が徐々に建てられたため、都市の層の構成がよく見える空間が多数存在します。しかし、この空間構成が再開発に伴って徐々に減少しているのが現状です。また、都市全般の問題として、都市というものは閉鎖的に多層化していると考えます。そこで、名古屋駅周辺に存在する固有の空間を継承し、また層の相互の関係性から自己の居場所を再認識するような場所が必要だと考えて設計を行いました。そして、先ほど挙げたこの固有空間の総称を「錯層空間」と定義し、分析して設計に反映させました。

前田　今の名古屋中心部のいろいろな変遷には、閉鎖的な中枢もありますよね。そこに、開放するようなものをつくりたいということですか？

池戸　はい。

前田　すべて新築ですか？

池戸　新築です。既存のバスターミナルは部分的に移行しています。ここまでの道のりは、既存のものを使いたく、それ以外は新築で行いたいと思っています。バスターミナルがここに存在し、ここだけで循環させられているような状態なため、まちに対しては奥まり、線路に対しては出ている、そして大通りに対しては、かなり引いている状態になっている。それを引き出すことで、こういう形状が生まれました。

前田　何故引き出すのですか？

池戸　そもそも、バスターミナルの存在が大通りから見えないことが──。

前田　視認性を上げるということですか？

池戸　視認性と、音などが出てくることにより、名古屋周辺に存在する空間を想起させる空間をつくりたくて、前に引き出しました。

前田　それを、もう少しわかりやすく伝えられるといいのかな。あと、あなたが思っている、外に表出させるものがどの目抜き通りから感じられるかまで伝えられるとわかりやすいと思います。パースなどがあるけれど、どこかから見えるのかな？　今の音など、バスターミナルを視認させるということですよね。ほかにも手を加えられそうなビルディングタイプだと思いました。

トンボの翅の中で茶の香りを楽しむ

壁で閉じることなく、オープンで穏やかな風環境を作る試み

ID21

北野 智
大阪産業大学デザイン工学部
建築・環境デザイン学科B4

A1. Illustrator、Photoshop、AutoCAD、Twinmotion、Revit、CFD 2. 2万円程度 3. 1ヶ月未満 4. 妹島和世、SUEP. 5. 開放系の建築環境デザイン：自然を受け入れる設計手法 6. 学内講評会3位 7. 組織設計

トンボの翅は折れ曲がった面により流線型の空気の流れをつくり、開いたまま穏やかな内側と流速の速い外側に分けられる。開いたまま快適風速をつくるトンボの翅断面＝「トンボモジュール」を組み合わせ、多彩な快適な風をつくり、建物を計画する。広大な茶畑を観光資源として鈴鹿市の活性化のためトンボモジュール単体、複数単層、複数複層、水平回転複層の4つの建物により、茶の香りを体感する。

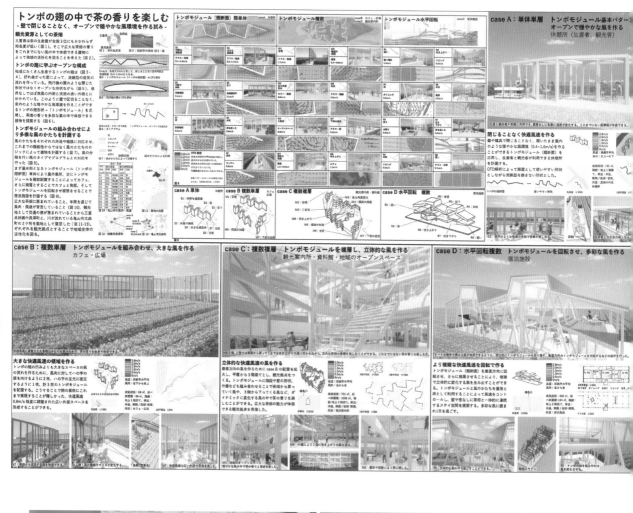

Poster Session

北野　壁で閉じることなく、オープンで穏やかな風環境をつくる試みをします。まず私の地元である鈴鹿市の広大な茶畑の魅力による、地域の活性化を考えました。トンボの翅は、折り曲がった面によって流線型の空気の流れをつくりますが、内側は風速が落ちます。境界は、四方が無風の内側と、風速の速い外側とに分かれています。壁で区切ることなく、室内を穏やかな風環境につくることができるトンボの翅の断面形状、つまり「トンボモジュール」を用いて建物を計画します。CFD解析を行い、風の形とプログラムの関係を対応させて表にまとめました。caseB1「休憩所」、caseB2「観光案内所」、caseC「宿泊施設」です。複雑化する風の種類を増やしながら4つの計画を行いました。

島田　この風の流れは一方向ですか？

北野　1番多いのは北西の風と考えています。それぞれ北西につくっていますが、北西以外にも北や南などすべての方角を試したところ、内側では窪みのところで風速が落ちたので、それを効果的に使っています。

島田　なるほど。お茶の香りが楽しめるという話ですが、（風は）あまり入ってこないけれど（香りは）入ってくるという話ですか？

北野　平面的になっていたのを断面方向に応用し、床の一部を切り離すことで、3つではなかったような風を新たにつくることができ、風を楽しむことができます。

島田　この平面形状はどうなっているのですか？ このあたりに無風ゾーンができるのですか？

北野　風上で早くなっていますが、奥に進むにつれ風速が0.4m/sなど、快適風速と呼ばれるところになっていきます。

島田　基本的には外部ですよね？

北野　はい。基本的には外部になっています。

島田　プログラムとして宿泊施設などがあるという話でしたが、どこにあるのですか？

北野　宿泊施設はこちらです。

島田　これは外ですか？

北野　この部分はそうです。

ゆくりない出来事

人は歩いているだけでも無意識に目に入ってくる情報を認識し、興味を示す。その受動的な行為は、普段の何気ない行動を活発にする要因になるのではないか。「受動的な行為を誘発する」ために校舎間を移動する動線を建物とするメディアセンター。それは、能動的に動かずとも学生がさまざまな機能に触れ、利用を促進する。その行為の連続によって、今まで人の訪れることが少なかったメディアセンターに人が集まるようになり、小さなキャンパスに活気が生まれるのではないだろうか。

ID23

坂下 舞羽
近畿大学工学部
建築学科B3

A1. Illustrator、Photoshop、Rhinoceros、Lumion　2. 1万円以下　3. 1ヶ月未満　4. 坂茂　5. 原っぱと遊園地　6. 学内6位　7. 大学院進学

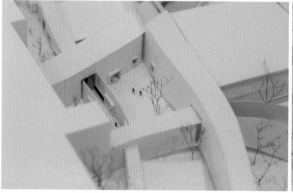

坂下　私は受動的な行動を誘発するため大学内に受動的な行為を生ませるためのメディアセンターを設計しました。現在のメディアセンターは、今ある用途を利用する人しか訪れていません。そこで、閉ざされた空間から人を引き込むための開かれた空間に変換しました。手法は3つあります。まず1つ目が、動線を交じり合わせることです。そうすることで、今まで交わることがなかった人たちがすれ違うきっかけができ、人々が出会うきっかけとなるのではないかと考えました。2つ目は商店街の看板のように、道に機能を浮かび上がらせることです。それにより用途に触れて、視線が自然と教室内に向くようにしました。3つ目は、人をとどまらせる出窓をつくることです。それで、ただ道があるだけでは起こらなかった立ち止まる行為が生まれ、人が交流するきっかけになるのではないかと考えました。

百田　卒業設計ですか？

坂下　3年生の課題です。

百田　プログラムは、図書館、もしくはメディアセンターですか？

坂下　メディアセンターです。

百田　ほかの建物との関係を教えてください。

坂下　ほかの建物との関係は、それぞれの校舎間をつなげるためにメディアセンターをつくりました。

百田　建物としてメディアセンターをつくるわけではなく、道としてつくったわけですね。こういうところは何になっているのですか？

坂下　ホールやコンピューター室などです。図書室はこういう空間をつくらずに、道の中に本棚をつくり、借りる教室だけここに設けるという形にしています。

まちをまちあい室に

LRTが行き交うまちと、その隙間に生まれる新たな「まちあい空間」の未来像の提案。改札によって束ねられていた線路に隙間を与え、LRTを活用することで、まちも建築も人の行動も変化する。このような提案を、駅舎が減築し、駅のあり方が模索されている倉敷駅に落とし込むことで、地方都市における軌道と生活の新たな関わり方の可能性を見出せるのではないかと考える。LRTから一歩外へ出ると、そこは「まち」であり、これまでのまちが「まちあい」へと変わっていく。

ID24

古川 翔
九州大学工学部
建築学科B4

A1. Illustrator、Procreate　2. 2万円程度　3. 1
〜2ヶ月　4. ツバメアーキテクツ　5. ソフトシティ
6. 最優秀賞　7. 大学院進学

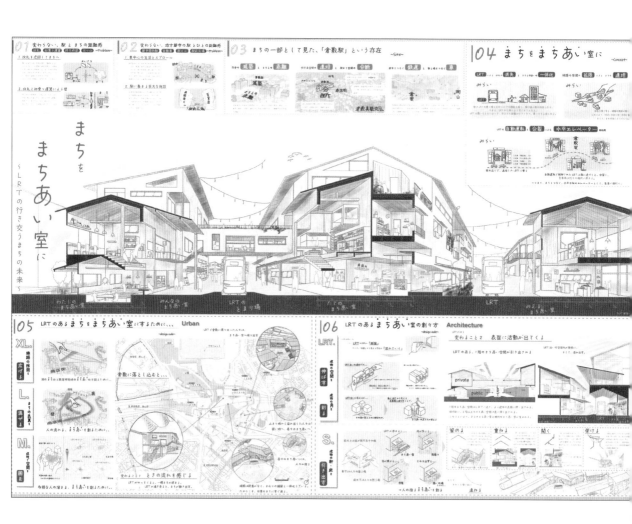

Poster Session

古川　まず、駅を想像してください。ホームに降り立った時に閑散としたコンコースがあって段差があり、その先にまちがあると思いますが、直接的にまちに行けないのは問題ではないかと思ったのがきっかけとなります。そして、LRTを用いることで、段差なしでフラットにまち全体を待合室にできるのではないかという提案です。また線路も、改札がなくなることによって一極集中のような駅舎をつくる必要がなくなり、その隙間を広げて間にまちを入れ込むこと

で、今まで分断していたまちを連担させます。LRTが自動運転となり分電させることで、生活の中に息づく水平エレベーターのような存在となります。ここで降りると商店街、また別のところで降りると公園、そういう空間ができるのではないでしょうか。

前田　駅から降りると待合室があるのですか？

古川　通常は待合室が固定化されていますが、ここでは、まち全体が待合室になります。

前田　言葉の意味としてはわかるけれど、それはどうなっていくのですか？ 待合室ということは、何かを待つんですよね？

古川　普通は、乗り換え時間などは座ってスマホを見るだけだと思いますが、まちの中で過ごす時間が、自然と待ち合いの時間となっていきます。そのため、固定概念的な待合室ではなく、商店街のただ通り過ぎていた場所が、待つための時間を過ごす空間の一部になっていくという。

前田　具体的には、駅がいくつかあるんですよね？

古川　そうです。LRTで降りると、待つための座る場所もありますが、そこから少し階段を上がると、まちの全体を見渡せる場所があったり、もっと奥まったところに自分だけが過ごせるような空間があったり、パブリックとプラ

イベートが軒を使って区切られていき、自分にあったいろいろな段階の待ち合い空間を見つけられます。

前田　具体的に言うと、どれくらいの半径の中で展開しているのですか？

古川　たとえばここで降りたら、今まで商店街はまちの一部だったけれど、カフェの前で少し待つとか、カフェで過ごすとか、ディスプレイを見るようなところも待ち合いになるイメージです。かなり広い範囲だと想像しています。

前田　仕組みはよくわかるけれど、その魅力は何でしょうか？ LRTを通すことも自分の提案でするのですか？

古川　魅力は、今まで触れ合えなかった新たなまちの一部に出会えることです。

前田　移動は基本的にLRTということですか？

古川　LRTでも行けますし、乗り換えの間は徒歩になります。

前田　徒歩のほうが可能性として大きい気がします。歩くスピードによって、いろいろな情報をキャッチできるし、LRTに全員が乗ったら、それはそれで何かが抜け落ちていく気がします。

古川　徒歩のところに、こういったディスプレイなど、横の路地が入り込んでいくことは表現したいです。

記憶に住まう

日常の生活の中で、特定の機能に縛られることなく自然と向き合うことで、記憶に残る自分の居場所を見つけることのできる場所を提案する。長い時間の中で育まれてきた、風や光、他の動植物たちと共生するこの場所特有の環境を取り戻し、自然に向き合える場所をつくりたいと考えた。また、川によってわけられた両岸を結ぶように計画することで、人の流れを結びつけ、水辺の環境を守り育てながら、豊かな環境の中で居場所を見つけられる、開かれた広場のような場所になればと考えた。

ID25

森川 明花
神戸芸術工科大学芸術工学部
環境デザイン学科B4

A1. Illustrator、Photoshop、CAD　2. 8万円程度　3. 4〜5ヶ月　4. 島田陽　5. 人類と建築の歴史　6. 優秀賞、芸術工学賞　7. アトリエ事務所

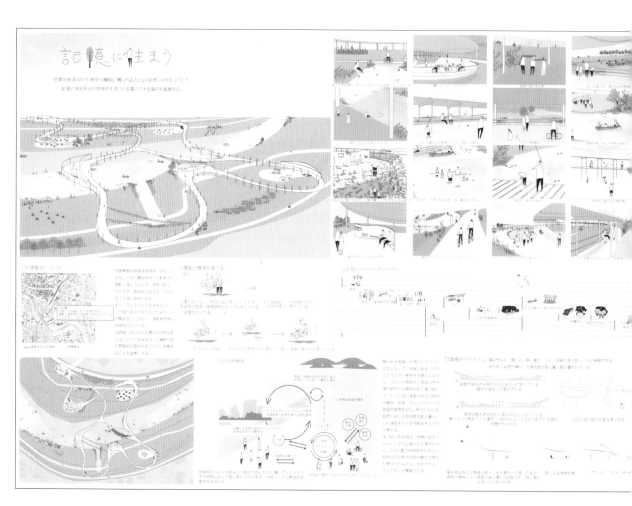

森川　水辺の環境を守り育てながら、豊かな環境の中でそれぞれの場所を見つけることができる、開かれた広場のような施設を設計しています。幼少期から現在に至るまで、さまざまな記憶があります。些細な記憶から衝撃の強い記憶、すべての出来事から学びを経て、私たちの人格は形成されています。通常よりも空間記憶が残っている私だからこそできる空間を提案します。50人に幼少期の記憶に関するアンケートを実施した結果から、一般的にさまざまなアクティビティとともに記憶が形成されていることがわかりました。そこで、1つの機能に縛られることなく、この土地の環境資源、歴史、生物など、この土地に眠る慣習的な記憶に対し、さまざまなアクティビティを誘発できる空間を擁することで、新たな記憶に住まうような設計を行いました。

二俣　記憶に残っている体験を、自然と誘発できるような施設を考えたということですね。

森川　福井県福井市の足羽川の駅前と住宅街をつなぐ場所では、伝統行事などのさまざまなことが行われているけれど、あまり知られておらず人が集まらないという現状と、駅前に徒歩で移動する人が減ってきているという問題から、開発的な意味合いでも、こういうシンボルのようなものをつくることで、ここの環境資源を復元させていくことを考えています。

二俣　そういうものをどのように反映したのですか？

森川　この空間自体のバリエーションを増やすことと、自然環境という生態系も含め、昔からあるものをどんどん再生して未来に続けていくことで、ここを訪れた時に昔の記憶の誘発につながるような空間をつくっています。周辺には学校が6校くらいあるため、ここはファニチャーになっていて、学校の展示作品なども飾れるようになっています。

二俣　基本的には、オープンなのですか？

森川　はい。4m×4mくらいの模型があったのですが、持って来ることができなくて一部を持ってきました。

未来へ紡ぐトポフィリア
家島諸島男鹿島採石遺構再生計画

高度経済成長期に無計画に採石された現在の島の姿。自然破壊をただ批判するだけでなく、その過去を含め、新たな風景をつくり出し、この歴史を後世に伝えていく。この場所で風景をつくり、人の営みを再生するという行為に対して、建築の力で何ができるのかを探り、この土地、採石場の特性を生かした新たな島の魅力を引き出し、場所性を見出した「トポフィリア(場所への愛)」を抱ける場所をつくり出す。

ID26

菱川 陽香

武庫川女子大学生活環境学部
建築学科B4

A1. Illustrator、Photoshop、Vectorworks、Lumion　2. 2万円程度　3. 1〜2ヶ月　4. 前田圭介　5. なし　6. なし　7. 設計

Poster Session

菱川　高度経済成長期に無計画に採石された現在の島の姿がこちらになります。自然破壊をただ批判するだけでなく、その過去を含め、新たな風景をつくり出し、この歴史を後世に伝えていきたいと考えています。この場所で風景をつくる人の営みを再生する行為に対して、建築の力で何ができるのかを考え、この土地の採石の特性を生かした、場所性を見出したトポフィリア、場所への愛を感じられる空間をつくり出します。そして、この島が採石終了後も持続的に発展できるよう、地球環境に配慮した研究施設を中心に3つの建物を計画します。採石によって発生した特有の空間に建築を挿入し、どのように空気を切り取るかを考え、建築のデザインを行いました。

山田　なるほど。これは観光用ですか？

菱川　観光用だと持続的に島を発展させるのは厳しいと思ったため、新たな生業を入れて、そこに島外から来た観光客も島のことを知ることができるビジターセンターと、島外の研究員なども泊まれる宿泊機能を持たせました。

山田　設計のデザインのコンセプトはありますか？

菱川　この建築では、こういう窪んだ場所があるため、そこを建築によってつなぐことを考えています。普通に建築をポンと入れるのではなく、ブリッジのようにして間の風景を切り取り、シークエンスの変化を楽しむようにする。ここなら中央の部分が階段室のようになっていて、そこから採石特有の場所を選んで計画しました。

山田　平面の形の理由などはありますか？

菱川　こういう雁行などのことですか？ こちら側に海があり、こちらは崖があり、人に視線を向けさせるために雁行させています。

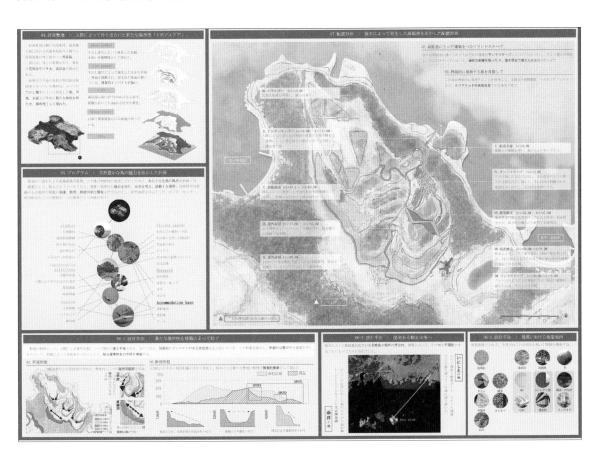

誰が為の熱櫓
ふるまいと建材の集積による日常の延長としての小さなインフラ群

ID28

森本 爽平
法政大学デザイン工学部
建築学科B4

A1. Illustrator、AutoCAD 2. 5万円程度 3. 7
〜8ヶ月 4. 中山英之 5. 小さな風景からの学
び 6. 卒業制作賞 7. 大学院進学

土地の固有性は誰の為にあるのだろうか。不安定な社会の中で土地の衰弱が著しく起き、今後、さらなる衰退が予想される。本提案では櫓としての源泉風景に着目し、建材の調整によるフォリーを固有風景のなかに埋め込み、現代のふるまいへと接続し、資源と暮らしを結ぶ小さなインフラと生活景を計画する。個人が暮らしのなかに資源があることを認識し、土地との接続空間を持つだけで強い生活景＝固有風景が育まれ、温泉地は未来へつなげられていく。

森本　地方の温泉地において、まちに残されている構築物などを部材まで細分化して収集し、それをまちの固有性である源泉櫓に集積し、インフラを含むフォリーとして建築しました。RCの構造物などは衰退しても残っていたり、里山では温室などがフレームだけ残されていたりしますが、観賞的固定概念としてつくられた背景などが、まちの人からすると手に負えないものとしてそのまま残されています。それらを細分化して部材として収集し、16ある源泉櫓に対して集積することで、今の暮らしや活動につながるような居場所をつくっています。16個ある櫓は、それぞれを小さな発電所として計画し、そこに居場所として空間もつくるという計画です。

島田　どうやって発電しているのですか？

森本　温泉が櫓自体に既存であり、そこが空いているので、それを熱変換して発電します。

島田　マイクロ発電のようなものですか？

森本　そうです。

島田　何世帯くらいを賄えるのですか？

森本　正確ではないけれど、この建築自体と周辺の数件は賄えます。

島田　この温泉地帯は、観光地としてはあまり機能していないのですか？

森本　観光が衰退しており、温泉も空いている場所が多いです。

島田　でも、温泉は沸いている？

森本　そうですね、沸いています。

島田　直売所、広場、展望台というプログラムになっているのは何故ですか？

森本　これが共同の作業場です。里山では農業従事者自体が減っているけれど、その人たちが共同で農作業を始めているので、そういう小さい活動に対して居場所を与えています。この共用浴場自体は温泉地で、右側に住宅などが大量にありましたが、里山へ住民が引いていったことで住民が温泉に携わる部分が少なくなったために浴場を設計しました。最後のところは温泉街の丘という、とても象徴的な場所に建っています。普段は丘の上は住民が来るような場所ではないけれど、海側で祭りや花火大会などもあり、人が寄って来られるような場所として計画しました。

島田　蛇篭構造のようですね。

森本　そうです。

島田　少しアウトリガーのような設計になるのですか？

森本　一応、蛇篭で計画しましたが、元々使うものがRCのようなもので、構造上あまり強くないことから、それを支えるものとして計画しています。一つひとつの部材を集積させて支え合い、居場所をきちんとつくれていないかもしれないけれど、そういうズレもあることで場所性が生まれるのではないかと考えています。

銭湯共生都市

現在、銭湯は存続の危機を迎えている。これまで銭湯と地域の相互扶助により成り立っていた関係性は、都市の無秩序な開発により銭湯が取り残されてしまった。人々の拠り所であり住民が豊かな生活を送るための銭湯、その銭湯が存続していくための都市が必要である。敷地は東京都文京区千駄木。直径200mを銭湯コミュニティとし、治水システムを形成しながら、銭湯とそこに住む人々を中心に木密の更新をしていくことを目指す。

ID29

園部 結菜
千葉工業大学創造工学部
建築学科B4

A1. Illustrator, Rhinoceros, Vectorworks　2. 2万円程度　3. 5〜6ヶ月　4. 谷口吉生　5. アースダイバー　6. 建築学科賞、近代建築賞　7. 大学院進学

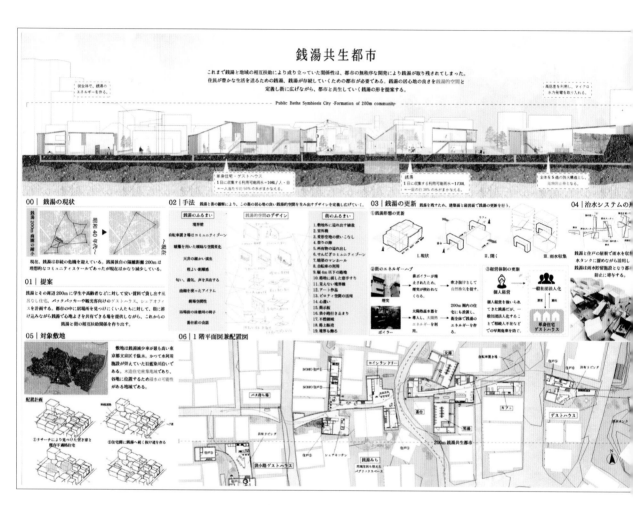

園部　自分は上京して一人暮らしをしており、普段は一人になりたくないけれど一人でいたいと感じることが多くなってきました。そのなかで、銭湯が人とまちを緩やかにつなげていることに魅力を感じましたが、銭湯が減少している現状を知り、住民が豊かな生活を送れる銭湯と、銭湯が存続し続ける都市のあり方について考えました。敷地は東京都文京区の木密地域で、空き家などをリサーチしていくと、魅力的な路地をつなぐように部屋が点在しているところを見つけました。元々は銭湯の跡地でしたが、ここを中心とした200mを銭湯コミュニティとして、風呂なしの住宅やパブリックスペースなどを計画しています。

百田　銭湯が人のつながりの拠点になるのはとても良いけれど、それをどう建築の問題に置き換えるかを考える際に、建築の形式や建物のつくられ方などは、どういうところを工夫しましたか?

園部　主に路地と路地をつなぐ真ん中が皆の集まる場所になっており、グラデーショナルに、ほかの既存住宅の間に入っていくように単身向けの住宅を配置しています。一人でも入れるし、少し外に出れば皆が通れて銭湯にも行けるという居場所をまちの中につくりたくて、それに伴って水の流れを考えました。

百田　これは道ですか?

園部　蛇道と言って、元々川だったけれど、クネクネして魅力的な路地が多いところです。

百田　この銭湯も通り抜けられるのですか?

園部　そうです。ここを通り抜けられるようになっており、そのために浴室も分けて配置しています。

百田　路地を通していき、枝分かれするような形で、住宅も銭湯もある構成にしたのですね。

園部　そうです。

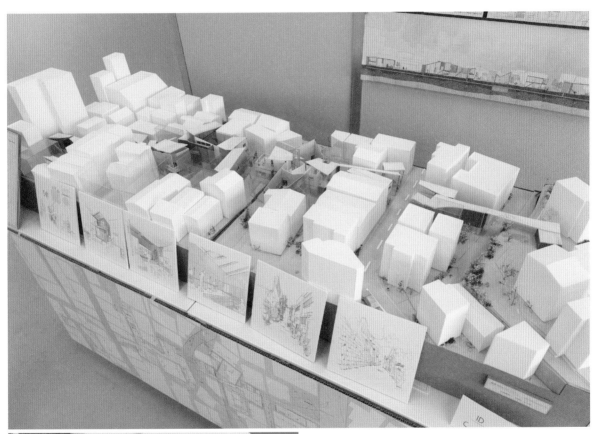

性と住宅
LGBTQIA＋と5つの住宅

近年ではバリアフリー化が進み、どんな人でも過ごしやすい環境が整ってきた。しかし、マイノリティの人に対してはまだまだ配慮すべき点が多いと感じる。本設計では性的マイノリティの友人に直接話を聞き、図面化することでマイノリティについて考え直すきっかけになってほしいと考える。住宅は住む人によって、雰囲気や希望が変わる。大きな操作を加えるのではなく、日々の違和感を少しの操作で快適にすることが建築の本質であると考える。

ID31

石橋 ゆめ
崇城大学工学部
建築学科B4

A1. Illustrator、Photoshop、AutoCAD、SketchUp、Procreate　2. 3万円程度　3. 11〜12ヶ月　4. 吉岡徳仁　5. 「住宅」という考え方　6. なし　7. 熊本大学大学院に進学

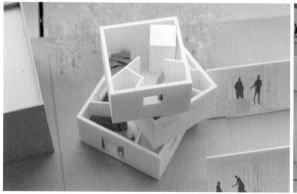

石橋　最近はバリアフリー化が進み、どのような人も使いやすい空間が考えられてきたと思いますが、マイノリティーの人に対する配慮は完全ではないと考えています。そこで私は、LGBTQIA＋性的マイノリティーの人のための住宅を提案します。今回の設計では、性的マイノリティーの友人に話を聞きながらプランを進めました。そのなかで、クローゼットが多い住宅だったり、寝室や風呂が2個ずつあったり、人が集まりやすい空間や完全にプライベートを守る空間などが出てきました。本設計により、性別によって変わる空間を考え直すきっかけになって欲しいと考えています。

百田　卒業設計ですか？

石橋　卒業設計です。

百田　いろいろな人がいて違いはそれぞれありますが、それが建築としてどう表れているのか、それは表れたほうがいいのか、表れるけれど何か共有できるものなのか、そのあたりがわからなかったので、もう少し説明が欲しいです。

石橋　一番重きを置いたのが、この図面を見た時に何故この部屋があるのかという疑問から、建築学生が性的マイノリティーについて考え直すきっかけとなるようにしたことです。例に挙げると、ここに住むのはクエスチョニングと呼ばれる自らの性的指向が定まっていない人で、ある日は男性で、ある日は女性になります。その人の悩みは、朝起きてワンピースが目に入ると、今の自分は男なのに何故ワンピースがあるのかという感覚に陥ることでした。そのため、その人に対しては、何もない寝室で目を覚まし、その日の性自認によってどちらのクローゼットを使うか決めながら、リビングへとつながる動線を考えています。

百田　私もいろいろな障害がある人と建築をつくることがあり、特別なことに向き合う際には普段と違うものが生まれてくると思うけれど、それを単独で独立して解決しないほうがいいのではないかと思っています。個別に解決するのではなく、そこで生まれてきたものを皆と少し共有できるようにするなど、1つに多重の意味を見出すことを考えるといいのではないでしょうか。

海郷の架け橋
串本町中部地域における避難ネットワーク拠点

和歌山県南部にあたる串本町の中部地域。約4000人が住んでいるこの地域の地形は砂州であるため、南海トラフ巨大地震が発生すると必ず液状化現象が起き、木造家屋のほとんどが全壊するとされる浸水深 3.0m 以上の範囲が広く分布し、最も多くの津波避難困難者の発生が想定され、まち自体が消えてしまう可能性も考えられる。そのため、これらの問題を全般的に考慮し、人々の安全を確保するための串本避難ネットワーク拠点を構築する必要があると考えられる。

ID32

劉 亦軒
神戸大学工学部
建築学科B4

A1. Illustrator、Photoshop、InDesign、AutoCAD、Rhinoceros、SketchUp、V-Ray
2.15万円程度　3.1〜2ヶ月　4.ザハ・ハディッド、安藤忠雄　5.風を着替えて　6.佳作　7.イギリスの大学院に進学

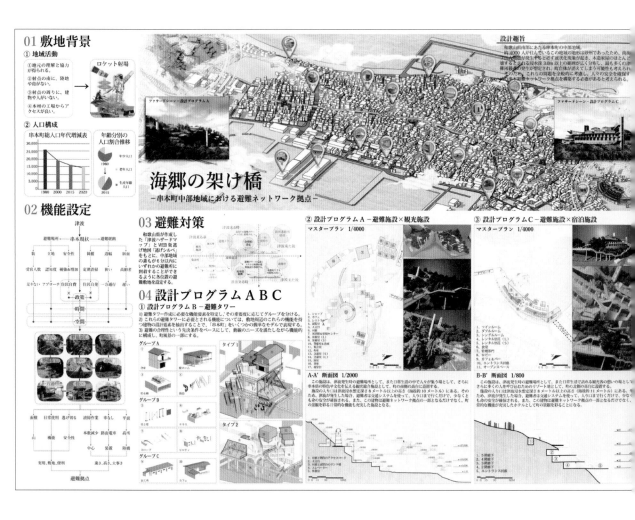

劉　人々の安全を確保するための串本避難ネットワーク拠点、すなわち建築による本システムを提案します。まず、日常生活、小さな津波が来た時、大きな津波で地盤が崩れてしまう時の3つに分け、これらの状況に対して避難人数を同時に満たす対策を設定していきます。そして、機能・動線・環境・文化の4点から考慮した結果、このまちの中に建設する3つの避難タワーと両側の高台に建設する2つの避難施設、そしてそれらを結び付ける安全と言える海抜9mに位置する交通システムと、このまちを観察する橋によって、まちにいる全員が6分以内に両側の高台に避難できます。

眺望を意識してつくった高台にある避難施設と、橋によるこの微かな光を合わせて、命を照らす橋と、美しさをつくる橋の両方ができます。

山田　和歌山ですか？

劉　和歌山県の一番南側にあります。

山田　津波が想定されているのですか？

劉　そうです。避難タワーは3個あります。これは高台にあり、観光と避難施設はそこにあります。こちらはホテルの機能が――。

山田　すべて新築ですか？

劉　はい、すべて新築です。

山田　たくさんつくりましたね。プログラムは何ですか？

劉　まずは設計のデザインとして、まちの

既存の建築物の形を抽出して避難タワーに反映するようにつくっています。魚と観光がメインのため、まちにふさわしい機能を設置しています。

山田　漁業的なものですか？

劉　漁業と、市民版のような感じで、市民版の時も魚の工場を設置しています。

高層性の再考
オフィスビルの解体と象徴化

象徴性のある外観と垂直性のある内部空間を塔に倣い、現状の均質化されたオフィスビルを塔として再構築することを試みた。コアを解体することで生まれる三次元的な連続性を内包した執務空間を擁する、新たな形としてのオフィスビルの提案。EVシャフトは独立し、配管スペースは露出し壁体を貫通する。中央に巻き付く二重の螺旋階段は連続性を演出し、立体的な空間体験を創出する。

ID36

渡邊 未悠
東京理科大学工学部
建築学科B4

A1. Illustrator、Photoshop、Rhinoceros、Grasshopper、V-Ray　2. 4万円程度　3. 1〜2ヶ月　4. レム・コールハース、ザハ・ハディッド　5. S,M,L,XL　6. 学科最優秀賞　7. 東京大学大学院に進学

渡邊　本提案では、オフィスビルを設計しています。問題意識として、オフィスビルが箱として建っていることで、単純な外観になりがちだったり、内部空間なども高さを感じなかったりするため、塔を参照してオフィスビルを建てました。建築的手法としては、オフィスビルに必ずあるコアを解体し、配管スペース、エレベーター、階段を自由に配置しました。さらに、エレベーターシステムを考え直し、階段を使った移動により内部の垂直性を感じるような空間をつくっています。螺旋階段が自由に巻きついたり、配管スペースも斜めに走っていたり、プランを自由にしながら、上下左右、平面的、立体的なつながりが感じられるなかで働ける空間を提案しています。

二俣　これを細くした意味は何ですか？

渡邊　参照したのが塔であることから、従来のオフィスビルとは異なった形として、都市に対してランドマーク的にも関わっていきたいことから特徴的な形を目指しました。さらに、幾何学的な三角形の形状となっているのは、敷地の特徴が角地であるためです。角地はいろいろな方向から見られる敷地であるため、いろいろな方向から見た際に多様な表情に見えるよう、こういう形状にしています。

二俣　象徴性を持たせるということですね？

渡邊　そうです。象徴性と、さらに内部の連続性を持たせています。タイトルも「オフィスビルの解体と象徴化」としているので、象徴性を持たせたいです。

二俣　オフィスビルの象徴化が何故必要だと思ったのですか？

渡邊　貸しビルとしての形を考えているのですが、貸しビルは自社ビルなどよりも普遍的な形になりがちで、単調な景観をつくり出してしまいかねない。そのなかで、こういう象徴的なオフィスビルがあることにより景観に変化を生むと考えています。

二俣　一方で、貸しビルであることから面積を失う可能性があります。その効率が難しくなる気もしますが？

渡邊　それは本プランでも大きな課題の1つになります。経済性を重視するために床面積は減っていますが、経済性を度外視しても、こういう形の動線空間がたくさんあるようなオフィス空間があると良いのではないかと考えています。

二俣　面積だけでなく、それを超える魅力の

ようなものが備わればいいのではないかということですね。

渡邊　そうです。

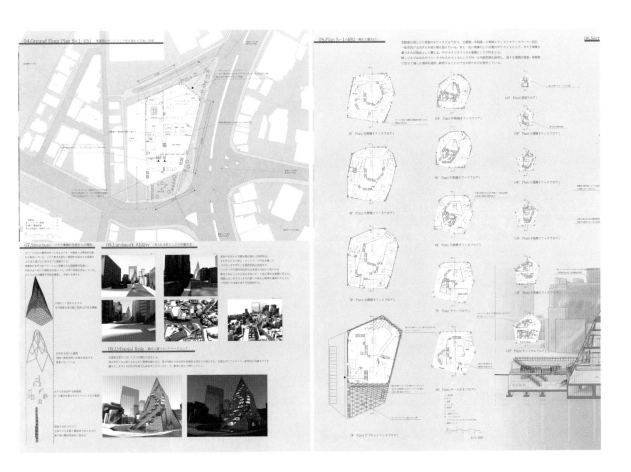

神居、堰里に灯る
産業遺産が繋ぐアイヌ文化伝承の風景

アイヌ文化は目的や手段を変化させながら受け継がれてきた。極寒の大地に適応するための知恵を歌や踊りにこめて。本提案の敷地である二風谷ダムはアイヌと自然を分断し、権利闘争の舞台となったアイヌ民族にとって負の遺産である。私はこのダムの上にアイヌが暮らし、文化を遺していく伝承施設を提案する。ダムを自然環境と捉えて適応し、負の歴史の象徴であったダムに刻み込まれていく伝承の軌跡が風景となって立ち現れる。

ID38

小瀬木 駿
法政大学デザイン工学部
建築学科B4

A1. Illustrator、Photoshop、Rhinoceros　2. 4万円程度　3. 3〜4ヶ月　4. 小堀哲夫　5. ゴールデンカムイ　6. 手塚貴晴賞　7. 内部進学

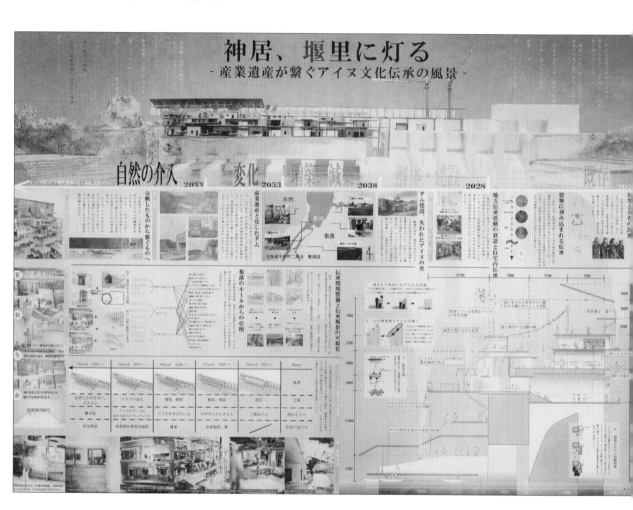

小瀬木　北海道の二風谷ダムという場所に、アイヌの伝承施設を設計しました。このダムは集落と自然を分断した、アイヌにとって負の遺産となっているうえ、現在はほぼ使われていない産業遺産になっています。ここでアイヌの人たちの活動が行われ、それが伝承の風景となって現れることで、負の遺産から伝承の軌跡の風景へ変えることができないかと思って設計しました。アイヌの人は極寒の大地を生きてきましたが、いろいろな文化を築いてきた根底には、強さのようなものがありました。その意味で、伝承を繰り返していくには、その強さを継承するためにダムを自然と捉えて活動してい

くことで、本当の継承になると考えました。

島田　このダムがアイヌの土地を分断していたのですか？

小瀬木　そうです。これは1/50の模型ですが、こちら側に集落があり、今もアイヌの人が住んでいます。アイヌの人たちが川を行き来しながら生活していた場所で、このあたりまで集落でしたが、その半分くらいがダムで埋まってしまい、ここを行き来できなくなり、アイヌの権利の問題で裁判なども起きた場所です。ここに暮らしている人たちにとって、ダムは気まずいもの、なんとなく触れてはいけないものになっているけれど、その場所が今度はアイヌと自然をつなぎ直すという提案です。

島田　この形態は何から生まれているので

すか？

小瀬木　元々、ダムの躯体の形がこういう形状で、これを躯体だけにして上にスラブがあり、アイヌの人たちの場所が必要となったら伸びていくことで、この形態が——。

島田　地勢など、伝統的な形態からではなく？

小瀬木　地勢の形の部分は風除室のようなものになっており、アイヌの知恵として、自然から取り入れた断熱材のようなものを、夏に編んで冬に使うことも考えており、それらが形となって、風景となって表れるように設計しました。

「備忘録的建築」
記憶の蓄積装置

計画する場所は、消滅が見据えられている限界集落の1つであり、縮小しながらも残り続ける3集落の中心点となる場所である。この集落の人々は、観光地としての活性化や移住者促進を望んでいないことから、これは「集落看取り計画」である。3集落の住民の思い出の風景や住宅の思い出の部材や品々が記録された「エンディングノート」を元に、それらを材料として消滅へ向かう集落のメモリアル建築を構築していく。

ID39

谷口 愛理
広島工業大学環境学部
建築デザイン学科B4

A1. Illustrator、Photoshop、InDesign、Archicad、Lumion、Procreate　2.5万円程度　3.11～12ヶ月　4.ゴードン・マッタ＝クラーク、アレハンドロ・アラヴェナ　5.共生の思想、仕事をつくる 私の履歴書、ひとはなぜ服を着るのか、THE REM KOOLHAAS FILM、世界の村と街　6.最優秀賞　7.京都工芸繊維大学大学院に進学

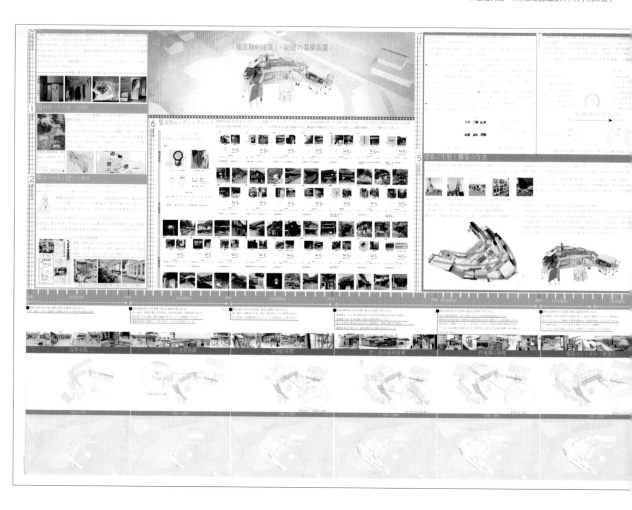

Poster Session

谷口　私は、この卒業設計でメモリアルかつ歴史空間となる建築を設計しました。敷地は、福岡県の消滅が懸念されている約100人程度が住む農村集落で、ここでは2021年から住人を対象に「へばる未来企画」という活動が行われ、活性化を望まず、消滅の未来と向き合う努力をしています。この活動の一環として2030年の集落看取り計画を提案します。計画の中で、各家庭の思い出の品や、空き家となった時期などをエンディングシートとして記録しながら調査を行いました。本提案では、象徴的だった祭り「ほんげんぎょう」を復活させ、櫓を取り囲んで段々の客席をつくるように、各家庭から断片的に集めた部材から儀式空間を構築します。この建築は、約2100年までの長期スパンの増築を想定しており、フェーズ6までの設計を行い、完成までのプロセスと集落の消滅の時が一致する計画です。フェーズ1からフェーズ6にかけて、一時的にまちなかに賑わいが咲いた後は、残されていく20人程度の住人の集会所として、小さな拠点になっていきます。

二俣　そのまちから出てくる廃材や建築材を使っていくということですか？

谷口　そうです。

二俣　時間を掛けて、これができているのですか？

谷口　そうです。

二俣　出来上がった時には、集落に人がほとんど住んでいない状態になるかもしれないことも想定しているのですか？

谷口　そうです。

二俣　儀式を使うのですか？

谷口　そうです。もともとあった「ほんげんぎょう」という地域のシンボルだった祭りで、この櫓を焼いていました。

二俣　このテーマに興味を持ったのは、何がきっかけでしたか？

谷口　元々、祖父母や家族などがここに住んでいたことから、自ずと……。

二俣　どちらかというと、こちらのシステムを考えているということですか？

谷口　そうです。

二俣　ここは、実際にある場所ですか？

谷口　実際にある場所です。

二俣　そのまま残して、どうするのですか？

谷口　そのまま全体を残すのではなく、コンクリートなどを受ける基礎の部分が客席となり、20人程度しか残らない集落に対し、コンクリートが腐敗する過程も計算しています。小さな場所でも、コンクリートなどを打つと後々また建築を新しく建てたりするため、小さな場所でも残していきたいと考えています。

二俣　既存のコンクリートの基礎やこのレベル差など、このあたりのベースを利用しているということですか？

谷口　そうです。

渋谷的記憶想器
経験の再編が作り出す都市の動き

ID40

浅日 栄輝
法政大学デザイン工学部
建築学科B4

A1. Illustrator、Photoshop、Rhinoceros　2. 5
万円程度　3. 2〜3ヶ月　4. 長谷川逸子　5. 記
憶に残る場所　6. なし　7. 進学

リサーチから人は無意識に空間を抽象化していることを見出した。SNSの発展により一枚の写真で物語られる現代において、都市は断片化が進んでいると感じた。記憶の要素と断片的な都市の場所を合わせることで記憶に残る場を生み出すことを考える。渋谷らしさを現在的に動きを持つものと解釈し、渋谷で都市的に表現する。これは渋谷の文脈の再読行為であり、都市の文脈を再認識させる場になるだろう。

Poster Session

浅日 記憶に残る場所をテーマに渋谷の動きを都市的に表現することで、忘れられつつある都市の文脈を再認識する場を、桜丘町、ヒカリエデッキ、渋谷109の前に3つ設計しました。まず設計にあたって、記憶に残る場所とは一体何なのか、200人くらいにアンケートを取りました。そこから、どういった空間体験が記憶に残るかを分類していきました。とある書籍に則って分類した後、図の赤文字の言葉が、以前の言葉では説明できなかった建築技術によって生まれた空間要素になっています。その中にある「表される躯体」を用いて、渋谷の桜丘町という再開発の最終段階のフェーズの場所に物見櫓を設計しました。この櫓は元々、中低層の敷地で解体して出てくる廃材を転用したもので、再開発で壊されると同時にこの櫓が立ち上がり、再開発が立ち上がると、この櫓がまた壊されていくことを計画しています。

山田 実際は櫓だけでなく、いろいろなものをつくるプロジェクトなのですか?

浅日 他に2つあります。

山田 ここにたくさん描いてあるものは何ですか?

浅日 これが記憶に残りやすい要素になっており、これを上手く引用しながら渋谷の敷地に対して空間を設計していくことになっています。

山田 たとえば、櫓は桜丘町らしいという話ではないですよね?

浅日 そういう話ではなく、桜丘町にある中低層は桜丘町らしいもので、その解体で出てくる建材を転用していくのと、渋谷らしい再開発の最後の段階の場所に、その再開発を見る櫓を建てました。

山田 それを記憶に残したいということですね。

浅日 そうです。建材の記憶と、再開発という今後建てていくための記憶、その2つの軸で残していきます。

山田 他はどうですか?

浅日 ヒカリエデッキという場所は、ヒカリエと宮益坂の間にあり、そこにある記憶が渋谷の谷地の地形であるのに、将来、ヒカリエデッキは道玄坂とつながり、谷に蓋をしてしまう。それに対して、その敷地に銀座線のホームがあり、あれがさささていく敷地なのです。そこで、地下鉄の換気塔を設けてビルとビルの間にネットを巡らせていき、地下鉄が動くリズムによって地上のネットが揺れ動き、さまざまな人の居場所になっていく。将来、谷に蓋をしても、そこに確かに地下鉄が走っていて元々ここは谷だったということを想起させていくような記憶になります。

山田 刹那的な感じなんですかね。

日田水景

街と水際空間を架け渡す建築

敷地である大分県日田市は日田杉を下流域へと流す「木流し」、三隈川に生息する鮎を獲る「鵜飼」や「簗漁」など豊かな水資源と森林業を中心に形成されてきたが、ダムの治水や護岸の建設によりかつてのような水と街との関係性が希薄化しているのが現状である。そこでまちのスケールに呼応した木造と水際空間のスケールに呼応したRC造の2つの架構を活用し、日田の水際で育まれてきた文化・観光・産業・生業とまちと人の関係性を取り戻していく。

ID41

中川 蓮也
福岡大学工学部
建築学科B4

A1. Illustrator、Archicad 2. 6万円程度 3. 2～3ヶ月 4. 長谷川豪 5. 考えること、建築すること、生きること 6. 佳作 7. 大学院進学

Poster Session

中川　近年の日本の水際状況を見てみると、高層建築が川に背を向けるなど、豊かな水辺空間の遮断が至るところで見られます。敷地である大分県日田市でも、豊かな水辺文化があるにも関わらず、そのような状況が見られます。そこで、木組みの架構とRCの架構を用いることで、自らの系統の違いから文化を包括した建築を提案しています。機能として、全体としては資料館になっていき、単に文化をつなげるだけでなく、架構という抜け感を用いることで視覚的にもつなげていくことを意識しました。

百田　日田は内陸の都市ですよね。内陸で広い川だから、川がさまざまな役割を担っていたのですね。生業としては、製材業は残っているのですか?

中川　残っていますが、山のほうにあり、この場所にはなくなっています。

百田　川は昔の流通の拠点ですからね。

中川　そこを拠点とする建築のあり方を考えました。

百田　製材所には、乾燥室などもあるのですか?

中川　はい、水際を通して生まれた文化を一連して経験できる場を考えました。

百田　すごくしっかり計画されているし、卒業設計として力作だと思います。ただ、箱物の感じが強く、私たち以降の世代ならもっと別のものがあるのではないかという思いが正直あり、少し大きな視野で見ると、木がどこから来るのかという問題と、その木をどこに使うのかという問題があります。その全体を感じさせるような建築のつくり方もあると思うし、それが私たち以降の建築ではないかと思うので、そこまで踏み出して考えても良かったと思います。

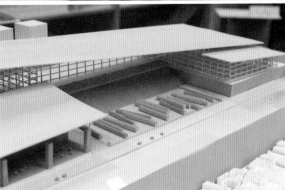

新東京中華街構想
ステレオタイプを再考する建築群の実験的提案

池袋チャイナタウンに「ステレオタイプ」を手掛かりに設計した建築を点在させる計画。まちに必要な公共的な建築だが、群としてステレオタイプについて再考する体験型ミュージアムとなり、「国籍の異なる人が、友人や恋人など、自分にとって身近な存在になった途端、見え方が変わってくる」、そんな自分の気づきを建築化した提案である。一度チャイナタウンを例に、ステレオタイプに対する見え方を変えることで、無自覚な現状に一石を投じる。

ID42

鷺森 拓夢
明治大学理工学部
建築学科B4

A1. Illustrator、Photoshop、Rhinoceros、Enscape 2. 7万円程度 3. 2〜3ヶ月 4. 丹下健三 5. 色の辞典 6. 山田紗子賞、佳作 7. 明治大学大学院に進学

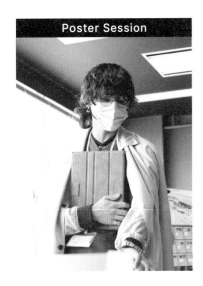

鷺森　池袋チャイナタウンに、ステレオタイプを手がかりに設計した建築を点在させる計画です。まちに必要な公共的な建築ですが、ステレオタイプについて再考する体験型ミュージアムとなります。たとえば国籍の異なる人が友人や恋人など、自分にとって身近な存在になった途端、見え方が変わってくる。そのような自分の気付きを建築化した提案です。チャイナタウンを例にステレオタイプに対する見え方を変えることで、この無自覚な現状に一石を投じたいと思いました。本場の中国と異なり、誇張された街並みであるチャイナタウンを、ステレオタイプがまちに表出したフィールドとして捉えました。手前から、ステレオタイプの本質を表すキャラクター、立体にしたオブジェクト、機能を加えて空間に昇華させた建築です。ニセの中国らしさというか違和感を効率的に演出できるよう、この色を付加しました。

島田　この上下にあるのはAIですか？

鷺森　AIです。

島田　これがこれになるのはわかるけれど、こちらの要素はどこにいったのですか？　上に広がっていくこの模型のモデルのようなやつについて、重なりのようなものがコンセプトにはあるけれど、こちらにはないようですが何故でしょうか？

鷺森　正直そこまで考えていませんでした。これを100％使うのではなく、あくまでコンセプト模型のつもりでした。

島田　これとこれの関係性はどうなっているのですか？

鷺森　模型が少し見えづらいので図面を見てください。ステレオタイプ、つまり物事の一面しか見えていないようなことを断面的に攫っていくとか、柳だけれど壁の振り方を華々しくすることで見える面を絞るとか、ギャラリーではあるけれど動線が一本しかないため、このように情報的なルールのようなものを表現しています。

島田　たとえばこのあたりは、中華的ステレオタイプの立体物としてステレオタイプを利用しているのでしょうか？

鷺森　そうではありません。

島田　ステレオタイプという概念を説明しているのですか？

鷺森　上は概念の形化で、下はチャナイタウンです。

島田　では、これはステレオタイプの何を変容させるのですか？

鷺森　イメージが固定されたようなものを、コンセプト模型で表しています。ここからは概念の形化で、それを元にステレオタイプ建築としてチャイナタウンを踏まえながら、中国らしいステレオタイプ建築をつくり、そこから皆さんにもステレオタイプについて考え直すきっかけになったらいいと思っています。

Post-Slum City

20XXの新型スラムの建築インフラによる新たな都市形態の提案

ID43

佐田野 透
慶應義塾大学理工学部
システムデザイン工学科B4

近い将来、湾岸埋立地に乱立したマンション群は人口減少によってスラムを形成するだろう。本計画ではこの新型スラムをクリアランスするのではなく、可逆的な都市形態として捉え保存・発展させていくために、地中に埋設されたライフラインを地上に空間として顕在化させ、新型スラムの維持発展を描く。新型スラムに張り巡らされたインフラ建築は文化や産業の発展の基盤となり、持続可能で冗長性をもった新たな都市形態へと昇華させる。

A1. Illustrator、Photoshop、InDesign、Rhinoceros、Twinmotion、SketchUp 2. 5万円程度 3. 5〜6ヶ月 4. OMA、ピーター・ズントー、丹下健三 5. Delirious New York 6. なし 7. 大学院進学

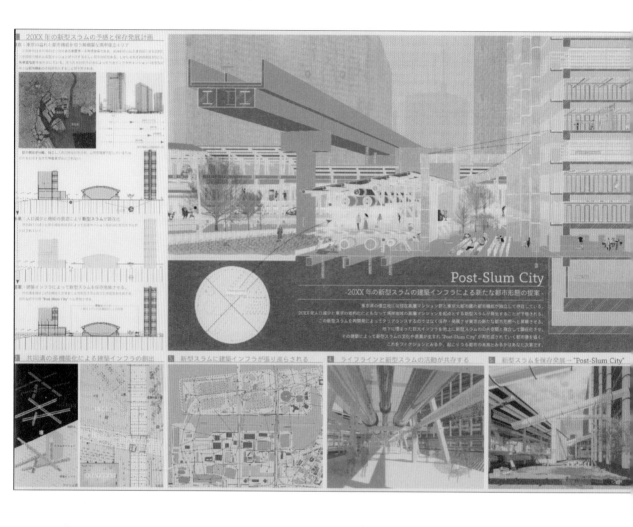

Poster Session

佐田野　敷地は、東京湾の埋立地で、人口減少が進んでいる今でもマンションが建ち並んでいる地域です。将来的には人口減少により、そういうマンションがゴーストマンション化し、最終的にスラムマンションになるという仮定を立てました。スラムマンションにより地域もスラムシティになるため、今までのような再開発でクリアランスするのではなく、建築によって保存・発展させ、スラムが一種の都市形態として消化できるように建築を創出しました。建築操作としては、地下に埋まっているライフラインの上下水道などが入っている共同溝を地上に掘り上げることで更新が可能になり、かつ点検が日常的に行えるようになるメリットがあり、都市機能が点在している場所に公共空間を新たに出すことで、スラムシティが新たな発展していくように建築を考えました。

山田　今はたくさん建てられているけれど、人が少なくなりスラム化するのが大前提なんですよね？　スラムだからダメということではなく、少なくなった人間のためにどうするか……何を目標にしていたのでしょうか？

佐田野　人が少なくなりゴーストマンション化した時に、このマンションの価値が下がって安くなり、海外からのいろいろな流入が考えられ、以前ほどではないけれど、ある程度の人口がマンションに住み着いてしまった際に、立ち退きさせるのではなく、新たに建築をつくってまち自体が活性化するように考えています。

山田　多文化・多民族地域のようなことをイメージしているのですか？

佐田野　そうなり得ることも考えています。

山田　それで、何故こういうものが出てくるのですか？

佐田野　この建築の最初の目的は、地下から掘り上げた上下水道などを支えるものでしたが、それだけでなく、内部や囲まれた場所で、水田やバスケコートなどのような都市のプログラム的なものが入っていけるようにして、経済的発展や文化的発展が起こるように考えています。

山田　このような場所で、そういう高密度なことが起こるのですか？

佐田野　そう思っています。

山田　なるほど。その時は一度人口が減少してから急に増えるというイメージですか？

佐田野　そうです。ただ、全体的には前よりは下がっています。

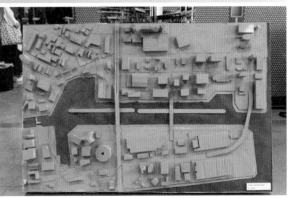

積 博物館の解法

現在、博物館は展示物の固有性から地域性の象徴としての期待が高まっている。しかし貴重な資料を守るため分厚い壁で覆われた博物館は、その重厚さから人々を遠ざける。本提案では博物館における視線の抜けに着目し、重たい壁で覆われた空間からの逸脱を図る。内外を視線でつなぐことで興味を引き人々を呼び込むとともに、内部から周囲への視線も誘導する。博物館が観光の接点として地域の歴史や周辺の環境にも注目する施設へと生まれ変わる。

ID44

岩佐 一輝
佐賀大学理工学部理工学科
建築環境デザインコースB4

A1. Illustrator、Photoshop、Rhinoceros、Vectorworks　2.3万円程度　3.5〜6ヶ月　4.堀内功太郎　5.市民のなかの博物館　6.なし　7.武者修行

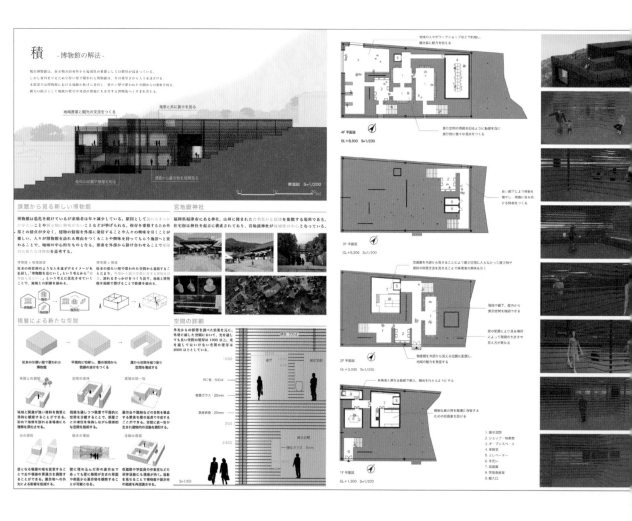

岩佐　博物館が地域固有の展示物として、地域性の象徴として扱われているのに着目しました。ただ、従来の博物館は展示物を守るために分厚い壁で遮っており、とても圧迫感を感じるため、板を連続させ、積層させて空間をつくることにより、光を遮断しつつ視線を通していく建築をつくることにしました。廊下と展示空間の間の視線が抜けることから、いろいろな空間の調和や展示物への視線の増加が生まれ、博物館には積層という要素が適しているのではないかと考えました。空間としては、坂に合わせたボリュームに対し、ボイドを抜くことによって空間をつくっています。

二俣　実際は、ツルツルではないということですよね?

岩佐　そうですね。ガラスが入ったり黒い壁で覆ったりすることで、見えたり見えなかったりと、視線の変化をつくることを考えました。

二俣　見えるべきではない時もあるし、見えても良い時があるでしょう。あとは設備的なこととして、ものの保管という意味でもいろいろあると思います。この平たいものは金物ですか?

岩佐　金属板を使っています。薄くて構造が強いものを用意するために鉄板にしています。

二俣　平たい物、水平方向のものは、垂直方向にたわみがちなので、それを受けるにあたり、もう1つプラスの要素を考えないといけない気がします。でも、この視線の抜けや空間の抜けのようなことを重要視しているんですよね?

岩佐　そうです。

二俣　つまり、本当は開かないといけないものだけれど、閉じ過ぎているのではないかということですよね?

岩佐　はい。もっと開いたら、地域的にも展示物的にも人がたくさん通るようになります。ただただ保存するだけよりも、いろいろな人に見てもらったほうが良いと思っています。

二俣　外にこれを開いていくことと、ルーバー状のもので透過性があって光が入ってくること、それらが厳密に関係し合うには、もう少し何かが必要ではないかと思います。でも、構成自体は面白い。模型が歪んでいるのが面白い(笑)。逆にそれくらいのほうが面白い建築かもしれないです。

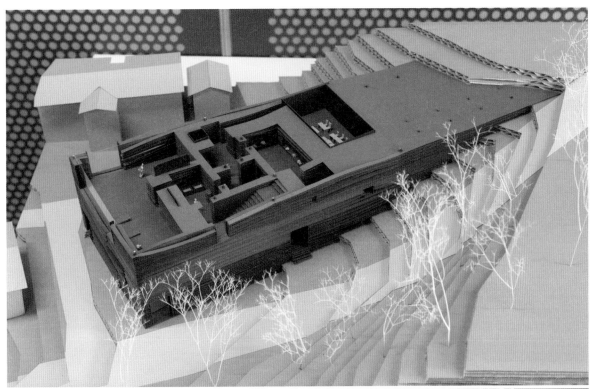

『圏外建築』
監視権力からの解放

我々の生活に急激に根付いたデジタル社会に幸せな未来は待っているのだろうか。情報発展が故に現代社会は我々を情報管理する方向に移り変わっている。監視色が強まっている社会において監視権力から解放できる場をつくり出す。設計コンセプトは電波を反射し圏外空間を生み出す。急激に発展する情報社会において建築のあり方、価値とはなにか。建築はいつの時代も人間のよりどころをつくってきた。この建築は見えない権力から解放できる場をつくるとともに徐々に姿を現す権力と見る見られるの関係を築き情報社会と向き合ってゆく。

ID45

梅澤 秀太
日本大学理工学部
海洋建築工学科B4

A1. Illustrator、Photoshop、Rhinoceros、Lumion 2. 15万円程度 3. 2〜3ヶ月 4. なし 5. 監視資本主義 6. 海洋建築賞、レモン展出展 7. 大学院進学

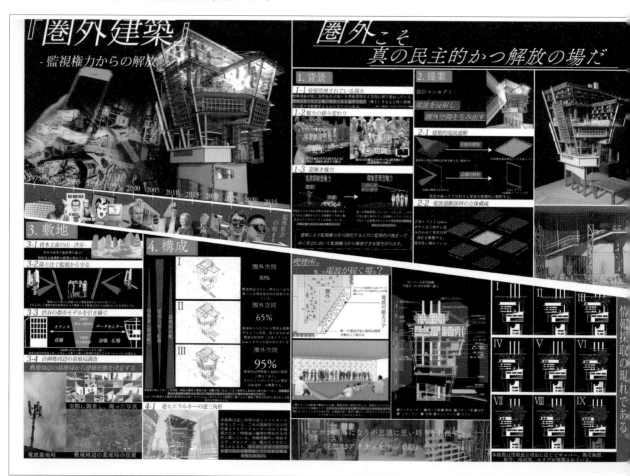

Poster Session

梅澤　情報技術SNSの爆発的な発展により、世界は超監視社会になりつつあります。監視力が強まっていく社会において、監視社会から解放できる居場所をつくり出します。設計コンセプトは、電波を反射し、圏外空間を生み出します。電波が反射したり、弱まったりする現象を建築的に解釈します。敷地は、渋谷スクランブル交差点周辺です。敷地周辺の電波の基地局から建築の形態を決定します。実際に、敷地調査に行って電波の基地局の位置関係を調査しました。波長や電波の届く距離、電波の基地局の数などの関係からさまざまな用途が徐々に圏外になっていきます。反射部材は、透視に優れており、囲まれても解放的な空間が広がり、デジタルの忙しい都市と異なり、都心の本質的な空間になります。

前田　基地局があって、それからこの造形ができているということですよね？

梅澤　そうですね。

前田　どのようにつくり出しているのかと、この施設は何でしょうか？

梅澤　上層部がデータセンターになっています。ここの場所だけがいわばデジタルから開放されるかなと思って、ある種、上層部がデータセンターという権力的、民主的なものを、逆三角形的な従来のヒエラルキーと反転させたピラミッドのような統計にして皮肉的に描いています。唯一ここが電波の届く場所になります。

前田　ここは届かないということですか？

梅澤　そうです。

前田　要するに、デジタルデトックス的なことですよね？

梅澤　そうです。

前田　でも、人はいないのですよね？

梅澤　人は入ります。

前田　ここにはいるのですか？

梅澤　データセンターにはいないです。ここは電波が届くので、携帯を触っている人がたくさんいます。それを見せることで、デジタルの怖さ、デジタル社会の規律を、入ってきた人に植え付けるという意図もあります。

前田　逆ヒエラルキーというのは、どういう意味ですか？上が何になるのですか？

梅澤　今の渋谷という都市では、下が店舗で上が基本的なオフィスが連なっています。それに対して、取って代わるように情報資本としてそれを管理するデータセンターが現れ――。

前田　ここで何を感じて欲しいのですか？

梅澤　エピローグとしては、渋谷にいる人は携帯に依存しているので、すぐ携帯に触ろうとするけれど、ここでは圏外で使えない。つまり、デジタルに依存している人ほど、それを何回もやって自らの罪悪感になることで、これからのデジタル社会との向き合い方が変わっていくのではないかという作品です。

前田　では、ここにはデジタルは入らないということですか？

梅澤　そうです。

生木の風化と循環を体感する
原始の思考と現代の技術で再生する人工林

日本人は、森林環境の負担となる生活を改めるべきだ。「切株の建築基礎としての活用」という構造の研究を生かして、山とスギの良い環境を保ちながら、人間が生木の風化と循環を体感できる道と小屋を設計した。人優位な従来の建築ではなく、地球の自然環境を守ることに重きを置き、人と自然の優位のバランスを捉え直す、新しい建築の在り方を提案する。

ID47

平原 朱莉
日本女子大学家政学部
住居学科B4

A1. Illustrator、Archicad　2.5万円程度　3.10
～11ヶ月　4. 藤森照信　5. ツリーハウスをつくる愉しみ、スギと広葉樹の混交林 蘇る生態系サービス　6. 林雅子賞 安部良選定委員特別賞・JS「住まい・団地・まちづくり論文・制作賞」産学連携賞　7. 大学院進学

生木の風化と循環を体感する　－原始の思考と現代の技術で再生する人工林－

社会課題：人工林

解決に必要なもの：切株を建築基礎として用いる

Concept

【従来の自然的な建築】
建築（人の生活を守るもの）と人が「依存」の関係

【提案する建築】
建築（森林を可視化したもの）と人が「自立」の関係
ex) 道・小屋

Site
埼玉県西武秩父駅付近のスギの人工林 20ha

構造論文

① 地盤調査

② 押込み試験［鉛直方向］

③ 水平載荷試験［水平方向］

構造の数値比較の結果、「切株を建築基礎に活用できる」と判明した。

Poster Session

平原　針葉樹の人工林と都市との分断が進んでいます。土砂災害の問題から人間の関与が必要になります。本計画において、杉の切株は建築基礎としての強度があるという構造の論文を生かし、森林の可視化につながる建築を2つつくりました。まずは、放置林を伐採して、人工林を循環させる設計です。切り株に遊歩道を設けることで人工林を散歩するという楽しみ方が増え、上部は住宅地に表出させることで人が林に興味を持てるように試みました。同時に、これらの広葉樹を植えていくことで、生物多様性に良い混合林ができていきま

す。次に切り株が支える小さな小屋の設計です。切り株が復旧したら、床から上の小屋を動かして新しい切り株に移動し、森林を切り開いていきます。このように、森に埋もれるような体験を通して森林の滞在性を向上します。以上、人優位な従来の建築ではなく、地球の自然環境を守ることに重きを置き、人と自然の優位のバランスを捉え直す新しい建築のあり方を提案します。

百田　着眼点は面白いです。そこから構想をどう膨らませていくかが、建築の設計として重要なところかもしれない。建築の基礎を人工でつくらないといけないと思っていたけれど、実は切り株そのものを使っていいとすると、新し

い形の循環ができますね。30年や40年かけて建築をつくっていくと考えた時に、新しい木をどう植えるのかが基礎計画ということですよね？

平原　そうですね。

百田　だから、その全体像が設計されていると面白いのではないかと思います。

平原　このフェーズごとに列で伐採していくことで、ここは見える切り株が2、3列ですが、こちらは4、5列と、人が風化を体感できるようにしています。道の設計では、1周まわるのに1kmくらいの遊歩道になっていますが、見え方や幅が変わってきます。

百田　設計は可能性を広げていくものだから、アイデアとしては面白いと思います。

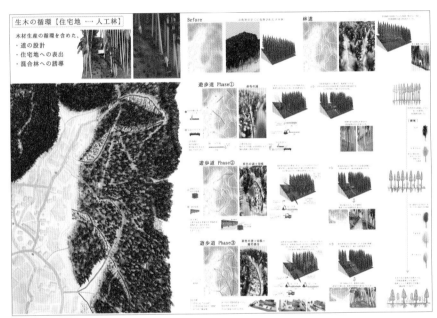

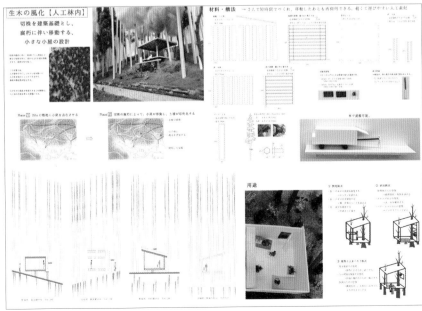

併遷の行方

大江宏・乃木会館における建て継ぎ型保存拡張

今なお残る街区建築の"これから"を考える。乃木会館(1968年、大江宏)の隣地高層オフィスビルをSOHO付住宅に建て替え、平日使われていない披露宴会場をワークプレイスや生活の場として転用する。隣合う建築が既存ストックの使いこなしを促し空間の稼働時間を最大化することで、床面積を低減しながら稼働率を維持向上する。新旧の機能をつなぐファサード部は既存建築の意匠的エッセンスを抽出し、構成や素材の継承と更新が街並みを再編していく。

ID 48

松本 真哉
法政大学デザイン工学部
建築学科B4

A1. Illustrator、Photoshop、InDesign、AutoCAD 2. 6万円程度 3. 2〜3ヶ月 4. Diener & Diener Architekten 5. 時がつくる建築 リノベーションの西洋建築史 6. なし 7. 法政大学大学院に進学

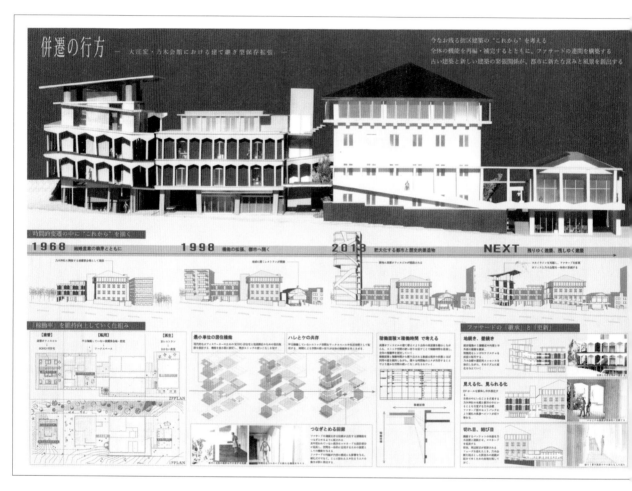

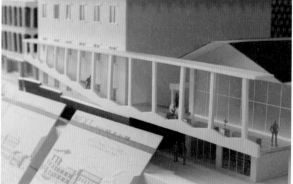

Poster Session

松本　SOHO住宅になります。1968年に大江宏先生が設計された、披露宴会場である乃木会館を後世に残していくために、空間の使い尽くしと、街並みの連続を促していく新しい建築を設計しました。この2棟が既存の乃木会館になり、披露宴会場という平日使われてない会場であったり控室であったり、あとは今閉業しているバンケットホールのレストランなどを、住民のためのワークプレイスやダイニングとして転用します。現在は13階建てのオフィスビルがここに建っていますが、床面積を減らしつつ、スカイラインを新しく再編しながら、一つひとつの空間の稼働時間を減らしていくことで、全体の稼働率が維持向上していくという仕組みを

ファサードの設計とともに行いました。

島田　要するに、追加したものは、このファサードになるのですか？

松本　そうです。基本的にここは新築の低層にしており、あとはブラックボックス化されているエレベーターホールなどを可視化し、居住者の動きを「見える化」「見られる化」する操作を加えています。

島田　この意匠は、どこから発生しているのですか？

松本　これがオリジナルの設計です。

島田　これは既存ですか？

松本　これは既存です。

島田　これが逆転してここに？

松本　そうです。

島田　それを参照してここにもう1棟建てたい

という話になっているんですかね。用途はそれほど変わりませんか？

松本　既存には今オフィスビルが建っていますが、経済的な活動と文化的な婚礼の儀式は全く別の建物であり、しかも、高層でこのあたりの文脈を分断する要素になっていることを問題視しています。ここには住宅機能が主に入っており、ワークスペースはこちらに点在させていきます。

島田　これだけ、連結が少し強いですね、屋根が強いのかな。この絵とこちらのほうが存在を主張している、でもこれこそが設計したものですよね？

松本　そうです。

新興住宅地にセルフビルドを促す触媒

近年、大手ハウスメーカーによる大量生産の商品化住宅が増えている。家族のかたちや生活スタイルは違うのに、家は同じでいいのか。生活はハコの中に抑制され、制限されてはいないか。現代ではそれが当たり前になっており、それにすら気付いていない。本設計では、敷地に挿入する2種類のフレームとそれに取り付けるパーツを「触媒」とし、過度に機能分化した住宅を極限まで解体し、建築を内部の環境から発生させることはできないか考えた。

ID50

岸川 みずき
崇城大学工学部
建築学科B4

A1. Illustrator、Photoshop、AutoCAD、SketchUp 2. 3万円程度 3. 7〜8ヶ月 4. 石上純也、青木淳、内藤廣 5. FREEING ARCHITECTURE、原っぱと遊園地、ちいさな図版のまとまりから建築について考えたこと、「住宅」という考え方 6. なし 7. アトリエ系設計事務所

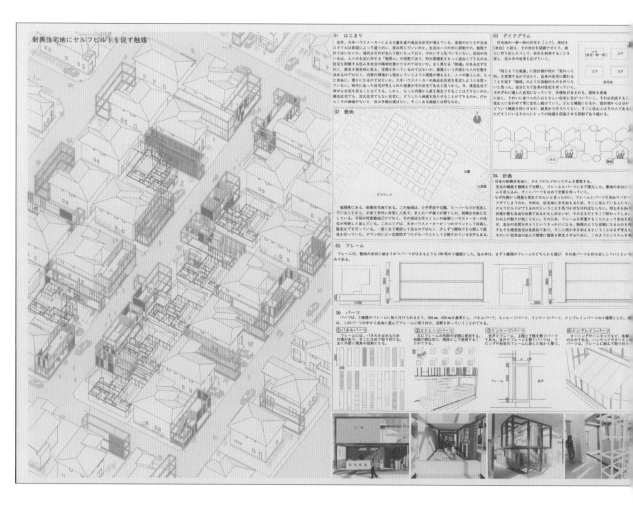

Poster Session

岸川　最近はまちでハウスメーカーによる新興住宅地をよく見るのですが、それを見た際に、建築という外部により、人の行動が押さえつけられているような感じがしたため、もっと内側の環境から建築が発生していくと、人々の暮らしはもっと豊かになるのではないかと思い、この設計を始めました。そこで、この同じような風景に、設計する側が何か変わった形を表現するのではなく、そこに住んでいる人が自分たちで建築を発生させることはできないか考えました。パーツとフレームを準備し、住んでいる人たちが自身の住宅に関わることを促す触媒のようなものをつくりたいと思い、住人たちにセルフビルドを促すようなシステムを考えました。それでこの住宅が完成していくのではなく──。

前田　分譲や建売などがある、画一的な住宅街に対して、自分なりの生活から個性を出せられないかという話ですよね。

岸川　そうです。

前田　システムにはどのようなものがあるのですか、自分たちのグリッドのモジュールなどは、どういう規則性なのですか？　ある種、同じように見えています。

岸川　そこは1番悩んだところです。今回は、既存の住宅地に自分たちのものを発生させるというか、0から1を発生させることに重きを置いたので、フレームが2つとパーツが4種類あり、そこから選んでいく形になっています。それで、なるべく行動を発生させるようなものをつくるとなった時に、やはりある程度こういうパターンがあるほうが──。

前田　その中から選ぶということですね。それは生活をどう豊かにするのですか？

岸川　たとえば1階に自分の店を開いたり、犬を遊ばせるスペースをつくったり、新興住宅地ではできないことができるといいなと思っています。あと、これで完成ではなく、家庭の環境や子どもの成長に合わせて変えていけるように、ずっと続いていくような住宅ができないか考えました。

前田　そこはどう考えたのですか？　基礎までつくっているので仮設ではないですよね。

岸川　フレームをつくるけれど、そのパーツなどで組み変えていきます。

前田　また増やす時は、基礎をつくらないといけないということですね。

岸川　パーツを置いていくような形です。

前田　でも、基礎はありますよね？

岸川　フレームは立ったままです。

前田　すでに規格があるわけですね、その規格の中で何か変えていくということですか？

岸川　はい。

木密市場再編

本提案では低層密集の市場を対象敷地に設定し、既存のアーケードと狭い路地が構成する薄暗い空間と、そこでの営みを文化的なまちの価値としてとらえ、これらを残していくための手法を考案した。老朽化したアーケードを撤去したのち、不燃建築の挿入により延焼を防止しつつ、新旧の混在する建築群がテラスで結ばれることにより、これまでアーケードが担ってきた営みの空間を再編し、その上部を住民らがテラスとして利用する新しい風景を提案するものである。

ID51

畠中 七音
近畿大学産業理工学部
建築・デザイン学科B4

A1. Illustrator、Photoshop、Archicad、Twinmotion　2. 1万円程度　3. 4〜5ヶ月　4. ルイス・カーン、内藤廣　5. 構造デザイン講義　6. なし　7. 大学院進学

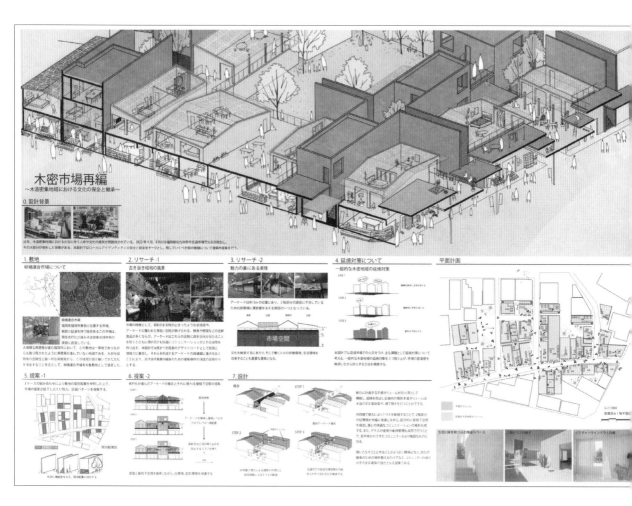

畠中　市場の再編計画です。密度が生み出す空間の保全とそこを住みこなす人々の生活環境を改善し、文化の継承につなげる提案です。敷地は、福岡県福岡市春吉に位置する柳橋連合市場。旦過市場と並び称されてきた歴史のある木密空間です。市場の魅力として、薄暗くて昭和を感じさせるような物と情報が溢れ出す風景と、それらが形成されるアーケード空間があります。アーケードにより、雨や直射日光を防ぐこともできますが、高さが2階の建具に干渉しており、住民の生活環境が犠牲になっていることがリサーチからわかりました。アーケードは老朽化が進んでおり、将来のための空間としてアーケードが欲しい住民と、危険を排除したい住民の対立が生まれています。提案としては、火災の延焼防止のための不燃建築物を新築で建てて、木造ボリュームを区画します。老朽化したアーケードは撤去し、既存の木造建築と新築の木造建築からスラブを伸ばすことにより、そのスラブ上で生活し、生活環境を改善しつつ、副次的に屋根の下の空間を構成することで、市場としての機能を維持して文化の保存と継承につなげます。

二俣　グレーのところは新築ですか?

畠中　そうです。

二俣　新たにつくるところをこうすることで、両者が共存できる場所になるという──。

畠中　一帯としてシェアするように、全員が参加するような区画の範囲になればいいと考えています。下からも生活環境が垣間見えるので、結果的に一般の人も住民も、全員がこの木密地域を意識するきっかけになればと思い、スラブの操作を行いました。

二俣　これは実際の敷地ですか?

畠中　はい。

二俣　アーケードは、どこにあるのですか?

畠中　アーケードは歩道の上に元々架かっていたので、基本的に、スラブが塞がっているところが元々アーケードのあったところです。

二俣　アーケードの上も利用しているということですか?

畠中　アーケードの上も使っています。向かいの人と一緒に共同で建て替えを行うイメージです。

二俣　境界や越境など、行政といろいろな話を整理していかないといけませんね。

畠中　複雑です(笑)。

二俣　古い建物をフォローしてそのままでも良いようにするのは、考え方としてとても良いと思います。どうやって共生していくかは難しいし、法的な問題も相当ありそうだけれど、こういうことは必要かもしれませんね。

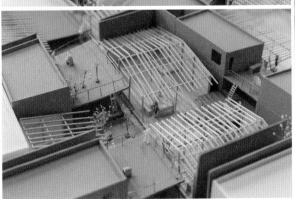

このウシを守ろうとしてみた…

和牛の聖地、小代。この地域では古くから人と牛は互いに助け合い、密接な関係を築いてきた。しかし、近年の人口減少や牛の餌代の高騰によって牛を育てる人材は減り続け、牛と人を取り巻く環境は大きく変わってしまった。この地域の牛と人が紡いできた大切な文化も、時代の流れとともにその姿を消そうとしている。本計画はこの地域独自の文化を守り、継承していくための、牛と人の新たな関わり方から見る暮らしの提案である。

ID52

辻村 友佑
大阪工業大学
ロボティクス&デザイン工学部
空間デザイン学科B4

A1. Illustrator、Photoshop、Rhinoceros 2. 6万円程度 3. 3〜4ヶ月 4. フランク・ロイド・ライト 5. 世界は「関係」でできている 6. なし 7. 大学院進学

Poster Session

辻村　敷地は兵庫県美方郡香美町。このまち は日本が誇る和牛ブランドの聖地であり、和牛 の故郷と呼ばれる場所です。牛たちと密接に 関わり合いながら暮らしてきたこのまちの文 化は、時代の流れとともに徐々に衰退へ進ん でいます。本計画では、日本で生まれた素晴ら しい文化である和牛との暮らしを、未来へ継承 していくための提案を行います。今回考えたの は、今までの畜産としての牛に加え、近年注目

されるエネルギー資源としての新たな側面を 構想に取り入れることで、牛との暮らしを都市 活動の中心とする、新たな人と牛の関わり方で す。グランドレベルでは、牛が心地良く暮らすた めの機能を中心に配置し、そこから上へいくに 従って、人の暮らしのためのものを整えました。 牛を育ててくれる人のための住居エリア、観光 の際のホテル、診療所、再生エネルギーを利用 した発電所、展望台や有事の際のヘリポート などを周囲の自然を取り込みながら配置して います。このまちで、継承される文化は形だけ のものではなく、人の営みとともに発展を続け ます。この地域の牛たちが愛されて、美しい文 化が続いていくことを願います。

島田　「ヘリポート1　自衛ヘリ用」とは何で すか？

辻村　災害があった時に、自衛隊などによる 食糧物資支給のための少し大きめのヘリポー トと、医療用のヘリポート（「ヘリポート2　医療 ヘリ用」）の2つに分けて配置しています。

島田　どうやって人が来るのかは考えていま すか？

辻村　ここが展望台の建物になっており、ここ と直結しています。

島田　展望台の上のものは何を表象している のですか、動物の頭に見えるので牛ですか？

辻村　牛の頭を表象しています。シンボリック な感じで展望台のようにしています。

島田　この構造は何ですか？

辻村　これは建築的に成立させているわけ ではなく、GLレベルの牛と人の共生のようなと ころから、どんどんどんどん文明的になっていく という、その生活の関係性をイメージした模型 になっています。このまま、これを建築として建 たせるような構想はしていません。

島田　構造がないのでゲームの場面に見えま す。もしかしてゲームが好きな訳ではないです か？

辻村　ゲームも好きなので、そういうものに なってしまったかもしれませんが、そういう意図 はありません。どちらかというと、こういう関係 性を持ったまちのイメージというか、そういった ものをデザインしようとしました。

島田　牛は最終的にどこで寝るのですか？

辻村　牛が寝たり餌を食べたりするのは、こ の牛舎になっています。

島田　外部ですよね。雨が降っても大丈夫な のですか？

辻村　中を見せようと思って屋根をつくってい ないだけです。

生きるの感測

地球と人類の共生とせめぎあいが織り成す、このまちの物語

今から約50年後の陸前高田を生きる1人の少女が、「東日本大震災を経験した祖母が語ったまちの長い過去と未来の歴史を、生きる時間の中で体現する物語」と「その体現空間」を設計した。本設計は、東日本大震災の発生から現在に至るまでの復興手法である土木や建築での解決ではなく、まちに住む人々が生活の中で無意識的に「想い」を継承することで、伝承館や津波石ではない方法で、地球の脅威と人類の共生とあらがいの関係を後世に継いでいく。

ID53

土江 祐歌
大塩 輝
嶋岡 諒眞
早稲田大学創造理工学部
建築学科B4

A1. Illustrator、Photoshop　2. 10万円程度
3. 2〜3ヶ月　4. 安藤忠雄　5. つなみ 被災地の
子どもたちの作文集　6. 学内講評会対象作品選
出　7. 大学院進学

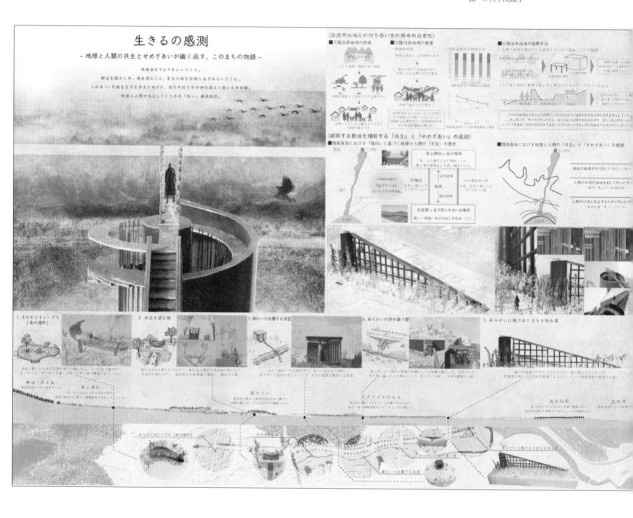

土江　これは、今から約50年後の陸前高田を生きる1人の少女が、東日本大地震を経験した祖母が語ったまちの長い歴史を、生きる時間の中で体現する物語と、その体現空間を設計しました。このまちで暮らす長い時間のなかで、5つの設計を巡り、地球と人類がせめぎ合ったまちの歴史や、堤防建設や嵩上げなど人工の争いによる違和感に少しずつ気付いていきます。自然と人が共生することで、高田松原、ハナミズキなどに託された、先人が残した想いに触れ、過去・現在・未来におけるしがらみが解かれていきます。本設計は東日本大地震の発生から今日に至るまでの設計手本である土木や建築のみでの解決ではなく、まちに住む人々が生活の中で無意識の中に思いを継承する観測所により、伝承館などではない方法で、地球の脅威と人類と共生の争いを後世に継いでいきます。

島田　全体図はありますか？

土江　プログラムとしては、観測所の設計をしています。津波の跡のようなものと海を平行のラインにしますが、まちの観測所として氷上神社という山側の神社と海をつないだ縦の長い敷地で、この2つが川と避難経路に挟まれているので、そのなかで1〜4の提案物に関しては、五感を使いながら観測の想いなど、まちの歴史や大地に秘められたものを観測します。ただ、4の塔に関しては被災地で亡くなられた人の霊が見えるなど、霊性の研究をしており、そういう第六感による「感じる」を含めた観測を考えています。

島田　これに動線が2つあるけれど、真っ直ぐ上がってきて下りていくイメージですか？

土江　まず、こちらの花畑は「想いの花畑」としており、そこを通って螺旋の暗い中で自分の想起するまちを思い出し、最後に1番高いとこ ろで堤防を超えて360度のまちに包まれた時に、過去と現在と未来のしがらみのようなものが解かれてまちの本当の姿を知ります。そしてこの長い階段でまちを見下ろすなかで、これからまた生きて行くまちの大地を踏みしめるというシークエンスで設計しました。

島田　堤防との間に距離があるのが少し気になります。もう少し近付けなかった理由はありますか？

土江　住民と観光客の動線により、ここに置くことで住民と観光客の意識を向けさせ、メインは住民の施設ではあるけれど、その恐怖に対するインスピレーションのようなものは外部の人も同様に感じられると思ったので、この県道沿いに設置しました。

食とため池

本作品は、ため池に着目し、人、生物、植物の3者が共存できる空間を提案している。ため池には、多種多様な生物が生息しているが、人がため池を手入れしなければ、水質が悪化し、生物が死んでしまう。しかしながら、近年ため池を手入れする人が減少し続けているため、野菜などの植物を育てることで、人の居場所、生物の居場所ができ、互いが同じ空間で生活することができる。

ID54

芝 輝斗
九州大学工学部
建築学科B4

A1. Illustrator、Photoshop、Rhinoceros、Lumion、Grasshopper　2.5万円程度　3.2〜3ヶ月　4.アルヴァロ・シザ　5.集落の教え　6.地域デザイン賞　7.大学院進学

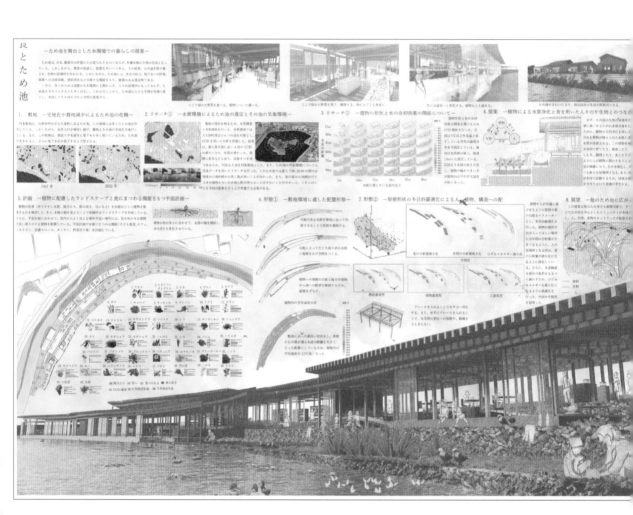

芝　人と生物が共存できるような空間をつくりたいと考えています。そこで、敷地として選んだのがため池です。ため池は人がきちんと管理しないと生物たちが死んでしまうことから、人を管理する場と人の居場所を設けることを設計しています。具体的には、ため池の水をきれいにすることで、人と生物が快適に過ごせるように考えています。それで、野菜などの植物を植えた水路に水を通すことで、植物の浄化作用を用いてため池の水をきれいにします。水をきれいにすることで、人々が快適に過ごせるし、生物も死なずに快適に過ごせます。ここに野菜を用いているので、ここでご飯を食べたり料理したりでき、そういう行為がため池の水をきれいにすることにつながり、ため池から出る臭気なども低減し、周辺にもいいことがありま

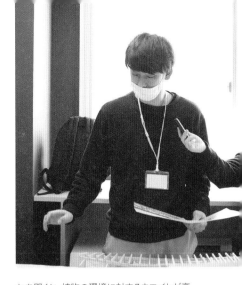

す。

山田　何が一番のポイントですか、この空間もしくはランドスケープの計画ですか？

芝　ランドスケープと建築のどちらもすることで、人と生物どちらの居場所も確保したいと考えています。

山田　元々、植物はそれほど生えていないのですか？

芝　生えていないです。コンクリートによって土がなくて、植物の場所はないです。

山田　今は沿岸だけでやっているけれど、池の中にもどんどん生えていくと、おそらく浄化する植物の面積が増えると思います。そういうことは考えてはいませんか、縁だけでやるのには何か理由があるのですか？

芝　中央につくるのは、生物たちにとって良くないのではと思いました。

山田　変化を最小限にということですね。そ

れを聞くと、植物の環境に対するウエイトが高いのかな。昔、伊東豊雄さんがスペインでグラフィカルな浄水路計画のようなもの（「ガビア公園プロジェクト」）をやっていました。

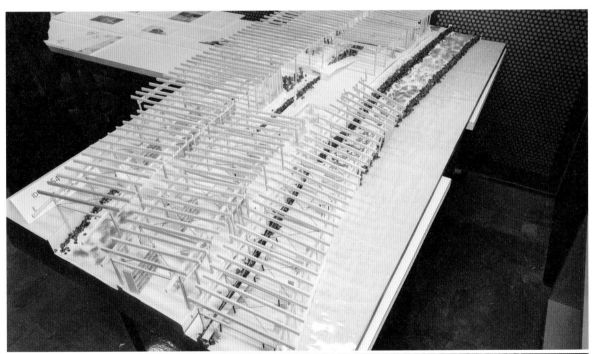

梯 かけはし

本計画では、人、自然、スポーツの梯となる屋内競技場を設計する。造成による高低差のある土地をつなぐ「橋」、人とスポーツをつなぐ「場」、人の手により分断された周囲の自然景観を象徴的に再生するという意味において「梯」となる屋内競技場を計画する。建物を山並みの一部と見立て、建築による尾根の再生を目指す。錦帯橋の技術を応用した小さな部材の組み合わせにより豊かな造形や陰影を表現し、構造を意匠としてみせる。

ID55

財田 みなの
武庫川女子大学生活環境学部
建築学科B4

A1. Illustrator、Photoshop、Vectorworks　2.
3万円程度　3. 1ヶ月未満　4. 隈研吾　5. スポーツも建築だ！　6. なし　7. 大学院進学

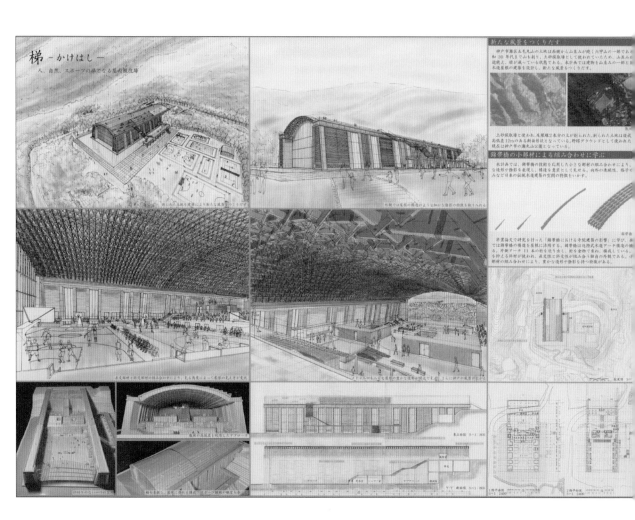

財田　今回の設計では、人・自然・スポーツの架け橋となる屋内競技場を設計しました。敷地は神戸の六甲山の一部です。土砂採取場として使われ、およそ尾根線2本分の土地が削られた土地です。高低差のある土地として醸成されたため、山並みが一部途切れた状況です。今回の計画では、建物を山並みの一部と見立て、木造屋根の屋内競技場を設計し、建築による象徴的な継承を目指します。周囲の自然の枝・木などの小さなものが組み合わさり、設計されています。自然と調和するよう、小部材を組み合わせて錦帯橋の技術を用い、豊かな造形や陰影を表現し、構造が意匠となるよう検討しました。この屋内競技場は高低差のある土地をつなぐ橋であり、さらに人とスポーツを関連づける場でもあります。人の手により分断された自然景観を象徴的に再生するという意味において、架け橋となる屋内競技場を設計しました。

山田　ここに屋内競技場が必要というのは、何か理由があるのですか、スポーツのニーズがあるということですか？

財田　元々ここは、削られた後は野球グラウンドとして使われ、今は公園として使われています。現在も、ここで球技をして遊んでいる子どもたちがよくいるので、屋内競技場として、より活性化できる場所になればいいなと思っています。

山田　スポーツでこのまちを活性化したいというモチベーションですか？

財田　まず、景観の再生として、山並みに見立て、アーチ状の屋内競技場を設計しました。

山田　立派でかっこいい建築だと思うけど、周囲のスケールから見ると、おそらくとても巨大な建築ですよね。だから、これをつくるのは結構な開発行為になるため、そのモチベーションがどのようなものなのか、おそらく皆気になると思います。建物自体は近代のようですが、近代建築が好きなのですか？

財田　いえ、錦帯橋のように小部材をたくさん組み合わせてつくっており、それに合わせて、コンクリートの外壁も小さい陰影を組み合わせてつくることを考えています。

火山のふもとで

日本でも有数の活火山である桜島。今でも毎日のように噴火と降灰を繰り返す火山のふもとには火山灰との暮らしや火山災害を核にしたふるまいと共同体の姿があった。縮小社会の中で人々の関係性は薄くなり、共同体として小さくなり続ける桜島で、島内に点在する避難建築を新しい地域拠点に再編し、桜島に生きる人々の拠り所をつくれないだろうか。これは、火山のふもとで暮らす人々のふるまいからつくる桜島での集まるカタチの設計である。

ID56

今門 風馬

東京電機大学未来科学部
建築学科B4

A1. Illustrator、Photoshop、Rhinoceros、トレース 2. 20万円程度 3. 5〜6ヶ月 4. 吉村順三 5. ぼくらの七日間戦争 6. 学内選抜講評会2位 7. 大学院進学

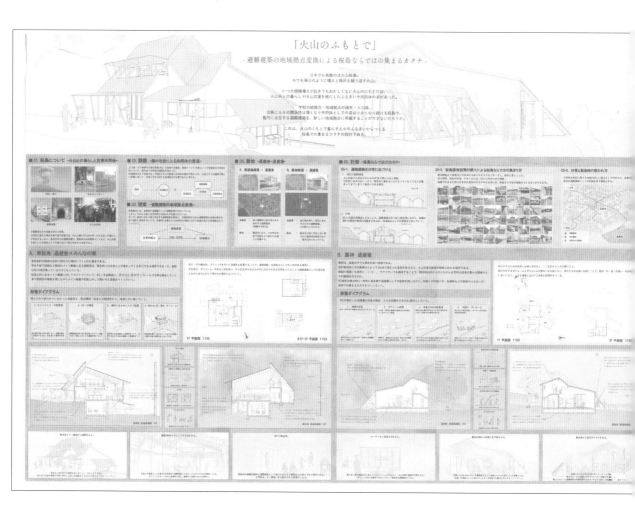

今門　鹿児島県桜島を対象とし、島内の全学校の統廃合によりなくなってしまう地域拠点を、島内に当たり前に存在しながら使われていない避難建築の建て替えによって再編することを目指しました。計画としては、RCと木の混構造にすることで、避難建築の斬新さを進めながら閉じられていた建築を開いていきます。また、木造の可変性は、降灰時には閉じ、日常時には開くなど桜島の気まぐれな環境に合わせた使われ方と空間をつくります。設計手法として、現地のリサーチから桜島特有の形や振る舞いを抽出し、設計に落とし込むことで桜島ならではの建築をつくります。閉じられていた避難建築は、木造を取り入れることで桜島の豊かな環境を取り入れ、避難建築にはなかった横断

的な居場所をつくります。しつらいは灰を防ぎながら開かれ、それによって生み出された中間領域がそれぞれの活動を引き込みます。訪れた住民が戸締りや掃除をすることで、火山や災害を核とした桜島の住民の共同体をより強くし、桜島の新しい日常をつくっていきます。

百田　退避壕を、普段から人が使えるものにしようということですか？

今門　はい、そうです。

百田　黒神集落については、黒神神社前の退避壕をこのようにするということですね。東桜島集落の退避舎とはどういうものですか？

今門　東桜島だけ集落内にあるので、ここを対象にしました。

百田　コンクリートのものは、このようになるということですか？

今門　そうです。そのままだともったいないと

考えました。

百田　退避壕が公民館でもなく、小さな皆の家のようになったらいいという提案で、1階をRCと木造を掛け合わせて考えているんですよね。

今門　そうですね。

百田　これは卒業設計ですか？

今門　そうです。

百田　鹿児島出身ですか？

今門　親が鹿児島出身で、子どもの時よく行っていました。

百田　鹿児島にいると桜島をやりたくなりますよね（笑）。いくつかの地域があるため、具体性があって共感できるものになっています。ただ、桜島全体で考えても良かったと思います。

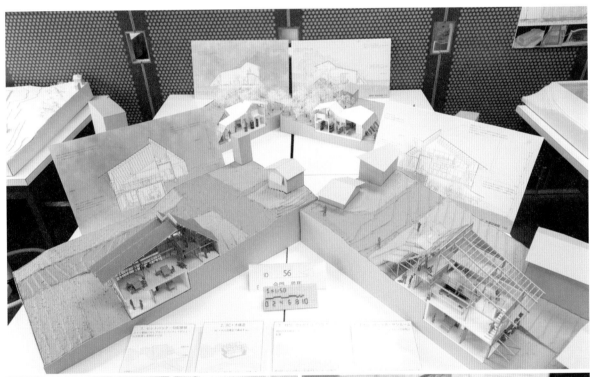

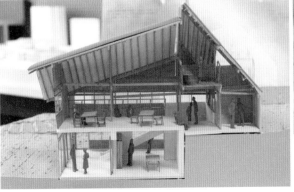

せせらぎ、廻り、学ぶ

小学生という時期は、自分の置かれた環境を素直に自分自身の一部として吸収できる時期であると考える。そこで学校の横を流れるせせらぎと小学校を結びつけ、以前まで体験できていた自然体験ができる環境の再建によって環境教育を推進し、地域全体にとって水資源に対する意識変化のきっかけを与える小学校を提案する。

ID57

竹原 佑輔
法政大学デザイン工学部
建築学科B3

A1. Illustrator、Photoshop、SketchUp　2. 3万円程度　3. 2〜3ヶ月　4. 千葉学　5. 東大思考
6. 学内優秀作品　7. ディスプレイ業界に興味がある

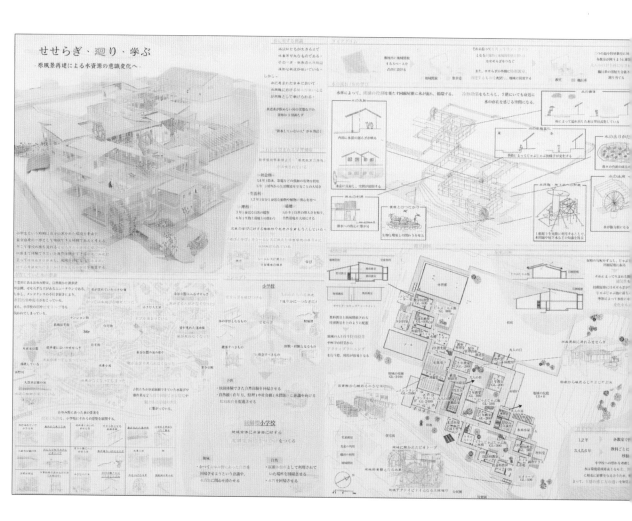

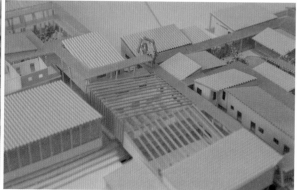

竹原　小学生とは、自分に置かれた環境を素直に自分自身の一部として吸収できる時期です。しかし、本敷地の千葉市おゆみ野において、水質汚染や渇水が、水遊びや畑作業などの五感で体験できる環境や魅力ある景観の損失につながっています。そこで、おゆみ野にあった水要素を建築に転換し、小学校をせせらぎとともに結び付けることで、子どもに対して自然体験の回帰をします。地域にとっては、かつてあった自然や水問題の関心につなげます。自然にとっては、休憩所となっていた場所を回帰させます。このように、地域全体に水資源に対する意識変化のきっかけとなる小学校を提案しました。雨樋の役割となる回路に水が流れ、じゃぶじゃぶ池など、遊びと学びをシームレスに捉えた学習環境の構築へとつなげました。

二俣　どのように水を集積しているのですか？

竹原　水の流れは、基本的にこうなっています。雨樋の役割を屋根が果たしており、このセキュリティラインとなる川に流れて連続しているイメージです。

二俣　水は、降ってきた水ですか？

竹原　それもありますが、小学校の隣に川が流れているので、そこに持って来る方法や千葉の伝統的な方法「上総掘り」を用いて、地下から井戸水として持ってくる方法もあります。

二俣　特徴的な場所、つまり1番アイデアが集まっている面白いところはどこですか？

竹原　僕の中では、地域との関係性と小学校のあり方で、セキュリティが1番重要ではないかと思ったので、地域が介入できる部分と、小学校のプライベート性が重要な場所を分けています。たとえば、図書館などでは高低差を利用した小さな滝が覗けるようにしています。このあたりの瀬戸際を意識して設計しました。

二俣　水がどう関っているかが、そばで常に感じられるような場所というか、ベネチアなどよりも、もっと小規模に中に取り入れたバージョンのように感じました。

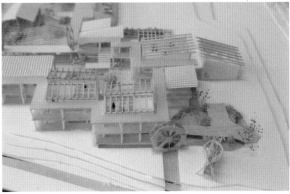

先導の砦

わずかに残る過去を守り、切り離されかけている時代と機能へ人々を導く、川口での暮らしの拠点。

ID60

田中 杏
東京理科大学工学部
建築学科B4

A1. Illustrator、Photoshop、Rhinoceros、
V-Ray　2. 3万円程度　3. 2〜3ヶ月　4. なし
5. なし　6. 激励賞　7. ―

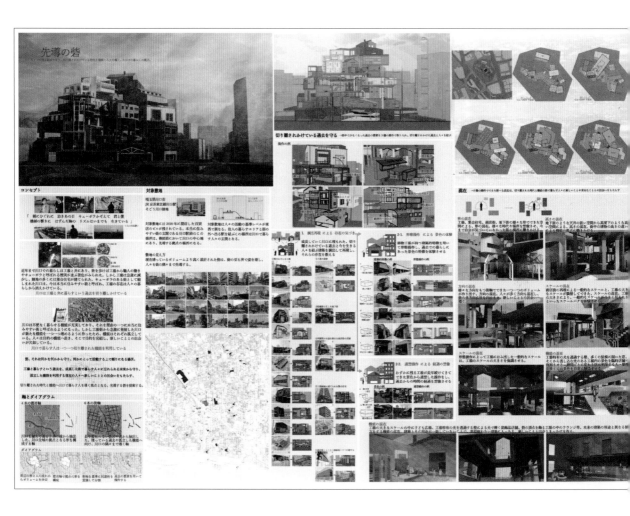

田中　今消えかけている、鋳物工場とともにあった過去の暮らし、人々を先導する砦を埼玉県川口市のまちの中心地に提案します。過去を守るために、過去の要素を3つの操作に取り入れています。1つ目に、まちに埋もれている工場など過去の様子をここに取り入れて存在を教えます。2つ目に、過去が持つ建築特徴を形態操作として用いて、過去の風景にあった景色を体感させます。3つ目に、長年続けてきたことによってできた工場の景色から連想される操作をし、時間の経過を想像させます。この3つの操作でできた砦は、たとえばカタチの存在とか、高さの存在とか、方向の存在とか、さまざまな存在を生むことで、今まで人々が気付いていなかった過去の様子を気付かせます。

二俣　ベースは工場の姿ですか?

田中　そうです、鋳物工場です。

二俣　これをつくる意味を、もう一度話してもらいたいです。

田中　昔は鋳物工場がたくさんあり、川口の暮らしは鋳物工場とともにありました。でも今は工場が消えかけているため、その過去にあった暮らしを人々に体感させたり、存在すら消えかけていることを知らせるために守ったりと、人々の活動拠点となるまちの中心の砦としました。

二俣　建物は既存にあったのですか?

田中　既存にあったものを再現しています。

二俣　建物としては、これをつくることを考えて設計しているということですね?

田中　はい。

二俣　ここにあった風景や鋳物工場にあった姿を再現し、そこにあった生活やカルチャーを守るということですか?

田中　今の風景を重視しながら、風景や音など、昔の風景の暮らしを感じさせる、気付かせるというものです。

二俣　これも、活用ではないということですか?

田中　そうです。

二俣　姿として誇示し、その時の状況などをここに再現し、きちんと理解してもらうことを意図しているということですか?

田中　はい。

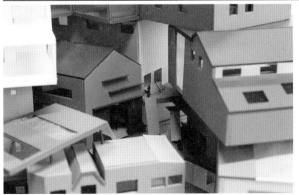

電脳極界試論

大手IT企業の名称変更により、急激に注目度が高まったメタバース。これまでたくさんの建築家がメタバース上で建築をデザインしているが、それらの建築作品の多くはメタバースの持つ特性を極限まで生かしたデザインとは言えない。そこで重力を再定義し、その重力空間において異なる方向性を持つ面を3次元空間に配置した。配置されたそれらの面によって生まれる行為の多様性に目を向け、内部空間を構成し空間を組み立てた。

ID61

並木 佑磨
芝浦工業大学建築学部
建築学科B4

A1. Illustrator、Photoshop、InDesign、Rhinoceros、Lumion、Grasshopper、Google Sheets、レーザーカッター　2. 20万円程度　3. 11〜12ヶ月　4. ザハ・ハディッド、レム・コールハース、ビャルケ・インゲルス　5. OMA NY search term　6. なし　7. 大学院進学

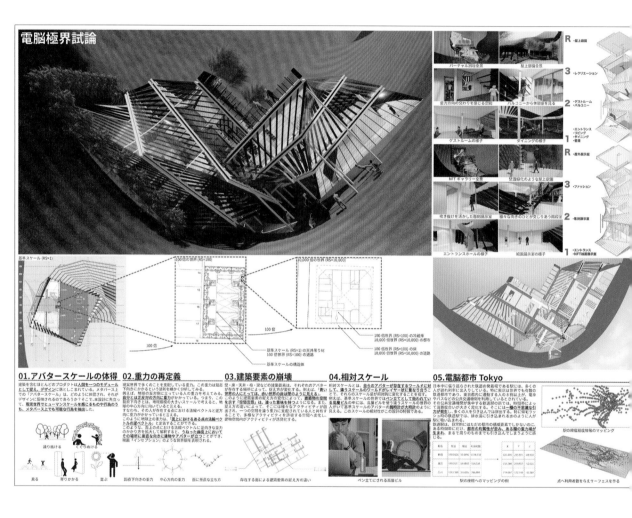

01.アバタースケールの体得

建築を含むほとんどのプロダクトが人間を一つのモジュールとして捉え、デザインに落とし込まれている。メタバース上でのアバタースケールは、どのように体得され、それがデザインに反映されるのであろうか？そこで、本設計に先立ち現実世界でヒューマンスケールを感じるものや行動のうち、メタバース上でも可能な行為を抽出した。

02.重力の再定義

現実世界で多くのことを支配している重力。その重力は弱み下方向にかかるという通説を疑い分析してみる。例えば、球体の反対側に立つ2人の重力を考える。世界の人にとっては、台い地球の床は硬いように見える。自分とは正反対の方向に重力がかかっている。つまり、この球体下方では、地球規模の大きいスケールで考えると、地球の中心方向に向いているといえる。すなわち、その人が存在する面における法線ベクトルと逆方向に重力が作用していると言える。このように地球上の重力は、「面上における弱み法線ベクトルの逆ベクトル」と定義することができる。このように、上之の面における法線ベクトルに逆向き重力のかかり方を拡大して解釈する。うねった曲面において、その場所に適度な向きに建物やアバターが立つことができ、映画「インセプション」のような世界観を表現される。

03.建築要素の崩壊

壁・床・天井・柱・梁などの建築要素は、それぞれのアバターが存在する場所によって、捉え方が変化する。世界の人にとっては、台い世界の床は硬いように見える。このように建築要素の捉え方の変化によって、建築物の空間を表現する「空間言語」は、違った意味を持つことになる。また、捉え方の違いによって、そこには様々なアクティビティが創出され、一つの空間を違う重力に変配されている人と利用する建物空間向かアクティビティが活発化する。

04.相対スケール

相対スケールとは、自らのアバターが存在するワールドに対して、違うスケールのワールドがレイヤー状に重なり合うことである。それぞれのスケールは相対的に変化するこずで、基準スケールの世界でいくら組み立てられていると、基準スケールの世界でいくら組み立てられていても、人がいつ基準スケールのアバターの階段やすつ大跨される。このスケールの相対性がこの設計の特徴である。

05.電脳都市 Tokyo

日本中に張り巡らされた鉄道の発着駅である駅には、多くの人が絶対的に出入りしている。特に東京は世界でも有数の鉄道都市であり、東京都内は諸動くほんどの人が電車やバスなどの公共交通機関を利用しているとされている。そのこう公共交通機関が集中する駅周辺には、時間帯によって人があつまる現象が発生する。特に毎年ラッシュ時の鉄道駅では、排水流に引き込まれるかのように人が吸い込まれる。

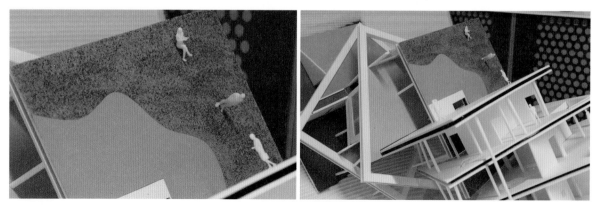

並木 この設計はメタバース上の設計で、重力を変化させメタバースを定義しました。特に重力の再定義により、建築要素はアバターの視野の角度によって、新しい捉え方がされるのが特徴です。敷地は「電脳都市Tokyo」と呼んでいる場所で、東京都内に張り巡らされた、こういった鉄道網があり、そこから取り出した都市のパラメーターをマッピングし、そこに根を張ってつくったものになります。最深部に位置するのが、この計画した建物です。NFTギャラリー塔などで構成されており、先ほど話した建築要素の違う捉え方の顕著な例として、屋上庭園がNFTギャラリー塔にとっては壁面緑化のように見えてくるのが1つ目の特徴で、もう1つの特徴として、こちらから覗くと、NFTギャラリー塔の吹き抜け2つがピクチャーウィンドウのように見え、今までの建築言語では語ることができない設計ができるのではないかというのが、この設計の特徴です。

山田 こういうのをつくることによる、大きな目標はありますか?

並木 建築家が今やっているメタバースは、どちらかというと、実際の建物を構造的に無視して考えたようなものが多いと考えています。それに対して、たとえばストーリー性を持たせることで、普通とは少し違うような重力などを持たせ、今回は建築要素の崩壊をテーマに、この床がこちらの壁になるということをしていますが、それらがどんどん発展し、新しい空間構成などにつながっていくといいかなと考えています。

山田 新しい空間構成を発見した時に、結果的に現実の建築に還ってくるのが目標ですか?

並木 この角度がどんどん変わっていくと、このように視野が変わっていくと思いますが、例えばザハ・ハディドなどは、曲線を使って床・壁・天井が一体となった1つの面でつくっていると思うのですが、そういったところに最終的にフィードバックができるのではないかと考えています。

山田 重力を一旦抜きに考えてできあがる空間性や構成を、再度、重力を戻して考えた際に、何か違うものになっていないかということですね。

並木 そうです。

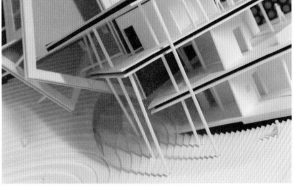

人間のためのインフラへ
衰退するガソリンスタンドの可能性

公園には幸せで尊い空間や景色を創り出す力がある。建築にそのような位置づけとなるものは未だない。建築にはその力がないということだろうか。本提案では、衰退するガソリンスタンドにその可能性を見出す。全国に分布することで視認性の高いガソリンスタンドは、その固定概念を転換することで大きく生まれ変わる。自動車交通のために生まれ、捨てられたガソリンスタンドは、人と寄り添いあい、ともに生きる建築となる。

ID63

坂内 俊太
千葉工業大学創造工学部
建築学科B4

A1. Illustrator、Photoshop、Rhinoceros、AutoCAD、Lumion　2. 3万円程度　3. 7〜8ヶ月　4. イシバシナガラアーキテクツ、大西麻貴＋百田有希/o+h、石上純也　5. 人間の街、原っぱと遊園地、コモナリティーズ　6. なし　7. 大学院進学

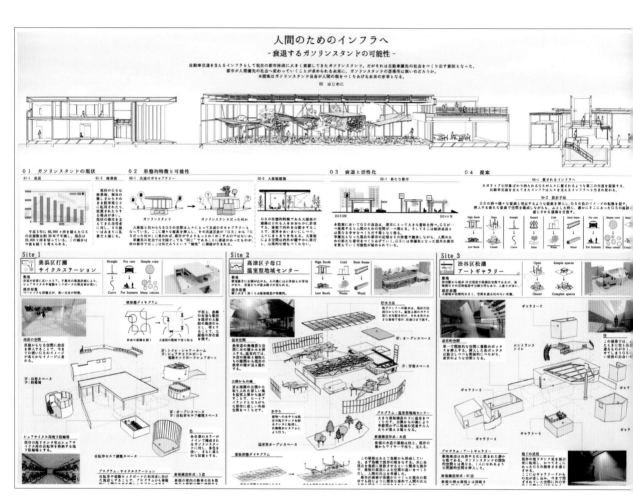

坂内　個人的な僕の思いとして、都市で一番尊くて幸せな空間は公園と考えていますが、それを建築として実現することの難しさも感じています。今回の提案は、決して公園をつくったわけではないのですが、ガソリンスタンドを用いて建築における新たな位置づけとジャンルを生み出しました。公園が公園たる所以を、開かれた場であるという共通認識があることと視認性の高さであると考えます。ガソリンスタンドも視認性の高さはあるけれど、ポジティブな共通認識がないのでそれをつくり出します。方法としては、視認性の高さを維持しつつ、既存の持つ要素とは違う要素を挿入して認識を変えていきます。たとえばここだと、鉄骨に対しての木、無機質に対して温かみのある植物を挿入し、プログラムは温室型の地域センターとしていますが、児童と大通りを通る人をつなげて交流の拠点とします。このプロジェクトが全国に広がり、ガソリンスタンドの衰退とともに人々の中の共通認識や既成概念が変わっていけば、ガソリンスタンドの新たな位置づけになると考えています。

百田　今後、ガソリンスタンドが衰退していくことが予想されることから、それをどうするかという社会問題かもしれないけれど、卒業設計なら、もう少し射程を広げてもいいかもしれません。エネルギーを外部に依存しており、しかも、ほぼ自動車のためだけのものがまちのあちらこちらに拠点としてある。それが役目を終えた時に、地域の人たちが参加しながらエネルギーを手に入れられる場となるといいと思います。たとえば薪の集約拠点になっていたり、水のあるところならマイクロ水力発電をして充電してもらえたりなど、ガソリンスタンドの場所に応じて、小さなエネルギーが生み出されたり分配されたりと、地域が生み出すエネルギーの拠点として、まちに開かれる公園とともにあると面白そうだと思いました。

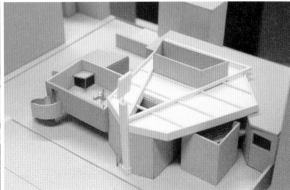

OVERGROUND/表裏の解体

低層都市である福岡は、天神ビッグバン計画によって無個性のビルディングが屹立する東京や大阪のジェネリックになろうとしている。見上げるような垂直の景観は否定し、都市そのものを面で一様に連続する傘として地上から切り離し、グランドラインは開放的で、パブリックなまま都市の高層化を図った。この作品には、地下の表層を有さない不可思議な空間を地上に顕現させたいという思いを持って取り組んだ。

ID64

小泉 龍之介
福岡大学工学部
建築学科B4

A1. Illustrator、Archicad　2. 5万円程度　3.
1ヶ月未満　4. ADVVT、リチャード・ロジャース
5. 錯乱のニューヨーク　6. なし　7. 大学院進学

小泉 現代都市は、ミースやコルビュジエが擁立した都市計画に、さまざまなエゴがのったものとして商業主義的に動いており、対立構造にある公共性が減少していくばかりです。現に、天神ビッグバンでは航空機の制限が緩和され、縦に単調に更新がなされようとしています。東京や大阪のジェニックになり下がろうとしています。ただ、これを一介の卒業設計者のエゴによって部分的に否定することは、その勢いを削ぐことすら叶わないと考えました。そのため、表層的で無個性なビルディングに対して、深層的で意識的なものを無意識的に否定すれば抉ることができるのではないかと考えました。心理学の氷山モデルというものがあるのですが、表層的でエゴによって立っている現在のビルディングを自我であるとしたら、その反対である深層的な「イド」によって設計することで、根本的に否定することができるのではない

かと考えました。

前田 無意識のものを「イド」と言っているんですね。

小泉 はい。

前田 建築がエゴというのは、どういう解釈ですか?

小泉 都市のビルディングに対して、レム・コールハースの「ビッグネス」ではないけれど、スケールが飛来することによって、没個性的に品質化していくのは、その裏にはさまざまな営利的なエゴがのって効率的にただ立っていることになると考えました。それでは面白くないという、無意識的な僕の問いかけというか、それを無意識的なもので設計しようという試みです。

前田 これは何ですか?

小泉 先ほどイドの話をしたけれど、植物は根っこの部分がイドに当たると思うのですが、深層的なものとして、このガジュマルという植物はこの部分が実は根っこで、栽培の工程で

途中から引き抜くため地中から露出している、つまり、視認できる点で魅力的です。それで、地盤を引き抜くというスケールに置き換えて引き抜くことで、ボトムアップ的な都市構造に対して、トップダウン的な都市構造に書き換えるという脅威の解体があります。

前田 そこは直接的なんですね。

小泉 そうです。

前田 意識的にやっているから、エゴのようにも感じられます。

小泉 ただ、僕の無意識的な内在的なものを引き抜いたという、無意識的に感じていた疑問に対して、無意識的に生まれたこの形によって解決することを掛けているため、意識的なロジックというか理論はありません。

前田 あとは何が入っていますか?

小泉 天神の都市構造がそのままエリア全体に跨り、これそのものが都市になります。

前田 現在の都市を、このあたりにも表現すると良かったかもしれませんね。

現代山岳修験道

宮島の弥山を敷地調査する中で、登山道に点在するお地蔵様の存在に興味を抱いた。ひっそりとあるお地蔵様の傍には巨樹や巨岩などの崇拝対象があり、その圧倒的な迫力に感動すると同時に、先人の抱いた自然観に触れ自身を見つめ直す機会を得ることができた。足早に登山道を登ったり山頂までのロープウェイを利用したりする人が多い中で、かつての自然崇拝の場巡りとは異なる視点で弥山や宮島の姿を捉えることにつながるのではないかと考えた。

ID65

白川 英康
近畿大学工学部
建築学科B4

A1. Illustrator、Photoshop、Rhinoceros　2. 10万円程度　3. 1〜2ヶ月　4. 小川晋一　5. 石の図鑑　6. 最優秀賞　7. 大学院進学

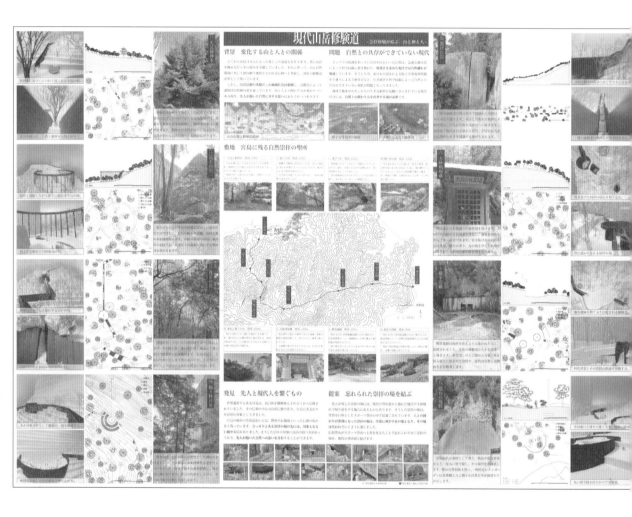

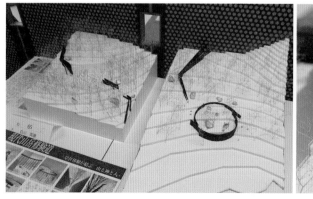

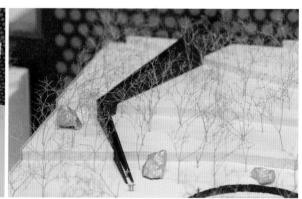

Poster Session

白川　敷地は、世界遺産でもある宮島の弥山です。自然豊かな弥山には、石組みや地蔵といった自然を崇拝する場が数多く残っていました。しかし、山の頂上を目的としたスポーツ登山の中で、寄り道となってしまう崇拝の場は見過ごされています。徐々に忘れられていく崇拝の場を調査し、全部で8つの建築を配置します。例を1つ紹介します。こちらは2つの大きな岩が支え合う形になっている崇拝の場です。足場が悪くて下を向いてしまう登山道の中で、崇拝の場は多くの人に見過ごされて立ち寄ることのない場となっています。修験道を計画することで、この2つの崇拝の場に人々の視線と動きを誘導します。修験道では、巨石の新しい姿に出会い、先人が抱いた自然観を共有します。

二俣　構造物のすべてに、この赤を使って目に入るようにしているということですか、どういう意図ですか？

白川　緑の反対の色というのもありますが、敷地が宮島なので山にたくさん赤色の建物があったり、大鳥居があったりするため、それらとの統一感を図るためにベンガラ塗料を使いました。

二俣　ある意味、これ自体が象徴的になってしまいそうですが、それについてはどう思っていますか？

白川　修験道はスポーツ登山とは異なり、中腹地点を大切にする登り方なため、そういう意味では、象徴的になっても良いのではないかと考えています。

二俣　動線的に導くためのものですか？

白川　そうです。動線的に導くためのもので

す。

二俣　その途中にこういった礼拝の場所があるということですか？

白川　そうです。

二俣　この構造物に対して、何か工夫したことはありますか？

白川　弥山は垂直分布で、周辺の木々が山の標高によって変わるので、それに合わせて壁の高さを決めるなどしており、修験道の配置も、大きな岩があるのでそれに合わせて配置を決定しています。

二俣　地形を壊さないようにしているのですか？

白川　そうです。地形をできるだけ壊さないようにしています。

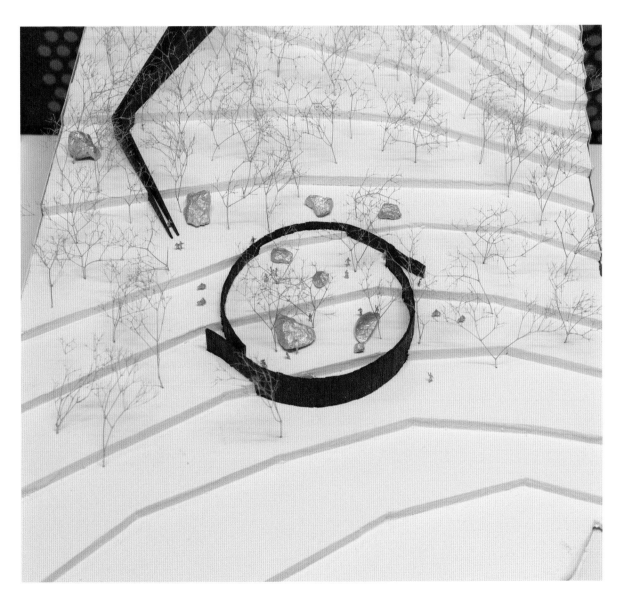

噴火と住まう

捨てられてしまっているものの一つとしてある火山灰を一つの軸に、新築でもリノベーションでもない新しい建築の生成の方法論の提示として、火山の噴火がもたらす空の恵みから生まれる建築を提案する。噴石によってできた、ぼこぼこの穴に建築は展開され、火山の呼吸に呼応する形で成される様相は桜島を象徴する集落風景を写しだすと共に、今掲げられているSDGsやスマートシティに対しての建築の在り方としても提示できると考える。

ID66

三谷 翼空
日本大学理工学部
海洋建築工学科B4

A1. Illustrator、Photoshop、Rhinoceros、Lumion 2. 15万円程度 3. 4〜5ヶ月 4. 石上純也 5. 俺か、俺以外か。 6. なし 7. 時の流れと共に決めていきます

三谷 新築でもリノベーションでもない新しい建築の生成の方法論として、桜島を敷地として、火山の噴火がもたらす空の恵みから生まれる建築を提案しました。これに至った背景から説明すると、現在、サステナブル建築のようなものが注目されており、今まで人間がつくってきた建築に対して、自然がつくり出す建築の可能性を見出せないかという点から取り組んでいます。次に、人間が切った木に新たな生命が宿り、人間が思う破壊行為が、実は自然においては生命の始まりのようなものを表しているのではないかと考えました。人間が掘った穴と自然が掘った穴では、同じ穴でも解釈が異なり、人間的な視点において、自然が掘った穴なら仕方ないという点が、サステナブル建築の根幹において重要ではないかと思いました。神と自分の関係において、他人をどれだけ家族の関係性にできるかに着目し、自分の定義する自然的破壊によってその関係性がどう生まれたかで、人工と自然の対立を調和する可能性を見出せるのではないかという提案です。この噴石によって生まれた自然的な破壊行為において建築を展開することが、集落的な風景を形成するとともに馴染む風景となります。

二俣 噴石というのは、本当に噴石ですか?

三谷 そうです、実際の事例があります。これから噴石がどんどん増えることで、今までの噴火の歴史に建築の歴史が刻まれ、このパースのような集落的な風景画が形成されていくのではないかと考えています。

二俣 つまり、今のように人工的に建築をつくっていく行為ではなく、あくまで、噴石によりできたクレーターのような場所を活用しながら風景ができていくほうが良いのではないかと思っているのですか?

三谷 今、SDGsやリユースが注目されているので、人工による破壊的なスクラップアンドビルドや自然破壊に着目するのではなく、自然破壊という自然がもたらした空間に建築として落とし込めないか、そこに可能性があるのではないかと思っています。

二俣 自然による破壊だから、人間の破壊とは意味合いが異なるんですよね?

三谷 桜島は、地球の歴史的背景から、自然が行った破壊として天然博物館と称されるような、さまざまな時間軸が展開されたからこそ、そこに建築を加われば、そのままの時間軸の建築が共存するのではないかという考えのもとに提案しています。

惑星の庭
都市の再野生化によるアンビエンスの知覚

本提案では、主体不在の場の本質的な価値を提示すると共に、人々が肯定的に受け止め、都市に迎え入れ内在させていく方法を考える。異種の生きるテリトリーを今一度見つめ直すことにより、野生をとり戻すためのヒントを断片的に与えていく「都市の再野生化」を図る。都市の「野生」や偶発的に介入してくる「自然」を知覚していくことは、一人ひとりが自分の中に野性を飼い、「動物としての人間」の性質を意識的に忘れないように生きるための一助となる。

ID68

藤本 泰弥
近畿大学工学部
建築学科B4

A1. Illustrator、Photoshop、Rhinoceros、Procreate　2. 10万円程度　3. 1ヶ月未満　4. 小川晋一　5. MADE IN TOKYO　6. 優秀賞　7. 大学院進学

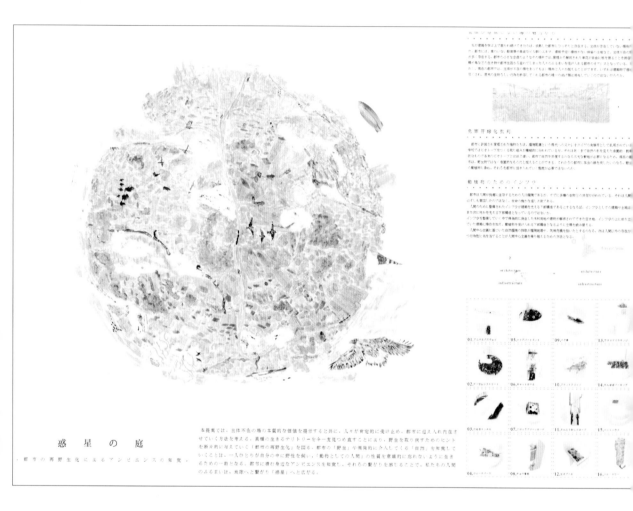

Poster Session

藤本　都市には車がない駐車場や放棄された土地など、人にとって価値のない主体不在の場が多く存在します。そのような場所では、管理から解放された草花が自由に根を張り育ち、小さな動物たちの住処となっています。そこで私は、主体不在の場と都市とのギャップがあるような、小さな建築、動物のためのインフラを12種類、東京都渋谷区に設計しました。こちらはダンゴムシストリートと名付けており、空き地と街路樹を結ぶ歩道の石やブロックの隙間の目地材を取り除いて、ダンゴムシのための通り道をつくっています。私は都市という場所を、人間主体の空間であっても動植物たちの命の声を感じ取れる場所であるべきではないかと考えています。

島田　ダンゴムシやてんとう虫などは非常に小さいので、それに比べてもう少し大きなものがあるといいのですが、1番大きなものはどれですか？

藤本　1番大きなものは狸です。「タヌキトンネル」が1番大きいと思います。河川橋の幅が狸の寸法と近く、その河川橋の中に狸のためのトンネルを通すことで、こちらの側溝へと導く狸のトンネルとなっています。

島田　動植物に非常に優しいですが、人間にとっても良いことはありますか？

藤本　人間にとって良いことというより、副題にあるように「アンビエンスの知覚」には、自分たち人間を取り巻くものをよく観察することで、その中に自分という人間を位置付けることができるという意味が含まれています。つまり、ゴールとしては、動物としての人間の性質を意識的に結び付けないようにするための建築です。

島田　「チョウ看板」とは何ですか？

藤本　このあたりに既存の樹木があり、蝶がどんどん上に飛んでいく性質があるので、その蝶のための看板と題して、テナント交換時にプランター付きの看板を足していくという提案です。

島田　蝶はそれほど上まで上がっていけるのですか？

藤本　いえ、蝶はこのあたりで止まり、上には鳥が上がっていくので、屋上へと導く提案です。

島田　これはリスですか？

藤本　ビルの隙間を通して明治神宮から――。

島田　東京にそれほど狸やリスはいるのですか？

藤本　明治神宮にいますが、電車などで行き場を失って孤立している状態です。

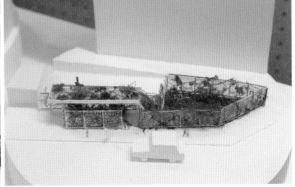

堰、あるいは蜃気楼

端材の廃棄が課題である東京都台東区蔵前のまちに着目し、隅田川沿いの三角形の空き地に、河口の清掃工場まで運搬するための水運用の一時保管所とアップサイクル施設を提案する。現在敷地周辺で、モノの集まるまちとヒトの集まる川を分断する一枚の堤防を、角度を緻密にスタディしながら折り曲げた格子壁へと変え、モノとヒトをせき止める堰でもあり、両者の交わりを生む透明性も持った、蜃気楼のような新しい境界をこの場所に設計した。

ID70

御巫 景祐
早稲田大学創造理工学部
建築学科B4

A1. Illustrator、Rhinoceros、Grasshopper　2. 2万円程度　3. 1ヶ月未満　4. トーマス・ヘザーウィック、石上純也　5. 建築のあたらしい大きさ
6. なし　7. 大学院進学

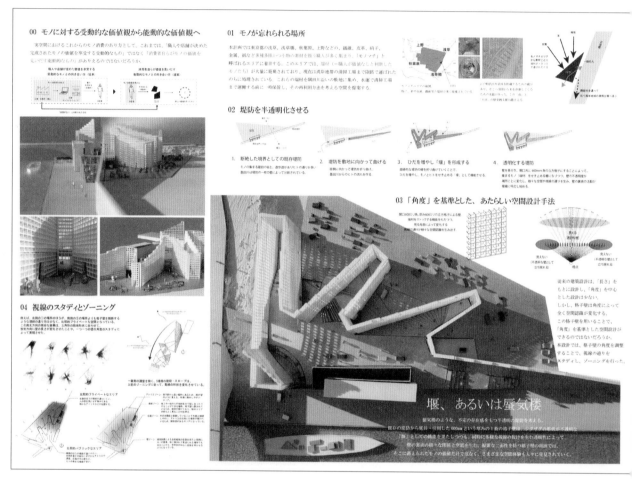

00 モノに対する受動的な価値観から能動的な価値観へ

01 モノが忘れられる場所

02 堤防を半透明化させる

1. 断絶した境界としての既存堤防
2. 堤防を敷地に向かって曲げる
3. ひだを増やし「堰」を形成する
4. 透明化する堤防

03 「角度」を基準とした、あたらしい空間設計手法

04 視線のスタディとゾーニング

堰、あるいは蜃気楼

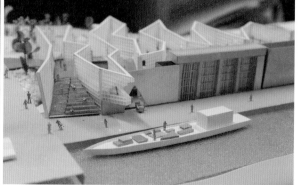

Poster Session

御巫 敷地は東京の蔵前です。蔵前には職人がとても多いことから、皮や金属などの端材がたくさん出てくる問題があります。それを湾岸地帯の清掃工場まで船で輸送することを考えました。敷地は隅田川沿いの大きな三角形の空き地です。まちには端材という資源がたくさん集まり、隅田川沿いには隅田川テラスという大きな遊歩道があってたくさんの人が通るけれど、モノと人という2つの要素があり、現在はこの1枚の堤防で完全に分断されてしまっています。せっかく、モノの再利用などを考える人が集まる可能性があるのに、分断されているのはもったいないと考え、堤防をそのまま伸ばして変形し、大きな堰をつくることを考えました。人についても動線を1本つくって引き込み、どんどん絡まっていくような状況をつくろうと考えていました。単純な対立構造から、敷地に合わせて大きなひだになっていくことで、A対Bではなく

A対A対BもしくはA対Cのようなものまで出てくることを目指しました。

島田 これが堰を成しているという話だけれど、水害に対してですか?

御巫 水害に対しては既存の高さに合わせた壁がきちんとあるため、これは棚です。

島田 すると、対災害のためというより、メタファーを利用して展開するという話ですか?

御巫 そうです。もう1つやりたかったことが、こうやって見ると真っ直ぐのように見えるけれど、このようにして見ると壁のように見える。このように角度による設計ができないかをずっと考えていました。これが2つになると、この角度でまた見え方が変わってきますよね。視線がどれだけ通るかを可視化する通路を自分でつくり、スタディを繰り返して、このプログラムとこのプログラムはつながっているように見せたいとか、こことここは切れているように見せたいとか、そういうことを繰り返して、絶妙な角度をスタディの結果、つくりあげました。ただ、もの

の価値を発見する場所でもあるし、歩く度に角度が変わるので、見え方もどんどん変わってくるし、空間の価値も皆が発見できるものをつくりたいと思って設計しました。

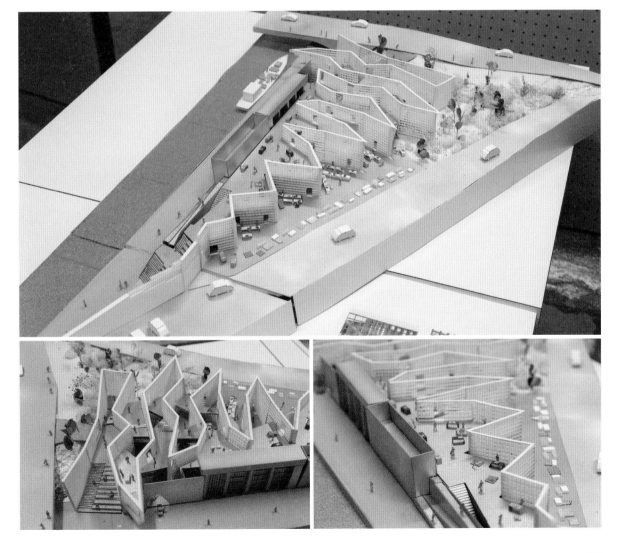

継承する壕

都市部には単身者が増加し、墓地は血縁継承の限界から多様に変化した。しかし、無縁者は寺社等の無縁墓地に合葬される形態のままであり、社会に取りこぼされている。両者を受け入れる墓地を回遊性の良いランドスケープとして設計し、時間や大地の連続が感じられる場とする。芝丸山古墳に向かって芝公園とホテルの人工地盤を円弧に掘り込み、壕として継承される墓地を計画する。建築や大地の変容とともに無縁という概念も崩れていく。

ID71

佐藤 奈々惠
伊藤 光乃
牧野 優希

早稲田大学創造理工学部
建築学科B4

A1. Illustrator、Photoshop、Archicad　2. 10万円程度　3. 2〜3ヶ月　4. 島田陽　5. 卒業設計で考えたこと。そしていま　6. 学内講評会対象作品選出　7. 大学院進学

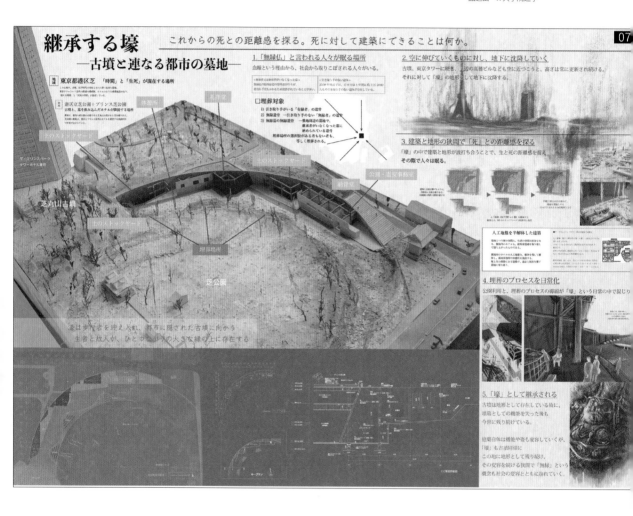

佐藤　都市部では特に生活の個人化が進むなか、血縁がいないために無縁墓地に合葬される形態で、他にも取りこぼされています。無縁、有縁関係なく受け入れる合葬墓地を、墓参りする人以外も訪れるランドスケープとして設計し、古墳と大地の連続を感じられるようにします。都市としての機能を失っても地形として残る古墳をヒントに、壕として人を迎える地形を設計しました。芝丸山古墳に向かって、芝公園とホテルの人工地盤を円弧に振り、一部を解体しています。建築内部は、ストックヤード、礼拝堂、休憩所などがあり、建築と壕、まち全体で埋葬のプロセスと日常の時間が平行に流れます。周辺の寺院で管理できなくなった不燃骨なども、最終的に集まってくる場になります。建築や大地の変容とともに不燃という概念も増えていくと期待して設計しました。

百田　これは火葬場ですか、それとも埋葬場所？

佐藤　火葬場ではなく埋葬する場所です。ここに埋葬しますが、地下に土のストックヤードがあり、その土を使って日常的に埋葬していきます。

百田　どういう場所なのですか？

佐藤　東京タワーの近くにある芝公園です。人工地盤のため、上は公園として使われており、使う分を削り取って躯体の分を残す形になります。

百田　埋葬場所は人工地盤の上ということですか？

佐藤　いえ、元々、人工地盤の輪郭はこれで——。

百田　こちらから先が自然で、こちらが人工地盤ですか？

佐藤　そうです。

百田　人工地盤と自然の間に亀裂を入れて、自然側に還していくのですね。

佐藤　いずれ建築の部分は崩れていくけれど、古墳はきれいに残ります。

データ遺跡
玉川上水の自然保全と活性化を目的とした自然と人工を繋ぐシェル

玉川上水沿いにある昭和の森ゴルフコースがデータセンターに生まれ変わる。データセンターという人工物と玉川上水や樹木等の自然に対して、シェルという一つの世界の境界を創ることで共存を目指した。ゴルフ場の敷地特性や周辺環境の特性をもとに創られたシェルはデータの世界と自然の世界の境界でありながら、時代に合わせて少しずつ変化し、100年後あるいはより先の未来には人工と自然の境界がなくなり、データを保管するデータ遺跡と化す。

ID73

吉村 悠矢
東京都市大学工学部
建築学科B4

A1. Illustrator、Photoshop、Rhinoceros　2. 10万円程度　3. 1ヶ月未満　4. 手塚貴晴　5. ランドスケープデザインとそのディテール　6. なし　7. ハウスメーカーの設計職

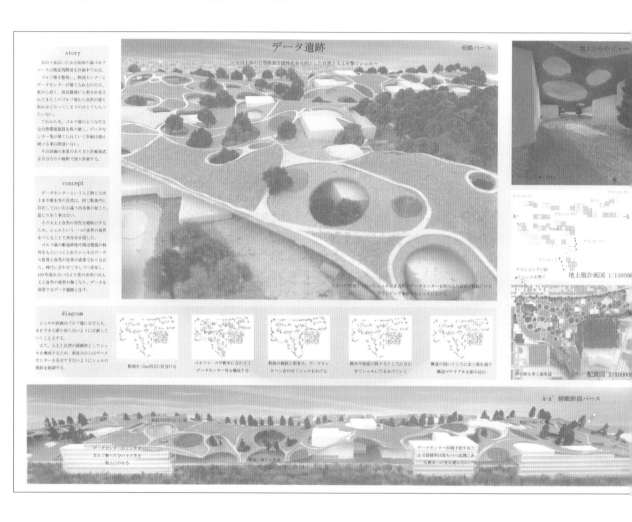

吉村　ゴルフ場の敷地にデータセンターがこれから建てられるため、ただ建てるのではなく、敷地の自然を生かしながら膜をかぶせるようにして、上を遊歩道、下をデータセンターとし、データセンターの熱などが入らないよう膜を張って解決します。敷地をランドスケープ的に考え、データセンターをゴルフ場のコースに合わせて配置したり、木の上にある膜はくり抜いて日差しを通したり、風を通して木の保全をしたりなどして自然保全を考えています。

山田　元々はゴルフ場なのですか?

吉村　ちょうど今年から、データセンターと物流センターのみのとても大きな建物がボンと建つ開発が始まります。それは敷地がすご

くもったいない。基地が設置されてしまうのはもったいないし、玉川上水が通っているにも関わらずそれを使わないのも、もったいない。いろいろなもったいないを解消するために、1つの膜を張るだけで解決できないかと、提案しています。

山田　結構特殊な位置にあるゴルフ場ですよね。

吉村　そうですね。駅から割と近くてそばに川が流れており、住宅街に囲まれているという面白い要素が入っている土地であるのに、立ち入り禁止になっている。自分もこの場所を気に入っているので、せっかくだから卒業設計で取り組みました。

山田　そのデータセンター的な建物と人工地盤の組み合わせは、割と単純な感じがします

が、いいのですか?

吉村　これからデータセンターが増えていくと思います。そのなかで、基盤となるように単純な形の上に1つ、敷地に合わせた膜を張るだけで、こういう可能性が生まれるのではないかと提案しています。

山田　なるほど。「(アイランドシティ中央公園)ぐりんぐりん」に似ていますね。

吉村　僕もそう思っています。その延長のような形で考えていただけると。

山田　「ぐりんぐりん」は素晴らしい建築ですよね。

アンケート結果

在籍校

大学名	人数
法政大学	8
九州大学	4
東京理科大学	4
近畿大学	4
早稲田大学	3
熊本大学	3
福岡大学	3
崇城大学	3
九州産業大学	3
京都大学	2
神戸大学	2
名古屋工業大学	2
明治大学	2
島根大学	2
日本大学	2
千葉工業大学	2
武庫川女子大学	2
広島工業大学	2
大阪産業大学	2
九州工業大学	1
慶應義塾大学	1
東京電機大学	1
日本女子大学	1
鹿児島大学	1
佐賀大学	1
芝浦工業大学	1
名城大学	1
琉球大学	1
東京都市大学	1
神戸芸術工科大学	1
合計	**66**

Q1. 製作にどのようなソフトやツールを使用しましたか？

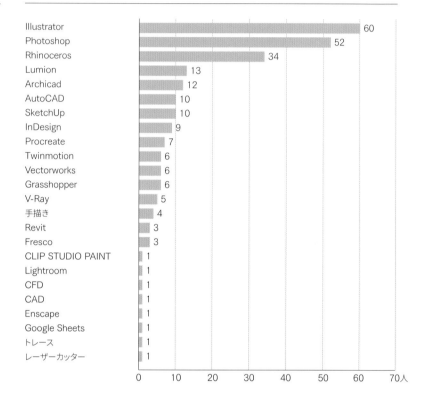

ソフト/ツール	人数
Illustrator	60
Photoshop	52
Rhinoceros	34
Lumion	13
Archicad	12
AutoCAD	10
SketchUp	10
InDesign	9
Procreate	7
Twinmotion	6
Vectorworks	6
Grasshopper	6
V-Ray	5
手描き	4
Revit	3
Fresco	3
CLIP STUDIO PAINT	1
Lightroom	1
CFD	1
CAD	1
Enscape	1
Google Sheets	1
トレース	1
レーザーカッター	1

Q2. 作品の製作費用は？

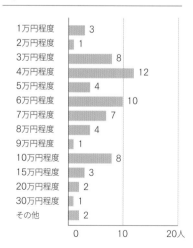

費用	人数
1万円程度	3
2万円程度	1
3万円程度	8
4万円程度	12
5万円程度	4
6万円程度	10
7万円程度	7
8万円程度	4
9万円程度	1
10万円程度	8
15万円程度	3
20万円程度	2
30万円程度	1
その他	2

Q3. 作品の製作期間は？

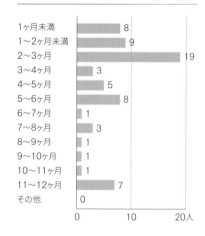

期間	人数
1ヶ月未満	8
1〜2ヶ月未満	9
2〜3ヶ月	19
3〜4ヶ月	3
4〜5ヶ月	5
5〜6ヶ月	8
6〜7ヶ月	1
7〜8ヶ月	3
8〜9ヶ月	1
9〜10ヶ月	1
10〜11ヶ月	1
11〜12ヶ月	7
その他	0

Q4. 好きな建築家は？

- ADVVT
- リチャード・ロジャース
- Diener & Diener Architekten
- lacaton & vassal
- 大西麻貴＋百田有希/o+h(2名)
- OMA
- SANAA
- SUEP.
- アルヴァロ・シザ
- アレハンドロ・アラヴェナ
- イシバシナガラアーキテクツ
- クリスチャン・ケレツ

- ゴードン・マッタ＝クラーク
- ザハ・ハディッド(3名)
- ツバメアーキテクツ
- トーマス・ヘザーウィック
- ピーター・ズントー
- ビャルケ・インゲルス
- フランク・ロイド・ライト
- フンデルトヴァッサー
- ル・コルビュジエ
- ルイス・カーン
- レム・コールハース(2名)
- 安藤忠雄(4名)

- 伊東豊雄(3名)
- 吉岡徳仁
- 吉阪隆正
- 象設計集団
- 吉村順三
- 隈研吾
- 坂茂(4名)
- 三分一博志(3名)
- 手塚貴晴
- 小川晋一(2名)
- 小堀哲夫(2名)
- 青木淳(2名)

- 石上純也(5名)
- 千葉学
- 前田圭介(3名)
- 大西康伸
- 谷口吉生
- 谷尻誠
- 丹下健三(3名)
- 中山英之
- 中川エリカ
- 中村拓志
- 長谷川逸子
- 長谷川豪

- 島田陽(2名)
- 藤森照信(3名)
- 内藤廣(4名)
- 堀内功太郎
- 妹島和世
- 末廣香織
- 毛綱毅曠
- 友清衣利子
- なし(3名)

Q5. 影響を受けた本は？

- 「建築」で日本を変える
- 「住宅」という考え方(2名)
- Delirious New York
- FREEING ARCHITECTURE
- MADE IN TOKYO
- OMA NY search term
- S,M,L,XL
- THE REM KOOLHAAS FILM
- UID architects
- アースダイバー(2名)
- アイデアの作り方
- アンサンブル・スタジオの作品集
- おばさんタワマン地獄 (ストーリーな女たち)
- ゴールデンカムイ
- コモナリティーズ
- スギと広葉樹の混交林 蘇る生態系サービス
- SPY×FAMILY
- スポーツも建築だ！
- ソフトシティ
- ダッチ・リノベーション ―オランダにおける建築の保存再生
- ちいさな図版のまとまりから建築について考えたこと
- チェンソーマン
- つなみ 被災地の子どもたちの作文集
- ツリーハウスをつくる愉しみ
- テクノスケープ
- ドラえもん

- ひとはなぜ服を着るのか
- ぼくらの七日間戦争
- マドレンカ
- メイド・イン・トーキョー
- メタアーキテクト―次世代のための建築
- モモ
- ランドスケープデザインとそのディテール
- 俺か、俺以外か。
- 家畜獣人ヤプー
- 開放系の建築環境デザイン：自然を受け入れる設計手法
- 監視資本主義
- 記憶に残る場所
- 共生の思想
- 形態デザイン講義
- 建築に夢をみた
- 建築のあたらしい大きさ(3名)
- 建築をめざして
- 建築意匠講義
- 建土築木
- 原っぱと遊園地(5名)
- 失踪日記
- 構造デザイン講義
- 考えること、建築すること、生きること
- 錯乱のニューヨーク
- 三分一博志 瀬戸内の建築
- 仕事をつくる 私の履歴書

- 四畳半神話大系
- 市民のなかの博物館
- 時がつくる建築 リノベーションの西洋建築史
- 鹿の王
- 集落の教え
- 小さな建築
- 小さな風景からの学び(2名)
- 色の辞典
- 新建築
- 新建築住宅特集
- 人間の街
- 人間の土地
- 人類と建築の歴史
- 水都 東京 ―地形と歴史で読みとく下町・山の手・郊外
- 世界の村と街
- 世界は「関係」でできている
- 瀬戸内海の発見―意味の風景から視覚の風景へ
- 石の図鑑
- 卒業設計で考えたこと。そしていま
- 東京百景
- 東大思考
- 内藤廣と若者たち
- 非現実の王国で
- 風を着替えて
- なし(5名)

Q7. 今後の進路は？

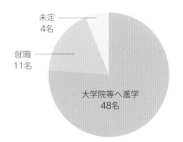

未定
4名

就職
11名

大学院等へ進学
48名

全体講評

Design Reviewの審査員は3度目で、毎回審査員の顔ぶれによって議論の雰囲気も変わるので新鮮ですが、今回は蓋を開けてみると京都のDiploma × KYOTOに引き続き山田紗子さんが一緒でおっと、という感じがしました。やはり知っている作品であれば理解は早いので審査に有利不利双方に働きます。それが一人であれば大きな差にはならないけれど、二人となるとややバイアスとして強いのではないかと不安もありました。ただ、結果としてそれほど出品作は重なっておらず、杞憂だったと言えます。その点で特筆すべきは最優秀の平松那奈子さんの「おばけの合奏」で、Diplomaで最優秀賞となった作品と異なる4年前期のものを仕上げて出展していました。これは比較的審査時間に余裕があり（そうでないと理解が及ばず議論になりづらい）、卒業設計展ではないDesign Reviewの特性を生かしたものですが、なかなか出来ることではないと思います。作品である設計手法の設計はもちろんのこと、「デモテープ」や「モアイ」等のことば、説明文のフォント等の選択から質疑応答まで確たるものを感じました。僕が主にこのようなイベントで期待し評価するのは、審査員の評価軸に過適応して語るものではなく、判っていない自分に不備があるのでは？と思わされる確信を持った言葉で、彼女にはそれがあったと思います。もっとも、これは短い質疑応答の繰り返しで評価せざるを得ないこうしたイベントでの評価であり、長く深く理解する過程のある場では異なるかもしれない。前田圭介賞の市花恵麻さんの「料理的建築」も、判っていない自分に不備があるのでは？と思われる「新しい建築家像」を提示し、提案も幅広く好感が持てましたが、それがやや断片的なアイデアの集積に見えた面もありました。それこそが彼女のやりたかった事なのだろうとも思うけれど、どれか一つの手法の展開と伝え方に集中し掘り下げてみても良かったのでは、と思わされました。その点で中山亘さんの「落語建築」はある手法を掘り下げ存分に妄想を深める方法で、卒業設計のアンビルド性を突き詰めていたと言えます。とはいえ提示されていた形態も魅力的で実際に建築されたとしても可能性のあるものでした。手法の独特さという意味で強く推したのは佐藤直喜さんの「山を建てる」で、陶土の採掘で損なわれた地形を復旧する、建築の提案というよりランドスケープのみの提案ですが、「建てる」という言葉に現れているように、土の組成や盛り方といった異なる材料、規模による建築の提案だと感じました。惜しむらくは模型をつくってしっかりと理解できるように提示して欲しかったです。

審査過程については、まずそれぞれ15票を投じて8選を選出するという予定を、少し多すぎると急遽8票を投じて8選に変更しました。それによって、ほぼ自動的に8選が選出されて審査はスムーズになったけれど、やや、多様な価値観に光を当てるような選出にならなかったので、この部分が異なれば違ったのかもしれない。12票程度が妥当だったように思います。

島田 陽 *Shimada Yo*

Design Reviewに参加し感じたのは、場所と時間を共有し議論することの素晴らしさです。卒業設計も学校の課題も関係なく、短時間であっても出展者と審査員が直接対話する機会が設けられ、自分の考えを世に問い議論する開かれた場がそこにはありました。また二日間に渡ってプログラムが展開されることで、ご飯やお酒を楽しむ時間も共有され、そこでの議論はより親密で、経験を特別なものにしてくれています。そしてそれらはすべて、場所を共有することによって生まれていることを改めて実感しました。

最優秀となった平松那奈子さんの提案はとても印象に残りました。フォリーのような用途がない建築を「おばけ」という自動設計ツールを使って設計する案です。機能もなく社会的な課題に答えているのでもない、ただただ自分の興味に向き合い、設計方法の提案を行っていました。恣意性のない設計は可能か、という問いから「おばけ」という自動設計ツールが考えられていますが、その設計ツール自体が平松さんの創作物でしかない、という大きな転倒が起こっていました。ただその全体を含めてこの人に期待したいと思わせる力がありました。恣意性が良いか悪いかで悩む前に、個人の意思によって切り開かれる社会性もある。審査コメントではそれを伝えたかったのです。ぜひ頑張ってほしいです。

「料理的建築」の市花恵麻さんも印象に残りました。料理のレシピを共有するように、つくり方を共有することで開かれる、建築の可能性を追求した提案。レシピというのは誰もが使えるという普遍性を持っている。問題はそれが何のためにあるか。有名シェフの美味しい料理を自分がつくれるようになるのが価値なのか。レシピによって素材やつくる人の個性が引き出されるのが価値なのか。全く方向性が逆になります。前者は、アイデンティティのコピーであり、後者はアイデンティティの創出です。彼女の提案のメインは後者だと思うけれど、前者も含まれていたのは残念でした。しかし建築のつくり方ーレシピを共有することで、その地域や関わる人の個性や特殊性が引き出され、よりひらかれたものに育っていくのは素晴らしいと思います。

また両者の提案を二つ並べて議論するというDesign Reviewの独自の形式も面白かったです。どちらも建築にとっては重要である、個性と普遍性の問題を扱っていました。またそれが、学生個人の考えの発露、建築を通した個人の表現、が契機となり、開かれた場で議論が行われ、その場に参加した人に共有され社会的なものになっていく。そこに場所を共有すること、建築の持っている力の素晴らしさを感じました。

百田 有希 *Hyakuda Yuki*

まずはじめに、今回の審査を通して参加者やクリティークのメンバーと共に相互に理解を深め、一緒に議論を交えた時間はこのDesign Reviewらしい有意義な時間だったことを申し添えておきます。その上で、私自身今回審査に参加するに当たっては、普段建築だけでなく、インテリアやプロダクトなどの領域でも活動しているため、少し広い視座と、ミクロな視点も持って審査に臨みたいと考えていました。そういう点では、全体的に素晴らしい提案は多かったものの、多くはストーリーやコンセプト、ボリュームの考察に終始し、その先の肝心な空間をつくることへの分析や計画については、説得力やリアリティに欠ける傾向があったように思います。その中でも受賞した作品の多くは、実際の形にするという段階での設計という行為が比較的しっかり行われていたと言えます。

特に最優秀賞の「おばけの合奏」は、建築の構築ツールの設計であるとしながらも、自身の理想やデザイン的視点を掘り下げ、リアリティある形にまで落とし込んでおり、それ自体が設計者の個性へと昇華している点も素晴らしかったです。また、優秀賞の「都市の再生速度」は、東京駅というリアルな場所を設定し、そこへ現代の多様化した演劇やアートパフォーマンスの在り方を掛け合わせた提案。断片的なシーンの積み重ねを、ステージと駅のホームや動線を混在させることで実現しており、日常の風景やこれらパフォーマンスの世界に一石を投じるという着想が素晴らしい。一方で具体性ある提案なだけに、どこまで現実的に機能して運営としても持続可能なのか、そのシステムなど検討の余地があるでしょう。同じく優秀賞の「山を建てる」は、実際に土や植物を分析・研究し、自然そのものの現象を厳密に設計しているという点で大変興味深い提案でした。一方、建築設計のための議論の場とするならば、現象を捉えることを超えて、もう一歩だけ踏み込んだ独自の個性を持った提案があればさらに良かったように思います。また、審査員賞とした「SABO ― 駅」は、過去に実際に土砂崩れが起きた鹿児島の湾岸を舞台とした駅の提案。土砂災害への対策や、その境遇を風化させないための場所として、当時の状況をよく読み解き、必要とされる機能や災害の記憶(爪痕)を合理的に統合したサークル状の建築が実によく考えられていました。欲を言えば、外観が一見権威的な印象も与えることは、さらに検討の余地があるかもしれません。

どこへ視点を向けるのか、その興味をどれだけ掘り下げられるのか。特に学生時代の設計は、自らに潜む感性や価値観を探り、自分の可能性に挑める自由で解放された場であります。一方で、現実の建築設計には常に相手があり、それが公や個人に関わらず、目的の実現や課題解決のために設計するのであり、その上での作品性が求められます。まだまだ深い建築の道をこれからも力強く歩んで行って欲しいと思います。

二俣公一
Futatsumata Koji

昨年に続き対面での開催と久しぶりの懇親会で学生たちと接しながら、熱量あるプレゼンテーションや模型を肌で感じられたことが何よりも嬉しいDesign Reviewの2日間でした。建築落語によってこの世界の虚実皮膜を語る作品、地球環境的な観点から建築の意味を投げかける作品、そして身近な暮らしを少しだけ豊かにしてくれる手法的提案まで、現代に生きる学生自身がさまざまな視座で問いを立て、逞しい創造力を持って建築へと向き合う真摯な取組みがとても印象的でした。多彩なテーマに対してまだまだ議論は尽きませんが、学生自身がDesign Reviewでの議論をさらに探究し続けていってほしいと思います。きっとその先に新たな社会を拓いていくきっかけがあると思っていますので期待しています。

前田圭介
Maeda Keisuke

先生と呼ばれるのが苦手です。これを言うタイミングがなかなか見つからずに、いつも言えないまま終わるのですが。どうかこれを広めてください。さて、私たちが(私だけかもしれません)、ある時は事務所から文句を言われながらも、このような仕事を引き受ける理由は1つです。新しい価値観に出会いたいから。それはつまり、これからの建築の話をしたいからです。学生たちを教育したいわけでも、自分のマニフェストを高らかに歌い上げたいわけでもなく。だから、なにかを評価しに行くのではなく、ただただ、面白い話を聞かせてよ、という気持ちで向かいます。評価せよ、と言われたら、今回見せていただいた展示はすべてが最高点でした。でも、評価は楽しくない。それは建築設計のちょっと外側の人がやれば良いんじゃないかと、思っています。

本当は、すべての作品に、面白さ、というものが眠っていると思っています。そもそもすべての人に、なにかしらの面白さがある。この考え方は、中山英之さんの「落語建築」の主張とも重なるところがあります。すべての人の可笑しみを建築にすることができる、と宣言した中山さんは、すでに建築家です。だから本来は、私も全員のプレゼンテーションから面白さを引き出すべきお役目なのですが。それを3分でやることはなかなか難しい。3分の間に、目をタイトルと見出しと絵と模型に走らせ、耳では本人の肉声から一番重要とされているキーワードや考え方を聞き出す。本人がその面白さに気づいていなかったら、そのことは語られることもないだろうし、私が気づくことも非常に少ないのです。

最後に票を入れたのは、このような中で、本人がその面白さに気づいていて、それを少なからず言葉で表明していた案でした。面白さ、というのは、これからの建築の議論をどこかへと導く可能性のあるもの。大岩樹生さんの「都市の再生速度」は、劇場を提案しているのか駅を提案しているのか?と初っ端から問い詰められる事態に陥りましたが、駅は劇場であり都市生活とは演劇である、と認識させる建築の提案。それは自分を演じる自らを意識すると同時に、あったかもしれない自分(=他人)も同じように意識をすることになる。議論が建築には留まらない、大変現代的かつ刺激的なプレゼンテーションでした。平松那奈子さんの「おばけの合奏」は、いまだに理解しきれませんが、それゆえに何度も思い出すことになる。自らの感性でつくり出した奇妙な数式のようなものに、確かな美的価値観をもって無数にトライアンドエラーを繰り返した痕跡が見て取れる、そのことに審査員一同が心を打たれてしまった、という結果でしょうか。これはどちらかというと、建築の新しさというよりは、建築の変わらなさ、なのかもしれません。

山田紗子
Yamada Suzuko

実行委員会

実行委員会／総務部

実行委員長	原 仁之丞	九州産業大学3年
副実行委員長	北原 光輝人	九州産業大学2年
副実行委員長	西岡 樹	福岡大学2年
	志賀 桜空	九州産業大学3年
	田中 元晴	九州産業大学3年
	山蔭 香音	九州産業大学3年
	黒田 礼菜	九州産業大学1年
	中村 絵美莉	福岡大学1年
	畠山 桃歌	福岡大学1年
	圓尾 夏海	北九州市立大学3年

運営部

部長	鴻江 舞香	九州産業大学3年
副部長	下川 楓翔	福岡大学2年
	飯尾 隆之介	九州産業大学3年
	福島 俊樹	九州産業大学1年
	橋本 虎太朗	福岡大学1年
	福山 空	福岡大学1年
	久井 雅貴	福岡大学1年
	サラザル レアンドロ	福岡大学1年

財務部

部長	山口 宗真	九州産業大学3年
副部長	添田 慧佳	福岡大学2年
	木村 勇樹	九州産業大学3年
	関 流星	九州産業大学1年
	吉崎 優希	福岡大学2年
	牛島 ちひろ	福岡大学2年

広報部

部長	森下 汀菜	九州産業大学3年
副部長	濱高 志帆	福岡大学2年
	満留 穂奈美	九州産業大学3年
	冨吉 脩馬	九州産業大学2年
	辰本 桂	福岡大学2年
	吉冨 美代	福岡大学1年

記録部

部長	森 亮太	九州産業大学2年
副部長	甲斐 崇人	近畿大学2年
	中村 綾乃	近畿大学3年
	吾郷 直哉	近畿大学3年
	本多 真世	近畿大学3年
	渡辺 結花	近畿大学1年

NIKKEN

EXPERIENCE, INTEGRATED

日建設計

代表取締役社長　　大松　敦

執行役員 九州代表　鳥井信吾

東　　京	東京都千代田区飯田橋 2-18-3		Tel. 03-5226-3030
大　　阪	大阪市中央区瓦町 3-6-5		Tel. 06-6203-2361
名 古 屋	名古屋市中区栄 4-15-32		Tel. 052-261-6131
● 九　　州	福岡市中央区天神 1-12-14		Tel. 092-751-6533
北 海 道	札幌市中央区大通西 8-2		Tel. 011-241-9537

支社・支所　東北、神奈川（横浜）、静岡、長野、北陸（富山）、京滋（京都）、神戸
　　　　　　中国（広島）、熊本、沖縄（那覇）
　　　　　　上海、北京、大連、成都、深圳、ソウル、ハノイ、ホーチミン、シンガポール
　　　　　　バンコク、ドバイ、リヤド、モスクワ、バルセロナ

https://www.nikken.jp

全国ネットワークにて対応、硝子・鏡・フロントサッシの加工、施工はお任せ下さい。

競技場内装天井工事

玉石店ショーケース

クリニック内装

・AGC特約店・サンミラー特約店

Asahi Seikyo
CO.LTD
アサヒ製鏡株式会社

代表取締役社長　胡子　健太郎

【本社】〒812-0041
福岡県福岡市博多区吉塚3丁目28番23号
TEL 092-611-0336 FAX 092-611-6271
URL http://www.asahi-sc.co.jp/

【熊本支店】〒862-0935
熊本県熊本市御領町6丁目4-41
TEL 096-389-9090 FAX 096-389-9099

【鳥栖支店】〒841-0042
佐賀県鳥栖市酒井西町字瀧深867-1
TEL 0942-83-1230 FAX 0942-83-1727

【鹿児島支店】〒892-0836
鹿児島県鹿児島市錦江町11-17
TEL 0992-24-8680 FAX 099-224-8619

持続可能な快適環境をめざして　TOTAL 屋根・外装 SYSTEM

株式会社 一原産業

福岡事務所　〒812-0034 福岡県福岡市博多区下呉服町7番3号　TEL.092-262-2839
東京事務所　〒101-0047 東京都千代田区内神田1丁目5番6号　TEL.090-8765-3031(代表携帯)
　　　　　　エステムプラザ丸の内NORTH RISE 702号
本　　　社　〒870-0921 大分県大分市萩原4丁目11番9号　TEL.097-551-8211

http://www.ichihara-sangyo.co.jp/　お問い合わせ：ichihara@aioros.ocn.ne.jp

◉ 谷川建設

建築に、温度を。

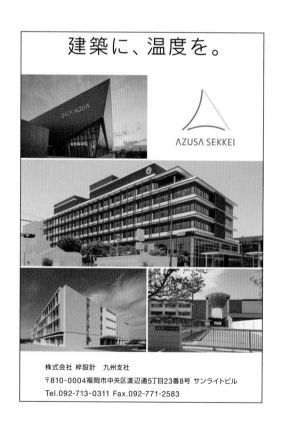

AZUSA SEKKEI

株式会社 梓設計　九州支社
〒810-0004福岡市中央区渡辺通5丁目23番8号 サンライトビル
Tel.092-713-0311 Fax.092-771-2583

株式会社 甲斐建設
http://www.kaikensetsu.com
tel : 092-673-2828　FAX : 092-673-2894
〒813-0003　福岡市東区香住ヶ丘 3-31-17

「もっといい未来をつくる」

鹿島の7つの約束

100年をつくる会社
鹿島

SUSTAINABLE
DEVELOPMENT
GOALS

SDGsと鹿島の事業活動の詳細はこちら

環境に配慮した建築を学ぶ

公 立 大 学 法 人
北九州市立大学
建築デザインコース
大 学 院 生 募 集

○ 空間デザイン
○ 構造・施工
○ 建築環境エネルギー
○ 材料デザイン

案内　　入試情報

推薦選抜　　　：出願6月、試験7月頃
夏期一般選抜：出願7月、試験8月頃
冬期一般選抜：出願12月、試験1月頃

SANSEI SEKKEI

http://www.sansei-sekkei.co.jp

ココロをカタチに。

 株式会社 志賀設計
SHIGA SEKKEI

〒814-0103
福岡市城南区鳥飼5丁目20番11号
TEL. 092-821-5631
FAX. 092-821-5699

福岡大名ガーデンシティ広場(パーク/20230120オープン)

jun 株式会社 醇建築まちづくり研究所
牧 敦司

木と生きる幸福
住友林業

タチカワブラインド新製品ニュース　2023年5月 新発売

パーフェクトシルキー、シルキーシェイディRDS、シルキーRDS、オフィス・各種施設向けヨコ型ブラインド
ヨコ型ブラインド スラットカラーがリニューアル！

毎日の暮らしを豊かにする色・質感・機能性がさらに充実したラインナップにリニューアル！
自分らしく、心地よく過ごせる空間づくりで、もっと快適な暮らしへ。

リモコンやスイッチで簡単に操作できる
スマートインテリアシェード ホームタコス がさらに快適に。新たに「プレア」登場！

新たに優れたハニカムスクリーンの「ホームタコス プレア」・「ホームタコス プレア ペア」が新登場！
製品共通の「赤外線リモコン」がさらに使いやすく、便利な機能が加わりリニューアルしました。

木製ブラインドの活躍の場を広げる
防炎性能をもった天然木のスラット新発売！ 製品高さ最大4.5m (9㎡) まで拡大。

オフィスや高層マンション・ホテルや店舗など、防炎性能を求められるシーンに安心の「木スラット(防炎)」が新発売！
木製ブラインド各製品の製作サイズが拡大！ 大開口部から小窓まで、幅広く対応できるようになりました。

タチカワブラインド

tanico

厨房機器についてお気軽に
お問い合わせください

大分営業所 〒870-0954
℡ 097-554-8110
大分県大分市下郡中央3-6-2
FAX:097-554-8120

タニコー株式会社
https://www.tanico.co.jp

株式会社 豊川設計事務所
Architects & Associates

We will support the Design Review
http://www.toyokawa-aa.com

093-581-7082

人を想う
コンクリート？

http://www.ncic.co.jp

日本コンクリート工業株式会社
NIPPON CONCRETE INDUSTRIES CO., LTD.
本社 東京都港区芝浦4-6-14 (NC芝浦ビル)

九州支店
〒812-0013 福岡市博多区博多駅東1-16-8 (ITビル2F)
TEL:092-411-2008 FAX:092-411-2024
大阪支店／名古屋支店／広島支店／四国支店

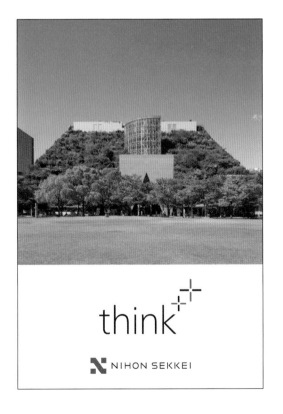

think

NIHON SEKKEI

▶こどもの森保育園 こもれびテラス的場
（キッズデザイン賞 2022
iF DESIGN AWARD 2023 受賞）

iF DESIGN AWARD 2023

▶金丸保育園
（キッズデザイン賞 2023　受賞）

園舎設計（幼稚園・保育園・認定こども園）専門
野口直樹建築設計事務所
〒810-0004 福岡市中央区渡辺通5-10-18 ibb Bloom Tenjin 303
TEL 092-791-7731　※インターン、新卒採用実施中

「建築士登録は建築士会へ」

 公益社団法人
福岡県建築士会

会 長 鮎川 透

〒812-0013
福岡市博多区博多駅東3-14-18
福岡建設会館6F

 ←士会の情報はこちら
からご覧ください！

Te:l092-441-1867 / Fax:092-481-2355

E-mail:shikaifu@crocus.ocn.ne.jp

URL:http://www.f-shikai.org/

MATSUYAMA
ARCHITECT
AND   ARCHITECTURAL DESIGN INTERIOR DESIGN PRODUCT DESIGN
ASSOCIATES

株式会社 松山建築設計室

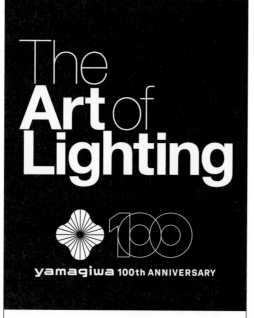

株式会社YAMAGIWA   九州支店営業部 / 展示ギャラリー
〒812-0018 福岡県福岡市博多区住吉3-1-80 オヌキ新博多ビル1階
www.yamagiwa.co.jp

---

rhythmdesign

rhythmdesign Ltd.
2-1-18-3F,Akasaka,Chuo-ku
Fukuoka-shi,Fukuoka,
810-0042,Japan
TEL:+81-92-741-8750
FAX:+81-92-741-8760
http://www.rhythmdesign.org
mail@rhythmdesign.org

BOOKS 総合資格学院の本

試験対策書

建築士試験対策
建築関係法令集 法令編
定価:3,080円
判型:B5判

建築士試験対策
建築関係法令集 法令編S
定価:3,080円
判型:A5判

建築士試験対策
建築関係法令集 告示編
定価:2,750円
判型:B5判

1級建築士学科試験対策
学科 ポイント整理と確認問題
定価:3,850円
判型:A5判

1級建築士学科試験対策
学科 厳選問題集 500＋125
定価:3,850円
判型:A5判

1級建築士学科試験対策
学科 過去問スーパー7
定価:3,850円
判型:A5判

2級建築士学科試験対策
学科 ポイント整理と確認問題
定価:3,630円
判型:A5判

2級建築士学科試験対策
学科 厳選問題集 500＋100
定価:3,630円
判型:A5判

2級建築士学科試験対策
学科 過去問スーパー7
定価:3,630円
判型:A5判

2級建築士設計製図試験対策
設計製図テキスト
定価:4,180円
判型:A4判

2級建築士設計製図試験対策
設計製図課題集
定価:3,300円
判型:A4判

宅建士試験対策
必勝合格宅建士テキスト
定価:3,080円
判型:A5判

宅建士試験対策
必勝合格宅建士過去問題集
定価:2,750円
判型:A5判

宅建士試験対策
必勝合格宅建士オリジナル問題集
定価:2,200円
判型:四六判

1級建築施工管理技士
第一次検定問題解説
定価:2,750円
判型:A5判

2級建築施工管理技士
第一次検定・第二次検定問題解説
定価:1,870円
判型:A5判

2級建築施工管理技士
第一次検定テキスト
定価:2,420円
判型:A5判

1級管工事施工管理技士
第一次検定問題解説
定価:2,970円
判型:B5判

1級管工事施工管理技士
第二次検定問題解説
定価:3,080円
判型:B5判

建築模型で学ぶ! 木造軸組構法の基本
定価:7,700円
判型:A4判変形

設計展作品集 & 建築関係書籍

建築新人戦オフィシャルブック
定価:1,980円
判型:A4判

建築学縁祭オフィシャルブック
定価:1,980円
判型:B5判

JUTAKU KADAI 住宅課題賞
定価:2,420円
判型:B5判

Diploma×KYOTO
定価:2,200円
判型:B5判

歴史的空間再編コンペティション
定価:1,980円
判型:B5判

DESIGN REVIEW
定価:2,200円
判型:B5判

NAGOYA Archi Fes
定価:1,980円
判型:B5判

卒、全国合同建築卒業設計展
定価:1,650円
判型:B5判

JIA関東甲信越支部大学院修士設計展
定価:1,980円
判型:A4判

赤れんが卒業設計展
定価:1,980円
判型:B5判

みんなこれからの建築をつくろう
定価:3,080円
判型:B5判

構造デザインマップ 東京
定価:2,090円
判型:B5判変形

構造デザインマップ 関西
定価:2,090円
判型:B5判変形

環境デザインマップ 日本
定価:2,090円
判型:B5判変形

STRUCTURAL DESIGN MAP TOKYO
定価:2,090円
判型:A5判変形

※すべて税込価格となります

お問い合わせ 総合資格学院 出版局
[URL] https://www.shikaku-books.jp/
[TEL] 03-3340-6714

他の追随を許さない唯一無二の「講習システム」と「合格実績」

令和4年度 1級建築士 学科・設計製図試験

[令和4年度 学科＋設計製図]
全国ストレート合格者占有率 No.1

57.9%

他講習利用者＋独学者／当学院当年度受講生

全国ストレート合格者 **1,468名中** ／ 当学院当年度受講生 **850名**

令和4年度 1級建築士 設計製図試験 卒業学校別実績(合格者数上位10校)

右記学校卒業生当学院占有率
58.1%
右記学校出身合格者 807名／当学院当年度受講生 469名

	学校名	卒業合格者数	当学院受講者数	当学院占有率		学校名	卒業合格者数	当学院受講者数	当学院占有率
1	日本大学	149	91	61.1%	6	工学院大学	63	48	76.2%
2	東京理科大学	123	67	54.5%	7	明治大学	60	34	56.7%
3	芝浦工業大学	96	62	64.6%	8	法政大学	56	33	58.9%
4	早稲田大学	79	36	45.6%	9	神戸大学	55	28	50.9%
5	近畿大学	74	46	62.2%	10	千葉大学	52	24	46.2%

※当学院のNo.1に関する表示は、公正取引委員会「No.1表示に関する実態調査報告書」に基づき掲載しております。 ※総合資格学院の合格実績には、模擬試験のみの受験生、教材購入者、無料の役務提供者、過去受講生は一切含まれておりません。 ※全国ストレート合格者数・卒業学校別合格者数は、(公財)建築技術教育普及センター発表に基づきます。 ※学科・製図ストレート合格者とは、令和4年度1級建築士学科試験に合格し、令和4年度1級建築士設計製図試験にストレートで合格した方です。 ※卒業学校別実績について総合資格学院の合格者数には、「2級建築士」等を受験資格として申し込まれた方も含まれている可能性があります。(令和4年12月26日現在)

 総合資格学院

東京都新宿区
西新宿1-26-2
新宿野村ビル22階
TEL.03-3340-2810

スクールサイト
www.shikaku.co.jp 総合資格 [検索]
コーポレートサイト
www.sogoshikaku.co.jp

令和5年度
1級建築士 学科試験

当学院基準達成
当年度受講生
合格率 **82.5%**

全国合格率16.2%の
5倍以上

8割出席・8割宿題提出・総合模擬試験100点以上達成
当年度受講生315名中／合格者260名〈令和5年8月30日現在〉

令和5年度
1級建築施工管理技術検定 第一次検定

当学院基準達成
当年度受講生
合格率 **90.6%**

全国合格率41.6%の
2倍以上

8割出席・8割宿題提出
当年度受講生255名中／合格者231名〈令和5年7月14日現在〉

建設業界・資格のお役立ち情報を発信中!
X(Twitter) ⇒「@shikaku_sogo」 **LINE** ⇒「総合資格学院」
Instagram ⇒「sogoshikaku_official」で検索!

開講講座 | 1級・2級 建築士／建築・土木・管工事施工管理／宅建士／インテリアコーディネーター／建築設備士／賃貸不動産経営管理士

法定講習 | 一級・二級・木造建築士定期講習／管理建築士講習／第一種電気工事士定期講習／監理技術者講習／宅建登録講習／宅建登録実務講習

あとがき
Afterword

今年で28年目を迎えたDesign Reviewは、コロナ禍の状況下ではありましたが学生実行委員会の強い想いもあり、一般参加の入場を制限するなど安全対策を講じながら、対面での開催を実現する事ができました。

開催に際しご支援をいただきました関係者の皆様、また会場をご提供いただきました矢作先生をはじめ九州産業大学の関係者の皆様に、共催者を代表して厚く御礼申し上げます。

予選を通過した68作品の模型やプレゼンボードで埋め尽くされた会場で繰り広げられるクリティークと学生とのポスターセッションは、まさにDesign Reviewの醍醐味でもあります。希望に満ち溢れた学生生活はコロナ禍によって制限を余儀なくされ、悔しい経験もたくさんあったでしょう。そうした中でも建築と向き合った膨大な時間は、学生の皆さんのこれからの人生に大きな原動力となって、確かな成果をもたらしてくれると思います。

そして、第一線で活躍する建築家と本気で議論を重ねた時間は、これから社会に出ていく皆さんにとって糧となるかけがえのない経験であったと思います。さまざまな困難が訪れた時、この瞬間の事を思い出して自分の可能性を信じ、力強く歩んで行ってください。ここから将来、建築界を牽引する人材が出てくる事を期待しています。

2日間、学生と真剣に向き合ってくださいました、島田陽様、百田有希様、二俣公一様、前田圭介様、山田紗子様、そして司会の矢作昌生様に心から感謝申し上げます。

また、応募数253作品の予選審査を務めて頂きました、大庭早子様（大庭早子建築設計事務所）、佐藤寛之様（NKS2 architects）、四ヶ所高志様（福岡大学）、田中智之様（熊本大学）、矢作昌生様（九州産業大学）、山田浩史様（北九州市立大学）にも重ねて御礼申し上げます。

未来の建築界を牽引する人材育成はとても重要な活動です。私たち公益社団法人日本建築家協会九州支部はこれからもDesign Reviewをサポートして参ります。関係者の皆様には引き続きお力添えいただけましたら幸いに存じます。

公益社団法人 日本建築家協会
九州支部長　松山 将勝

当学院は、建築の道を志す学生の皆様のお手伝いとして、全国各地で開催されている学生設計展など、建築系のイベントを積極的に支援しています。

本年も、Design Reviewをはじめとした全国の卒業設計展への協賛や、それらの作品集の発行をいたしました。

本書では、出展者の皆様の熱意の込められた作品を詳しく紹介しているほか、1日目のポスターセッションから2日目のトーナメント、最終討議といった2日間の貴重な議論を収録しており、資料としても大変価値のある、有益な内容となっております。また、出展者とクリティークによるライブ感溢れるリアルな対話が収められた本書は、これから学校の課題や卒業設計などに取り組む学生の方々にとって非常に参考となる一冊です。

本書が社会に広く発信され、より多くの方々に読み継がれていくことを、そしてDesign Reviewの今後の益々の発展を願っております。本設計展に参加された学生の皆様、また本書をご覧になった若い方々が、時代の変化を捉えて新しい建築の在り方を構築し、高い倫理観と実務能力を持った建築家そして技術者となって、将来、家づくり、都市づくり、国づくりに貢献されることを期待しております。

総合資格 代表取締役
岸 和子

編集後記

Editor's note

はじめに、Design Review 2023の開催にあたり、ご尽力いただいた多くの企業・団体・個人の皆様、予選・本選のクリティークの皆様、JIA九州支部の皆様、この場を借りて深く感謝申し上げます。

私は、大きいコンペの運営ができると聞いて、同じ大学の先輩や同級生も参加するので、ぜひこの機会にやってみようという思いでこの記録部長を務めさせていただきました。周りの方や引き継ぎの際に、記録部は終わってからが大変と聞かされていましたが、記録誌完成までのスケジュール計画や準備などやるべきことはたくさんあり大変でした。

そして第28回Design Review 2023が開催されました。私たち記録部は記録誌掲載用の録音を担当しました。1日目はポスターセッション。3分という短い時間の中で、作品への熱い思いを語る出展者の方と、それを理解しようとし、あらゆる視点から質問を繰り返すクリティークの方。レベルが高く、正直なところ、3分だけでは理解が及ばない作品ばかりでした。

2日目は賞を決めるトーナメント。私は前から2列目に座らせていただきました。前日のポスターセッションを踏まえて、上手く設計されている作品はもちろん、より深く知りたい作品の議論が行われ、受賞作品が決まっていきました。このトーナメントを通して理解できたかなという感じでした。

大会が終わると同時に記録部の作業は本格的に始まりました。出展者の皆様、何度もデータ提供にご協力いただきありがとうございました。文字起こしやデータの収集など、事前にタスクの量は把握していながらも、効率良く進めることができなかったことに実力不足を痛感させられました。しかし、学び得たものは多く、とても貴重な経験をさせていただきました。

最後になりましたが、記録誌を制作するにあたり、ご尽力いただいた総合資格 出版局の金城夏水様をはじめとする総合資格の皆様、ゴーリーデザイン大川松樹様、カメラマンの中村勇介様、藏増理沙様、ご迷惑をおかけすることが多くありましたが、丁寧にご指導いただきありがとうございました。こうして無事に出版できたこと嬉しく思います。本当にありがとうございました。

Design Review 2023実行委員会
記録部 部長　森 亮太

協賛リスト
Sponsor

共催

公益社団法人日本建築家協会（JIA）
九州支部

特別協賛

株式会社総合資格　総合資格学院

助成団体

公益社団法人日本建築家協会（JIA）
九州支部 福岡地域会協力会

公益社団法人日本建築家協会（JIA）
九州支部 大分地域会

協賛団体

一般社団法人日本建築学会九州支部

公益社団法人福岡県建築士会

公立大学法人北九州市立大学大学院
建築デザインコース

学校法人福岡大学

企業協賛

アサヒ製鏡株式会社

株式会社梓設計

株式会社一原産業

株式会社甲斐建設

鹿島建設株式会社

株式会社三省設計事務所

株式会社志賀設計

株式会社醇建築まちづくり研究所

住友林業株式会社

立川ブラインド工業株式会社 福岡支店

株式会社谷川建設

タニコー株式会社 大分営業所

株式会社豊川設計事務所

株式会社日建設計 九州オフィス

日本コンクリート工業株式会社 九州支店

株式会社日本設計 九州支社

株式会社野口直樹建築設計事務所

株式会社松山建築設計室

株式会社YAMAGIWA 九州支店

株式会社リズムデザイン

個人協賛

有吉兼次	有限会社ズーク/一級建築士事務所	田中康裕	株式会社キャディスと風建築工房
池浦順一郎	DABURA.i	谷口遵	有限会社建築デザイン工房
板野純	板野純アトリエ	豊田宏二	トヨダデザイン
伊藤隆宏	合同会社サイト・ラボ	中俣知大	一級建築士事務所数寄楽舎有限会社
上田眞樹	有限会社祐建築設計事務所	根本修平	福山市立大学
川津悠嗣	かわつひろし建築工房	福田哲也	株式会社アーキタンツ福岡一級建築士事務所
近藤富美	一級建築士事務所やどり木	古森弘一	株式会社古森弘一建築設計事務所
佐藤真紀	株式会社佐藤真紀＆FUN建築設計事務所	堀田実	有限会社堀田総合設計
重田信爾	有限会社アトリエ間居	松岡恭子	株式会社スピングラス・アーキテクツ
白川直行	株式会社白川直行アトリエ	村上明生	アトリエサンカクスケール株式会社
末廣香織	九州大学	山澤宣勝	てと建築工房一級建築士事務所
高木正三郎	設計＋制作/建築巧房	柳瀬真澄	柳瀬真澄建築設計工房
田中俊彰	有限会社田中俊彰設計室	和田正樹	株式会社和田設計